地理授業シナリオ
（上）
謎解きプリント付き

春名 政弘

地歴社

目次

序章　社会科地理をつくる (4)

1　社会科地理は何をめざすのか ── (4)
2　年間プランをどうつくるのか ── (6)

第1章　世界と日本を知る (9)

1　授業開き ── (10)

世界を知る (14)

2　南北アメリカ大陸を知る ── (14)
3　ヨーロッパを知る ── (18)
4　アフリカを知る ── (21)
5　オセアニアを知る ── (24)
6　西・南・北アジアを知る ── (27)
7　東・東南アジアを知る ── (30)
8　世界全体を見る ── (34)

日本を知る (37)

9　九州・四国を知る ── (37)
10　中国・近畿を知る ── (40)
11　中部を知る ── (43)
12　関東を知る ── (47)
13　東北・北海道を知る ── (52)
14　日本全体を見る ── (55)

第2章　地図を学ぶ (59)

1　地図とは ── (60)
2　いろいろな地図で見る私のふるさと ── (63)
3　地図からわかること ── (66)

第3章　都道府県を探る (70)

埼玉県を探る (73)

1　霜里農場・金子さんの農業 ── (74)
2　地域に広がる有機農業 ── (78)
3　小川町の変化と金子さんたち ── (82)
4　埼玉県の変化 ── (86)
5　埼玉県の特徴 ── (89)

東京都を探る (93)

1 本物の野菜が食べたい―― (94)
2 三多摩地区の変化とつくって食べる会―― (98)
3 なぜ東京に集まるのか―― (101)
4 東京都の特徴―― (106)

滋賀県を探る (109)

1 琵琶湖が危ない―― (110)
2 滋賀県と琵琶湖の変化―― (115)
3 琵琶湖を守る―― (119)
4 菜の花プロジェクト―― (123)

愛知県を探る (127)

1 長良川の不思議―― (128)
2 長良川河口堰を考える―― (133)
3 中京地方の変化―― (139)
4 愛知県の特徴―― (144)

岩手県・宮城県を探る (149)

1 リアスの海とカキ養殖―― (150)
2 カキの海を守る―― (155)
3 広がる大地を守る運動―― (160)
4 宮城県と岩手県を探る―― (165)

高知県を探る (169)

1 「ごっくん馬路村」って何？―― (170)
2 馬路村のくらし―― (175)
3 過疎の村のくらし―― (181)
4 高知県を探る―― (187)

沖縄県を探る (193)

1 沖縄県を探る―― (194)
2 サンゴの海は泣いている―― (199)
3 誰がサンゴを殺したのか―― (204)
4 サンゴを育てる―― (209)

資　料 (214)

あとがき――「調べる力」「書こうとする意欲」が生まれでる授業を (222)

序章　社会科地理をつくる

1　社会科地理は何をめざすのか

(1) 社会科地理で学ぶもの
　社会科の全体目標は「主権者を育てること」である。その意味は、主権者にふさわしい生き方を身につけ、主権者にふさわしい社会認識を育てることである。その中で社会科地理は、「地域の実態を学び、現代社会を地域から捉え、地域の中の生き方を考える。」ことを目標とする。具体的には、以下のようなことを指している。
　①日本や世界を構成す「地域」の成り立ちとその変化を知る。
　②日本と世界の位置や地名に関する基本的な事項を把握する。
　③地域の意味がわかり、地域をつくることに関わり生きることを考える。

(2) 地域を学ぶということ
　本書で提案する授業プランは、「地域を調べる活動」と「地域を一緒に謎解きする授業」を中心に構成している。それは、地域を構成する個々の要素を把握して、地域的特徴を総合的にまとめて、それを知識として定着させることを目指すものではない。このプランでの学びは次のような手だてを取ってすすむ。①一つのテーマを設定して、そのテーマに沿う地域の事象を取り上げ、事象の解明を資料を読み解きながら進める。②その背景を考えながら従来の課題である地域の特徴や地理的事象を総合的に概観する。③①の授業を通して、子どもたちに地域を調べたいという気持ちを育てる。④子どもたちが課題を設定して調べることで、今までの学習課題を検証すると同時に、自分の学びを実感する。
　子どもたちの学びは地域を調べることに帰結する。調べることの目的は、何よりも「地域」を自らの力で見つめることである。そのことによって、各「地域」で学び深めてきた自らの認識を、確かめより深める事になる。地理の魅力は、調べることを通して「地域」を発見することである。調べる方法は、「地域」を学ぶ中で身に付いてくるし、まとめ方や発表のしかたは子どもたち自らの学びの中で発表したいという気持ちが育つ中で工夫するものである。
　このように考えるようになったのは、1991年の実践において、子どもたちに、1年間の授業のまとめとして、「調べたいことを調べてまとめなさい。」という課題を出したところ、該当する個人や団体に手紙を書いたり、直接電話でインタビューするなど、私の予想を遙かに超えるエネルギーを発揮して活動した。当時は、まだ直筆の手紙で返事が来たり、資料をお願いした企業の方からどんな資料が欲しいのか直接問い合わせがあるなど、人間的な交流が深い取り組みとなった。発表方法もユニークで、特に指導はしなかったが劇化したり、解説図を書いたり、自分たちで考えて発表シナリオを作るなどの工夫をしていた。子どもたちが調べ発表するエネルギーに驚かされた。
　そのこのような活動が生まれた理由を考えると、①授業後のアンケートで8割は授業がおもしろくなったと答えたり、「とても大切なことを学んだ」と感想を書いたり、子どもたちの地域への関心が高まったこと。②学級集団、学年集団の高まりによる子どもたちの人間関係の成熟、があったと考えている。この実践をきっかけとして、私は調べることの大切さを認識し、調べる活動を授業の中に位置づけるようになった。レポートの書き方や発表方法は、決して見栄えは良くないが、本質を大切にした発表が見られた。

(3) 学習対象としての「地域」とは

「地域」は、人々がくらし、働き、社会生活を営んでいる場所である。学習対象としての地域のスケールは、集落から各レベルの地方自治体まで（形式地域）、または行政区を越えて結び合う社会集団の活動範囲（機能地域）などさまざまである。

＜「地域」の構成要素＞

本書で取り上げる「地域」は、以下のような要素から構成される。この要素は関連しあって地域をつくっている。

① 地域には、ここの人間の労働とその組織体としての生産活動がある。
② 地域には、人々の生活を成り立たせるための日常生活を成り立たせるための活動がある。
③ 地域には、人々がつくる様々な社会集団がある。

＜「地域」の変動過程＞

本書で取り上げる「地域」は、次のように変化する。

① 地域は、国家の地方政策や企業の地域戦略によって規定されている。政府や企業は地域を自分の方針によって地域を変えようとする。
② 地域の成り立ちのしくみや地域の人々のくらしと、政府や企業の地域変革の方針は矛盾する場合がある。
③ 地域の人々は、矛盾に対して、克服しょうとして取り組む。
④ 人々の取り組みと政府や企業の方針の間で地域の未来像が決まる。

こうして地域は変わる。または、地域の地域の人々の取り組みが地域を変え、国家や企業の方針を変える事もある。

このように「地域」には、地域と社会を変える力がある。また、「地域」は、日本や世界の構造と関わっている。このように「地域」を捉えると、「地域」を教材とする意味は大きい。

(4)「地域」をどう取り上げるのか ── 「循環型社会への模索」をテーマとする

学習の中心は、地名や物産を知ることではなくて、「地域」の成り立ちと変化を知ることである。「地域」の課題は単独では存在せず、日本や世界の課題と関わっている。したがって、年間プランでは、なるべくたくさんの「地域」が取り上げられるのが望ましい。しかし、現学習指導要領体制下では、社会科の配当時間は週３時間である。そのため、「地域」はなるべく学習効率が高くなるような選択をする必要がある。

また、子どもの学びの深まりを考えると、統一テーマで「地域」を取り上げるべきである。ここでは、「循環型社会への模索」をテーマとする。このテーマは、「地域」を構成する要素が深く関わり合いながら、構成され、地域での人々の暮らしに深く、かつ深刻に関わっているが故に、「地域」の本質を見ていけるテーマである。地域の構成を見ていく立場からは各地方で「循環型社会への模索」が展開され、かつ地域の特徴を反映した課題を抱える「地域」を取り上げた。

このテーマを取り上げたきっかけは、2005年の実践において、身近な地域の学習で、都市地域で農業を確立しょうと取り組む一人の若い農民を取り上げたことに起因する。（下巻に実践を紹介する。）彼は母校から落ち葉をもらい堆肥にし、減農薬につとめる農業を実践していた。都市地域で循環型農業を実践する農民に出会えた。この発展として、埼玉県の学習で、完全無農薬農業に取り組む霜里農場の金子氏を取り上げた。金子氏の農業を調べ中で地域を巻き込んだバイオガスの取り組み（上巻の埼玉県の授業で取り上げている）を知り、循環型社会の実現が地域づくりと関わることに気づき「循環型社会への模索」をテーマとして日本や世界の各地を学習することを構想した。

(5) 年間プランをどうつくるのか

ザブトン形の場合は１年間、π形の場合は、２年間であるが、年間プランとした。ここでは、π形を想定し、「世界を探る」以後は２年生の課題と考えて作成した。１年生と２年生の後半では、子どもの社会を見る視野が大きく異なるので、このプランの最後の方の内容は高度になっている。地理に充てる

授業時間は96時間とした。このプランは「地域」を学ぶことが主要課題となっているので、身近な地域、日本地誌、世界地誌を重視した構成になっている。調べ学習はそれぞれの学習の最後に位置づけた。

どのような年間プランとするかは、あまり大きな問題ではない。「地域」がしっかり学習でき、かつ目標が達成できるのであれば、年間プランは多様であって良いと考える。年間プランは授業者一人一人が子どもの実態と職場の状況に応じて作成するものであり、ここで提案した年間プランもそのための参考にすぎない。

(6) 歴史、公民との区別を

地理の学習対象としての地域は、大きく見ると、歴史の舞台であり、政治・経済活動が具体的に展開する場でもある。地域から教材を得るとすると、歴史や公民の具体的な教材も地域から見つけることになる。だから、地理の課題が際限なく広がるし、そのことは、伝統的な地理教育の枠を越えて豊かな地理教育をつくってきたのであるが、どこまでを地理とするのかという点は考えておかなければならない。歴史や政治経済問題を認識するための手段として地域を教材とするならば、それは、歴史や公民の課題である。そのために、地理の課題として「地域を学ぶ」という概念を提起した。

2　年間プランをどうつくるのか

(1) 自主編成年間プランをつくる

年間プランは、自分がどのような授業をしたいのか、子どもたちにどのような認識を育てたいのかという点から考える。私の場合、前節で述べた目標にしたがい、まず全体の章立てを考えた。全体の流れは、校区調べから、市町村レベル、都道府県レベルの身近な地域学習を積み重ねて、地域の具体像を描き、その上で日本と世界の各地域で「循環型社会への模索」の取り組みと地域を学び、最後に、自分で調べる地域を決めて調べて、自分の考えをまとめるというものである。調べることが強調される時代であるが、子どもの側に調べる目的と方法が確立されていない限り、調べても学んだことにはならない。ということを考えて、このような章立てとした。だからといって、日本や世界の各地域の学習は教え込みで良いというわけではではない。各時間ともに、子どもたちと一緒に課題を考えていくという授業スタイルが大切である。その中で、子どもたちは自然に調べることが身に付いてくるのである。この自主編成プランは、基本的には1990年代に提案してきたプランとおなじである。

次に、社会科地理に当てる時間を検討する。社会科の配当時数は２年間で週３時間と考えると、テストや欠時を考えると年間95時間、２年間で190時間程度と考えられる。私は2005年度の実践において年間93時間の授業時間を確保したので、自分にとっては現実的な数字である。年間プランはまず全体の章立てを考え、次に各章の配当時間を設定した。

その結果、実践の章立てと各章の時間配当は以下のようになった。

１、授業開き（１h）	６、日本各地を探る（29h）	９、世界を探る　（24h）
２、地図を開こう（３h）	沖縄	ヨーロッパ
３、校区を調べる（５h）	九州・四国	アメリカ
４、住んでいる町（村）を探る（５h）	中国・近畿	アフリカ
	中部	西、北、南アジア
５、住んでいる県（都道府）を探る（５h）	関東	東南、東アジア
	東北・北海道	オセアニア
	７、日本全体を見る（８h）	10、世界全体を見る　（８h）
	８、日本を調べる（４h）	11、世界を調べる（４h）

以上のような章立ての下で、各時間に何を取り上げるのか考えた。各地域で取り上げる事象は、地域の状況を背景としている事象を選択した。そのような作業の結果として、以下のような具体的なプランを作成した。

①授業開き（1h）	・中国、近畿	・アメリカ
②地図を開こう（3h）	30、中部地方を知る	65、南北アメリカ大陸を知る
2、地図とは	31、長良川の不思議	66、アメリカ合衆国
3、いろいろな地図で見る私のふるさと	32、長良川河口堰を考える	67、世界の穀倉と環境
4、地図からわかること	33、東海地方の変化	68、アメリカの農業
③校区を調べる（5h）	34、愛知県の特徴	・アフリカ
5、校区を調べる	・東北・北海道	69、アフリカを知る
6、調べたことをまとめる	35、東北・北海道を知る	70、赤道アフリカ諸国と
7、調べたことをまとめる	36、リアスの海とカキ養殖	71、焼畑を担う人々
8、発表の準備をする	37、カキの海を守る	72、アフリカの食料生産と焼畑
9、発表する	38、広がる大地を守る運動	・オセアニア
④住んでいる町（村）を探る（5h）	39、宮城県と岩手県の特徴	73、オセアニアを知る
10、校区調べから考える	・四国・九州	74、パプアニューギニアと熱帯雨林
11、草加市には、どんな人が住んでいるのか	40、九州・四国を知る	75、熱帯雨林伐採と先住民のくらし
12、草加市で人口が増えているのはどこか	41、「ごっくん馬路村」って何？	76、熱帯雨林伐採と日本
13、団地建てかえと住民	42、馬路村のくらし	・西、北、南アジア
14、都市化の中の農民	43、過疎の村のくらし	77、西、北、南アジアを知る
⑤住んでいる県（都道府）を探る（5h）	44、高知県を探る	78、南アジアとバングラデシュ
15、住んでいる県を見る	・沖縄	79、グラミン銀行
16、霜里農場・金子さんの農業	45、沖縄県をさぐる	80、村の暮らしを取り戻す
17、地域に広がる有機農業	46、サンゴの海は泣いている	・東南、東アジア
18、小川町の変化と金子さんたち	47、誰がサンゴを殺したのか	81、東南、東アジアを知る
19、埼玉県の変化	48、サンゴを育てる	82、東南アジアとフィリピン
⑥日本各地の特徴（29h）	⑦日本全体を見る（8h）	83、フィリピンの格差
・東京	49、日本の位置・領土、	84、民衆貿易と農民の自立
20、関東地方を知る	50、日本の地形	⑩世界全体を見る（8h）
21、本物の野菜が食べたい	51、日本の気候	85、地球全体を見る
22、三多摩地区の変化とつくって食べる会	52、自然災害と環境	86、世界の地形
23、なぜ東京に集まるのか	53、日本の農業	87、世界の気候
24、東京の特徴	54、日本の工業	88、自然災害と地球環境
・中部	55、日本の都市と人口	89、世界の産業
25、中国・近畿を見る	56、日本全体を見る	90、世界の人口
26、琵琶湖が危ない	⑧日本を調べる（4h）	91、様々なくらし方
27、滋賀県と琵琶湖の変化	57、調べ方の説明	92、世界全体を見る
28、琵琶湖を守る	58、発表の準備	⑪世界を調べる
29、菜の花プロジェクト	59、発表	93、調べ方の説明
	60、発表	94、発表の準備
	⑨世界を探る（24h）	95、発表
	・ヨーロッパ	96、発表
	61、ヨーロッパを知る	
	62、ヨーロッパとデンマーク	
	63、デンマークの新エネルギー	
	64、デンマークの社会	

(2)自主編成プランを教科書に沿って再編成する

　以上の自主編成プランは、その通り実践できればそれに越したことはないが、現実的には難しいことが多い。事実、私も2005年度の実践では、複数の教師で一つの学年を担当していたため、教科書に沿った授業となった。そこで、自主編成プランを組み替え、教科書に沿って組み直した。それは、今日の教科書・学習指導要領の構成が組み替え可能な構成になっていたためである。はじめから、このことを想定して自主編成プランを考えていたのではないことを断っておきたい。以下、組み替えたプランを示す。

① 授業開き（1h）
② 世界の地域構成
65、南北アメリカ大陸を知る
61、ヨーロッパを知る
69、アフリカを知る
73、オセアニアを知る
77、西、北、南アジアを知る
81、東南、東アジアを知る
85、地球全体を見る
③ 日本の地域構成
44、日本の位置・領土
24、九州・四国を見る
28、中国・近畿を見る
32、中部地方を見る
36、関東地方を見る
40、東北・北海道を見る。
④ 身近な地域を調べる
・地図を見る
2、地図とは
3、いろいろな地図で見る私のふるさと
4、地図からわかること
・校区を調べる
5、校区を調べる
6、調べたことをまとめる
7、調べたことをまとめる
8、発表の準備をする。
9、発表する。
・住んでいる町（村）を探る
10、校区調べから考える
11、草加市には、どんな人が住んでいるのか
12、草加市で人口が増えているのはどこか
13、団地建てかえと住民
14、都市化の中の農民
⑤ 都道府県を調べる
・住んでいる県（都道府）を探る（5h）
15、住んでいる県を見る
16、霜里農場・金子さんの農業

17、地域に広がる有機農業
18、小川町の変化と金子さんたち
19、埼玉県の変化
・東京
21、本物の野菜が食べたい
22、三多摩地区の変化とつくって食べる会
23、なぜ東京に集まるのか
24、東京の特徴
・近畿、中国
26、琵琶湖が危ない
27、滋賀県と琵琶湖の変化
28、琵琶湖を守る
29、菜の花プロジェクト
・中部
31、長良川の不思議
32、長良川河口堰を考える
33、東海地方の変化
34、愛知県の特徴
・東北・北海道
36、リアスの海とカキ養殖
37、カキの海を守る
38、広がる大地を守る運動
39、宮城県と岩手県の特徴
・四国・九州
41、「ごっくん馬路村」って何？
42、馬路村のくらし
43、過疎の村のくらし
44、高知県を探る
・沖縄
45、沖縄県をさぐる
46、サンゴの海は泣いている
47、誰がサンゴを殺したのか
48、サンゴを育てる
⑥ 世界の国々を調べる
・ヨーロッパ
62、ヨーロッパとデンマーク
63、デンマークの新エネルギー
64、デンマークの社会
・アメリカ
66、アメリカ合衆国

67、世界の穀倉と環境
68、アメリカの農業
・アフリカ
70、赤道アフリカ諸国と
71、焼畑を担う人々
72、アフリカの食料生産と焼畑
・オセアニア
74、パプアニューギニアと熱帯雨林
75、熱帯雨林伐採と先住民のくらし
76、熱帯雨林伐採と日本
・西、北、南アジア
77、西、北、南アジアを知る
78、南アジアとバングラデシュ
79、グラミン銀行
80、村の暮らしを取り戻す
・東南、東アジア
82、東南アジアとフィリピン
83、フィリピンの格差
84、民衆貿易と農民の自立
⑦ 世界と比べてみた日本
86、世界の地形
50、日本の地形
87、世界の気候
51、日本の気候
88、自然災害と地球環境
52、自然災害と環境
53、日本の農業
54、日本の工業
89、世界の産業
55、日本の都市と人口
90、世界の人口
91、様々なくらし方
56、日本全体を見る
92、世界全体を見る
⑪ 世界を調べる
93、調べ方の説明
94、発表の準備
95、発表
96、発表

第1章　世界と日本を知る

地理の授業はおもしろい

　この単元で最も大切なことは、「地理の授業はおもしろい」ということが体感できるようにすることである*。学習指導要領や教科書では、地球全体の学習や緯度・経度・時差の学習から始まるようになっている。緯度・経度は、分かればそれに越したことはないが、地球という三次元の空間の中で、角度を考えることはとても難解なものである。これが学習のはじめに来ると、地理は難しいというイメージが生まれるおそれがある。そのため、この学習は単元の最後に位置づけ、かつ簡単に触れるようにした。地名に関しては、何回取り組んでも忘れるものであることを前提に考えた方がいい。地名覚えは段階的に取り組むべきであり、大切なことは、各地方（五大陸、日本の各地方）のイメージをつかむことから始め、繰り返し学習の中で、少しずつ楽しく身に付けていくことである。

　この単元では、各地域の全体像をつかむことを大切にして、各地方という部分をまとめた形で地球全体の学習、日本全体の学習に取り組む。しかし、地誌的内容を抜きにした覚えるだけの授業は、工夫すれば可能だとしても、それは子どもたちの社会科地理が楽しいということにつながるだろうか。地理の魅力の基本は「ところ変われば品変わる」の名言があるように、場所による違いを知ることである。このことを無視した形で授業の楽しさを追求しても、地理学習としては生産的でない。また、知識としての地名の定着度も結局低くなる。地名は機械的に覚えるものではなく、地域の特徴と関わりながら覚えるものである。地域の学習順は、大きな意味はないが、「世界」はすんなり入れるアメリカから始めることにした。「日本」は伝統的な手法に従い、南から北に向かうことにした。

　この単元では、各地域で、特徴的な事象を取り上げ、世界や日本にはこれだけ面白く、変わったものがあるということを知り、世界や日本の広さが地域の事象の幅広さから分かることを目指したい。ただ特徴的な事象はあくまでもその地域の一部であって、その地域の一般性のある事象ではないので、その点をフォローする必要がある。最初に世界の全体像を学習しないので、各地域で少しずつ必要なことを取り入れていくようにしている。

　また、この単元に含めたが、最初の授業も大切である。ここで子どもたちに一年間の授業をイメージ化させる。最初が肝心と考え、子どもたちになめられまいと厳しく接したり、授業の約束を繰り返したりするのは、正しくない。このことは、簡単にふれればいいことで、この授業でも、世界や日本を知ることのおもしろさが実感できるような時間にしたい。

＊　この意味に限ると、私の主張と学習指導要領の主張には大きな違いはない。しかし、内容の構成では大きく異なる。「世界と日本を知る」という単元は、学習指導要領の「世界と日本の地域構成」に相当する。学習指導要領はこの単元について、地球の全体像を緯度と経度で示し、時差の理解も求めている。また、国名や都道府県名を覚えることも求めている。そして、この単元では地誌的な内容に踏み込まないように縛りをかけている。また、教材としてゲーム的な要素も取り入れるよう求めている。楽しく地理の授業にはいるような配慮であるが、楽しい授業と子どもたちのわかり方の視点から見ると、①緯度、経度、時差の理解はかなり難しい。「緯度経度は地球の番地」という学習指導要領の指摘は地理学習の構成から見ると間違いではないが、子どもたちの現状からすると、ここで位置づけることは誤りである。②地誌的内容を伴わない地名暗記は楽しくないし、忘れやすいという問題がある。

1　授業開き

●この授業のねらい
①社会科の授業のおもしろさを子どもたちに伝えて、社会科学習への期待を持たせる。
②社会科の謎解きのパターン、考え方を子どもたちに伝える。

　最初の自己紹介は、黒板に名前を書く程度にとどめる。子どもの名前は呼ばない。最初に大演説をぶっても子どもはあまり心に残らない。ならば、楽しいひとときを提供して、授業開きとする。ここで怖い顔をしていないと子どもたちになめられる等と思わないで、笑顔笑顔でニコニコ授業が大切である。社会科は面白いよと子どもたちに思わせることが第一の目標。○×クイズの題材は何もこれに限ることはない。授業者が面白いと感じるものなら何でも良い。少しは人間活動の要素が入っている方が良いとは思うが。

●この授業で用いる教材・教具
・世界地図の掛図
・プリント、
・写真、ビデオ、（写真とビデオは手元にあれば証拠として示す。基本的には文章資料を用いる。私の場合は、死海と五月の花見、流氷は録画したビデオがある。ヤクーツクは、実際には川岸で日光浴している人の写真がある。私の場合は、NHKの「シベリア大紀行」の本を用いる。網走市の流氷はHP（ホームページ）の写真を使い、小笠原の海開きも小笠原村のHPを示す。）

●授業展開

展開1　最初の出会い
・いきなりプリントを配り、社会科クイズをおこなう。ここで子どもたちに押さえておくことは以下の点である。
　①このクイズはみんなの知識を試しているのではない。知識では答えられない問題が多く、みんなのカンを試すクイズです。
　②このクイズができたからと言って、テストの点がよくなるものではありません。あくまでも、授業を盛り上げるためにやっています。
　③答えはカンで素早く答えてください。教科書や地図帳を見ても答えはありません。
・「ではクイズを始めます。私が問題を読みますので、プリントに○か×を書いてください。どこのことかわからないので、前に掛けてある世界地図で場所を示しますので見ながら答えて下さい。」
※このとき、地図黒板を用意して、該当する場所にマグネットを置くのも一つの方法である。
・「答えを言います。世界編は、1－○、2－○、3－○。日本編は1－○、2－○、3　－×、です。」
・「そうです。なかなか難しいですね。全部できた人はいますか。できた人は立ってください。みんなで拍手しましょう。」

展開2　世界の○×クイズの謎解き
・「結構意外だったでしょう。どれが意外だったと思いますか。」
・「間違ったところはどれでしたか。番号を言いますので、手を挙げて下さい。」
・「そうです。このクイズは、常識で考えていてはいけません。でも本当のことなのでしょうか。社会科で学ぶ内容には、必ず証拠となる資料があります。このクイズも、証拠に基づいて作りました。その証拠を見せますが、その前にちょっと考えて下さい。」
・「たとえば、世界の3の問題ですが、砂漠でおぼれる人はいるのでしょうか。」（砂の海でおぼれた、

例外として一人くらいはいた）
- 「いや、水でおぼれたのです。しかもたくさんいるのです。」
- 「では資料を配りますので見て下さい。」

※以下資料を読んで説明する。死海は塩分濃度が高い。旅の番組などでたまに出てくるので録画しておくといい。砂漠での溺死は、砂漠の自然の本質を表している。乾燥地域は永年平均の年降水量は少ないが、雨は時折まとめてふる。砂漠は乾燥によって表土が風蝕され、基盤岩石がむき出しになるため岩石砂漠が多い。そのため、降った雨はすぐに流出する。低地には水がおしよせ洪水になる。それは、決して希な例ではない。

展開3　日本の○×クイズの謎解き

- 「日本の場合はどうでしょうか。海開きが1月1日の所ってほんとにあるのでしょうか。」
- 「ちょっと考えてみましょう。どこの話しなのでしょうか。みんなの考えをいってください。」
- 「みんな色々な意見を言ってくれましたがそれをまとめると、①南の島、②実は温水プールのプール開きを海開きといった。③寒中水泳のための海開き。となります。いま黒板に書きます。」
- 「この中から自分で正しいと思うものを選んで下さい。そう三択です。」
- 「自分でこれっと思うところに手を挙げて下さい。」
- 「ではプリントを配りますので、自分で確認して下さい。」

※小笠原の海開きはあまり伝えられていないが、沖縄の石垣島は春分の日が海開きで、よくニュースになるので、新聞記事やテレビのニュースをとっておくと良い。各地のニュースの中に案外面白いネタがあるので、ニュースと新聞は要チェック。

展開4　授業の進め方（ここは簡単に、子どもたちはあまり聞いていない。）

- プリント1に戻り、○×で見たように、世界には不思議なことがたくさんある。それは自然現象だったり、人がつくった物かもしれない。少なくても、人がそこに住んでいなければ、不思議なことは私たちはわからない。そうした人間が創り出した不思議の謎を解いていくのが社会科地理である。そして、プリントに書いた主旨を自分なりに話す。
- プリント3に戻り、約束事を読む。あまり強調しすぎると子どもたちが心を開かないので、簡単に読む。笑顔を忘れず、社会科地理って面白い事を強調する。
- 面白いものをさがす旅をしようと問いかけこの授業を終わる。

●参考資料

- 小堀巌『死海』中公新書　1963年
- 木下誠一『永久凍土』古今書院　1980年
- 片倉もとこ『アラビアノート』NHKブックス　1979年
- 浅野芳『北の天気』北海道新聞社　1983年
- 岡林一夫『日本列島の四季』草友出版　1983年

※その他倉島厚さんの気象に関する随筆にたくさんの面白い記述があり利用できる。

地理の授業開き (No.1)　　　　年　組　名前

★いきなり○×クイズ、自分のカンで答えよう。（世界編）

1、広い世界には、泳げない人でも絶対に沈まない湖がある。	（　）
2、日本よりずっと北にあるシベリアでは人々は夏になると川で泳ぐ。	（　）
3、砂漠を旅する人で、おぼれて死んだ人がたくさんいる。	（　）

★いきなり○×クイズ、自分のカンで答えよう。（日本編）

1、広い日本にはゴールデンウィークに、桜の花の下でお花見をするところがある。	（　）
2、広い日本では、1月1日に海開きをすところがある。	（　）
3、北海道のオホーツク海の海岸に流氷が押し寄せるのは12月である。	（　）

●中学校で学ぶ社会科とは

今の世の中にはたくさんの問題や不思議なことがある

↓

今の世の中をどうしたらいいのか考えられるようになる 　なぜ世の中でいろいろな問題が起きるのか 　それに私たちはどうしたらいいのか

↓

人として、社会人として、国民として、地球の一員として生きていく大人になるために大切なことを知る。

●どんなことを学ぶのか

地理→今の日本や世界の各地がどうなっているのか知る。
歴史→今の世の中が、どんなふうに発展してきて今があるのか知る。
公民→今の世の中の政治や経済や社会のしくみを知る。

地理の授業開き（No.2）　　　　　年　組　名前

★クイズの答えの確かさを示す証拠 —— 世界編

資料1　死海に浮く
　死海の湖岸での私の経験では、泳ぐということばは、どうもあたらない。浮かぶといった方が良いようである。いずれにせよ、そろりそろりとすねのつかるあたりまで出かけて、ただ水上に横になればそれでおしまいである。プカリプカリと、死んだ魚のように、湖面に浮いているだけ、ひじのところまで水につければ本も読める。（小堀巌『死海』中公新書 1963）

資料2　ヤクーツク市
　ヤクーツク市はレナ川にのぞみ、北緯62度に位置する。冬の最低気温がマイナス70度近くになり土地は地下250メートルまで永久に凍ったままである。しかし、夏、特に7月は非常に暑くプラス35度を超えることはまれではない。（1月の最低気温の平均は－63度、7月の最高気温の平均は38度）（木下誠一『永久凍土』古今書院 1980）

資料3　砂漠の水害
　サウディ・アラビアに雨によってできる川というものはほとんど見あたらない。雨によって一時的にできる川のことをサイルとよんでいる。ここが旅人に良い道を提供してきたのは、こげつくような太陽の下であって、雨でサイルになったときにはやっかいなことになる。雨はところかまわず流れるから、テントが流されたり、時にはけが人や死人が出たりする。聖地メッカでは数十人もが溺死したこともある。それほどサイルの勢いは激しい。広い砂漠の中に大きな橋が架かっていることがある。（片倉もとこ『アラビアノート』NHKブックス 1979）

地理の授業開き（No.3）　　　　　年　組　名前

★クイズの答えの確かさを示す証拠 —— 日本編

資料1　ゴールデンウィーク
　北海道のゴールデンウィークは、人も自然も何もかもが爆発的に生き生きと活気づく。このころになると、冬の間積もった雪も一部に残るだけで、緑の草原の中にひときわ鮮やかなタンポポの花が咲き、早い年にはソメイヨシノザクラとウメが同時にほころび始める。
（浅野芳、北海道新聞社「北の天気」北海道新聞社1976）

資料2　日本一早い海びらき（小笠原ブログ）
　2007年1月1日
　新年明けましておめでとうございます。
　昨夜からおこなわれていたカウントダウンパーティー、500名近い方が来場され大変にぎわいました。また、10時からは海開きが行われ、こちらも芸能の披露に始まり福引き大会、初泳ぎ、ウミガメの放流等が父島ではおこなわれ大変にぎわっていました。

資料3　流氷と海あけ
　オホーツク沿岸では、流氷は北風に吹き寄せられて、びっしりと接岸します。1月末から3月末まで、流氷はオホーツク沿岸に接岸したり沖に出たり、消長を繰り返します。1983年は2月9日に流氷が接岸したと報道されました。
（岡林一夫『日本列島の四季』草友出版 1983）

★最後にもう一回授業について
●授業の約束
　①人の話は目で聞く　　②考えるときは考える、ノートはあとでかく。　③わからないときは必ず質問をする。
●授業の持ち物
　①教科書　　②ノート、地図帳、資料集　　③プリントをとじるファイル
●3人班をつくります。
　①話し合うときは、3人でまとまって話し合います。　②話し合いの司会と発表する人は順番で交代します。　③3人班は席で決めます。話し合うときは席を離れていいです。

2　南北アメリカ大陸を知る　　　　　　世界を知る／第1時

●この授業のねらい
①ペルーのマルカパタ村でジャガイモ栽培とアルパカの飼育でくらす人々の暮らしがつかめる。
②南北アメリカ大陸の地勢と主な国がわかる。

　南北アメリカをまとめて学習するのは、取り上げるべき国が少なく、比較的知っている国も多いので、時間短縮のため、まとめて学習する。南北アメリカで取り上げるべきエピソードとしては、イヌイットのくらし、北アメリカの先住民のくらし、アメリカの自然保護、アマゾン流域の自然破壊などが考えられる。その中でペルーを取り上げたのは、ケチュア族をはじめとするヨーロッパ人によってインディオと呼ばれた人々が、ジャガイモを始め多くの野菜を野生種から育てたことと、自然とともに暮らす暮らしぶりが、最初に出会う世界の人々として全く違う価値観を示してくれていて、しかも、侵略された民族であるためである。しかも、NHKの「人間は何を食べてきたか」で取材され、映像資料が豊富であり、文化人類学の山本紀夫氏による報告が多数あり、文章資料も豊富であるためである。
　ケチュア族の暮らしは、授業ではジャガイモ栽培とチューニョ（乾燥ジャガイモ）が取り上げられることが多いが、この地域の暮らしの本質はアルパカ飼育と耕地の垂直利用とジャガイモの栽培技術にあり、授業ではこの点も大切にしたい。しかし、一時間の中で、その半分程度の時間で取り上げるので、詳細に取り上げることはできない。おもしろい暮らしというイメージができる程度の扱いとして、内容理解にまで踏み込まない。
　この授業では、正直言って最初の地誌的な授業であることから、「ブタの親子の話を面白い」と感じることができればそれで良いと考えている。あとは蛇足の部分である。糞尿の利用はこの一年間のプランの中で中核をなすものであることからも重視したい。

●この授業で用いる教材・教具
・アメリカ州の掛図、世界地図の掛図、
・ジャガイモやトウモロコシの写真。マルカパタ村の全景写真。（山本紀夫氏の著書より作成）

●授業展開

展開1　アメリカを眺める
・「この世界地図を見てください。今日から世界のいろいろな国々を勉強します。まずはアメリカ大陸の国々です。」
・「アメリカ大陸ってどこにありますか。」
・「この大陸は二つに分かれています。北と南に分かれますが、どちらが北でどちらが南なのでしょうか。」
・「ここに北と南のアメリカ大陸の地図を出します。皆さんは地図帳を見てください。ここで知ってい

る国や地名はありますか。」
※このころの一年生はいっぱい発言してくれるのでよく聞いてあげる。その上で次の地名は押さえる。アマゾン川、ミシシッピ川、アンデス山脈、ロッキー山脈。ほかにも指摘したい地名はたくさんあるが、本時の主旨と離れるので、このあたりでとどめる。

展開2　アンデスの暮らし

・「ちょっと横道に入りますが、ここにあるアンデス山脈に暮らしている人たちの様子を見てみましょう。じつは少し前ですが、NHKで取材にいきました。ペルーにあるマルカパタ村というところです。地図帳を開いてペルーをさがしてください。」

※マルカパタ村の全景写真を示し、掛図で位置を示し標高4000m程度のところであることを補足する。その後プリント1を配る。そして、○×クイズをする。クイズの答えは、全問○である。

・「証拠を示す前にNHK取材班の人が書いた体験記が資料1に載っていますので、読んでください。」

※ここは、たくさんのどよめきと、ややきたない反応があるが受け止める。やや煽るともっと面白い。その上でたたみかける。

・「ブタは何をしにきたのでしょうか。考えを言ってください。」

・「ではみなさんの意見から三択をします。①臭いがしたのでそれにつられてやってきた。②そこがたまたまブタの通り道だった。③それを食べにきた。班で相談して、自分の考えで手を挙げてください。」

・「正解はプリント2を配りますので確認してください。」

・「とても変な話でしたが、自然を無駄にしない生活なんです。」

・「これは何の写真でしょうか。」

・「そうです。ジャガイモです。○×クイズにあるようにいろいろな色をしたジャガイモがあります。山本紀夫さんという人が調べた結果が、プリント1の資料2にありますので、どんな色のジャガイモがあるか確かめてください。」

・「実はアンデスはジャガイモの原産地です。ここに昔から暮らしている人たちが野生から育ててジャガイモにしたのです。でも、なぜこんなにたくさんのジャガイモがあるのでしょうか。また、何でこんなに高いところに暮らしているのでしょうか。」

・「このことは、プリント2の資料2で確かめてください。ただし、今日の話はアンデスの高地の人たちの生活でアメリカを勉強する上での興味ある生活として取り上げただけで、アメリカの人たち全てがそんな生活をしているわけではありませんので注意してください。」

※高地で暮らす知恵がジャガイモの他品種栽培、あとアルパカは日本など各国で高級衣料になることも指摘する。『ラテンアメリカの事典』には「アルパカはケチュア族にしてはじめて飼育可能であり、ペルーの誇りとするところである」という記述があることも可能であれば付け足す。作物の高度による作り分けも（垂直統御）も指摘したいところだが、ここはケチュア族の生活を学ぶことが主旨ではないので、省略した方が良い。

展開3　アメリカの主な国のと地勢の確認

・「今日の勉強の最後にアメリカで覚えておいて欲しい国を、プリントの地図に番号を打っておきましたので調べて地図に書き込んでください。時間のある人はアンデス山脈、ロッキー山脈、アマゾン川、ミシシッピ川の位置を地図に書き込んでください。」

※色鉛筆で書き込ませると良い。番号があるので、欄外に表を作り書き込ませるというのが一般的だが、今の中学生には視覚的に地図と表を分離すると混乱する事もあるので、あえて地図書き込みをおこなった。地図黒板を用意し、そこに書き込んで確かめる。

・「早く終わった人はプリントにある人口と面積のベスト3を調べてください。調べるときは地図帳の最後に資料のページがありますからそこを見てください。」

● **参考資料**
NHK取材班『人間は何を食べてきたのか』日本放送協会出版　1985年
山本紀夫『インカの末裔たち』NHKブックス
山本紀夫『ジャガイモとインカ帝国』東京大学出版会2004年

この授業をつくる上でもとになっている実践は以下に報告している。
「中学校で『生活・文化』はどう教材化し得るのか」地理教育24号1995年

南北アメリカ（No.1）　　　　　年　組　名前

★南アメリカにアンデス山脈があります。その山に住む人々に関する○×クイズです。

1、アンデス山脈には黒いジャガイモがある。	（　）
2、アンデス山脈には紫色のトウモロコシがある。	（　）
3、アンデス山脈には、50種類以上のジャガイモがある。	（　）
4、アンデス山脈に昔から住む人たちの主食はジャガイモである。	（　）

資料1　NHK取材班の体験（ペルーのマルカパタ村）

　「さあ、朝食にしましょう。」山本先生は、教会に向かって丘を下りはじめた。
　「それから皆さんのトイレは、この道の近所でさがしてください。」
というのが山本先生のアドバイスだった。私たちは、それぞれの丘のあちらこちらに、それにふさわしい場所をみつけ、低い茂みや崩れかかった石垣に身を隠した。丘には、お客さんがきた。まるまると肥えたブタの親子である。親ブタは体長2メートル近くある。小さな目はおとなしそうに見えたが、その目は私たちの儀式をじっと見つめているのだ。その場にいたものでなくては、その気持ちは伝えられない。
（NHK取材班『人間は何を食べてきたのか』日本放送協会出版）

資料2　マルカパタのジャガイモ（山本紀夫『ジャガイモとインカ帝国』東京大学出版会）

呼び名	色	呼び名	色	呼び名	色
アルカイ・ワルミ	こい赤	ヤナ・マクタ	紫	プカ・ボレ	紫がかった赤
アロス・コヤ	オレンジ	チュケ・ホロ	こい紫	コンビス	緑がかった黄
ブカ・マクタチャ	ピンク	チマコ	こい紫	カタウィ	こい紫～黒
トゥルーニャ	こい紫～黒	ユーラク・チマコ	こい紫	アマカーヤ	こい紫～黒
ワヤタ	こい紫～黒	コミノ	紫がかった赤	アルカ・ミシュキーヤ	紫がかった赤
ヤナ・スリ	こい紫～黒	ケクーヨ	こい紫～黒	ヤナ・トゥルニャ	こい紫～黒
レケ・チャキ	紫	ケヨ・ポーレ	黄	ヤナ・チュルスピ	こい紫
プカ・マウイ	紫がかった赤	ヤナ・ロモ	こい紫	プカ・イミージャ	紫がかった赤
カサ・ブランカ	乳白	リマ・ウイラコチ	こい紫	プカ・ロモ	紫
ミシュキラ	こい紫	ユーラク・ロモ	乳白	クチ・アカ	こい紫～黒
バーニャ	紫がかった赤	パルミート	紫がかった赤	ジプタ	こい紫～黒
プマ・センカ	こい紫～黒	ハイニャチュ	乳白	テッレ	こい紫～黒
ユーラフ・ロモ	こい紫	ワルタチャ	乳白	チョクヨス	こい紫～黒
クッシ	こい紫～黒	マリバ	紫がかった赤	ヤナ・マワイ	こい紫～黒
ポーレ	紫がかった赤	パコ・イミージャ	白	ユーラク・ルキ	こい紫～黒
マクタ・ロモ	こい紫～黒	ムル・マワイ	赤	チンチェーロ	こい紫～黒
スーリ	紫がかった赤	トコチ	紫	ウククリ	こい紫～黒
マクタチャ	こい紫～黒	ウンチューニャ	紫	サワシライ	こい紫～黒
イラライソ	紫がかった赤	ブル・ルントーサ	紫		
クチュ・バキ	紫がかった赤	ハク・ワヤカ	紫		

南北アメリカ (No.2)　　　　　　　年　組　名前

資料1
　儀式が終わると、そのブタの親子は、そのときを待っていたかのように走り寄り、またたく間に儀式の産物を、あとかたもなく消し去ってしまった。こちらは目前の光景をただぼう然とながめるだけである。自然の営みにはムダがない。そのことを、私たちはマルカパタのブタの親子によって体験することができた。（NHK取材班『人間は何を食べてきたのか』日本放送協会出版）

資料2　なぜここに
　世界的にみても標高4500メートルの高さが人間の定住して生活できる限界のようである。それではアンデスの人々は、なぜ、そのような高地でくらすのか。その理由は彼らが飼っている家畜に求められそうである。村人によれば、アルパカは、プーナ（4000メートル前後の草原のこと）に自生する牧草しか食べないのである。彼らは一つの畑に20種類ものジャガイモを栽培しているが、これらの品は病気に対する抵抗性や耐寒性などの点で異なる。ある病気が発生しても少なくてもそれに抵抗性のある品種だけは病気からまぬがれ、畑全体の全滅を避けることができる。（山本紀夫『インカの末裔たち』日本放送出版協会）

作業1　番号のある国の国名を書き込もう

作業2　南北アメリカで人口の多い国、面積の広い国ベスト3を調べよう。

人口ベスト3

	国　名
1	
2	
3	

面積ベスト3

	国　名
1	
2	
3	

3　ヨーロッパを知る

世界を知る／第2時

●この授業のねらい
①ドイツの学校のようすから、ヨーロッパ的なくらしや価値観がつかめる。
②ヨーロッパの地勢と主な国がわかる。

　本書のこの章で学ぶ地域の順番には深い意味はない。大まかには先進国から途上国へという枠組みと、日本から遠い地域から近くに迫るという考えと、子どもたちが知っている国の多いところから入るという意味合いがある。それほど厳密な規定はしていない。アメリカの次はヨーロッパというのはあまり不自然とは思わない。その程度の考えである。
　ヨーロッパには取り上げる教材はあまたある。ここでは人を大切にするヨーロッパ流のくらしの一端が示せればいいと考えた。その教材として、バカンス（夏休み）、労働時間短縮、福祉、環境とたくさんあるが、子どもたちが自分の問題として見ていけるのは学校制度の問題ではないかと考え、ドイツの学校を取り上げることにした。
　この授業では、おなじ先進国でもくらしや価値観が違うということをしっかり認識させたい。その意味で、○×クイズの証拠を示す部分を丁寧におこないたい。

●この授業で用いる教材・教具
・ヨーロッパ州の掛図、世界地図の掛図、ヨーロッパの地図黒板、
・ドイツの小学校の授業風景の写真。

●授業展開

展開1　ヨーロッパとユーラシア大陸をながめる
・「ここに世界地図があります。この前勉強したのはアメリカでした。世界全体を見ると大きな大陸があります。どこでしょうか。」
・「この大陸を何というかわかりますか。」
・「アジアといわないでユーラシア大陸といいます。あまり聞いたことがないと思いますが。」
・「なぜアジア大陸といわないのでしょうか。」
・「この大陸にはヨーロッパといわれているところがあるからです。」
・「だからユーラシア大陸にはアジアとヨーロッパがあるのです。」
・「世界の地域の分け方は大陸で分ける方法もありますが、州で分ける方法もあります。地図を見て下さい。アメリカは二つの大陸が北アメリカ州と南アメリカ州に分かれています。ユーラシア大陸では、ここがアジア州、ここがヨーロッパ州です。地図帳のはじめのところにその分け方が出ていますので見て下さい。」
・「ではヨーロッパを見て下さい。アジアとヨーロッパの境はどこにあるのでしょうか。」
・「そうです。この山脈ですね。この山脈はウラル山脈といいます。」
・「なぜここで分かれているかというと、このウラル山脈のあるあたりまでがむかしヨーロッパをつくった人たちが住んでいたからです。」
・「地図帳でヨーロッパを見て下さい。そして、皆さんが知っている国や都市をいってください。」

展開2　ドイツの学校を見る
・「みなさんが知っている国が結構ありますね。今日はその国の中でドイツという国のくらしを見てみたいと思います。ドイツを地図でさがしてください。」
・「ヨーロッパは小さな国がたくさんあり、ゴチャゴチャして見にくいので、丁寧にさがしてください。」
・「ではプリントを配りますので前の時間に続いて○×クイズをやります。」

※この〇×クイズの答えは全て〇である。日本の子どもたちから見ると全く異次元の世界なので、インパクトの強さからして全て〇という設定にしている。中にいくつか×に変えたり、「ドイツの子どもたちは希望すればみんな大学に入れる。」等という事を挿入しても良いと思う。
・「ぜんぶできた人はいますか。」
・「皆さんと比べてどうですか。これが多くの国では普通なんです。信じてもらえないかもしれないので証拠の品として、ドイツ大使館で働いたことのある人がドイツで見たことをまとめた本の一部をプリントしましたので見てください。プリントを配ります。」
・「ドイツの子どもたちのようすをどう思いますか。」
・「でもドイツの子どもたちも結構厳しい事もあります。資料2を見てください。」
・「10歳というと小学校3年生です。その年で自分の進路を考えるのです。皆さんは考えたことがありますか。」
・「世界中にたくさんの国があってたくさんの学校があっても、国によって学校や勉強の仕方は全然違っています。それだけ世界は色々なんですね。」
※ここでヨーロッパ的なくらし方や豊かさにふれたいところだが、それは世界各国の勉強に譲り、ここで止める。

展開3　ヨーロッパの国と地勢の確認
※ここはほぼ前時とおなじ展開をする。地勢はアルプス山脈と地中海に止める。国がたくさんあり複雑なのでここに時間をとる。早く終わった子どもには調べた国を色塗りさせる。人口と面積のベスト5もおこなわせる。
・「ヨーロッパは地図が入り組んでいるので気をつけてください。まずは、イギリス、フランス、ドイツ、イタリアの位置を確かめて、色を塗ってください。それ以外の国はこの3つの国からどの辺にあるのか考えて整理してください。」

●参考資料
岩村偉史『ドイツ感覚 ── ドイツの姿に迫る』三修社刊　1999年
※ドイツのくらしについては、以下の小論にまとめている。
「ドイツから見たヨーロッパとEU」（石井郁男他『1単元の授業21・中学社会地理』日本書籍　2001年所収）

ヨーロッパ（No.1）

年　　組　　名前

★ドイツに関する〇×クイズ

| 1，ドイツの学校は午前中で終わる。　　　　（　）
| 2，ドイツの夏休みには宿題がない。　　　　（　）
| 3，ドイツの大学は授業料ただ。　　　　　　（　）
| 4，ドイツでは、大学入学試験がない。　　　（　）
| 5，ドイツの学校ではお菓子を学校に
　　持っていってもいい。　　　　　　　　（　）

作業1　番号のある国の国名を書き込もう。

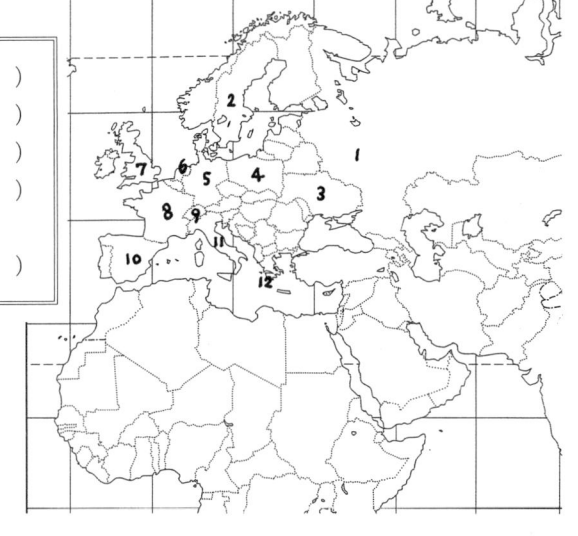

ヨーロッパ (No.2)

年　組　名前　　　　　　

★ドイツ大使館員の日本人が語るドイツの学校

資料1　ドイツの学校
　学校は一般的に午前中だけで終わる。そのため、日本のような学校給食はない。子どもたちは簡単なサンドウィッチや菓子類を持ってゆき、おなかがすいたら休み時間に食べる。昼にはもう家に帰ってくる。クラブ活動も日本ほどさかんではない。放課後のクラブ活動で帰宅がおそくなることはない。日本の子どもたちにとってうらやましいことは、ドイツには大学受験がないので受験勉強も塾もないこと、夏休みなど長期の休みには宿題がないこと等である。ドイツの大学は全て国立大学であると一般にはいわれている。私立大学もわずかにはある。日本の国立大学と違い、費用は全て税金でまかなわれているので、授業料はいらない。進学率は35パーセントである。ドイツには入学試験がない。これがないからといって、大学入試に関わる試験がすべてないというわけではない。日本の普通科高校に対応するギムナジュウムの終了試験に合格しなくてはならない。これに合格すればどの大学のどの学部にも入学できる。しかし、特定の学科に入学希望者が殺到するので、入学制限をしている学科もある。入学が認められなかった場合には定員に空きができるまで、待たなくてはならない。(岩村偉史『ドイツ感覚──ドイツの姿にせまる』三修社)

資料2　10歳で進路を決める
　ドイツでも子どもたちは六歳で入学し義務教育は九年間続く。子どもたちはまず基礎学校に入学し、四年生で自分の将来の進路、つまりどの上級学校に入学しどのような資格を取得するのか決めなければならない。上級学校には次の三種類がある。職人や工場労働者をめざす基幹学校、一般事務職や下級中級公務員になるための実科学校、大学に進学するためのギムナジュウムである。しかし、ここで特定の職業をきめてしまうのではなく、自分の人生をどの方向に向けるのかという大まかな将来設計を立てることなのである。一度選択したらもう変えられないというのではなく、将来計画を変更しょうと思ったら、学校に入り直して、必要としている資格を取ればいい。(岩村偉史『ドイツ感覚──ドイツの姿にせまる』三修社)

作業2　ヨーロッパで、人口の多い国、面積の広い国のベスト5を調べよう。

人口ベスト5

	国　名
1	
2	
3	
4	
5	

面積ベスト5

	国　名
1	
2	
3	
4	
5	

4　アフリカを知る

世界を知る／第3時

●この授業のねらい
①サンコンさんの故郷のくらしからアフリカのくらし方を見る。
②アフリカ大陸の地勢と主な国がわかる。

　子どもたちのアフリカ認識は乏しい。飢餓の国とか動物のいる国とか狩猟民とかというイメージがわずかにある程度で、知らないといった方が良い。ＴＢＳの世界ウルルン滞在記にしてもアフリカを取り上げるのはまれである。アフリカの入り口にはピラミッドという手もあるが、エジプトのピラミッドは地中海文化圏の出来事であり、アフリカの中心部である中南アフリカの課題と関わってこない。そのアフリカを身近なものとして知るための手だてとしてオスマン・サンコン氏を取り上げてきたが、最近あまりメディアに登場しないので2005年の実践ではゾマホン氏に切り替えた。サンコン氏とゾマホン氏の姿勢や活動の違いは、サンコン氏がアフリカを紹介することに徹しているのに対して、ゾマホン氏が学校をつくり（しかも「たけし小学校」と、うけやすい名前である）、地域づくりを指向している点にある。ゾマホン氏の活動は今のアフリカの課題に迫るものであるが、初めてアフリカを学ぶには授業をしてみてやや難しいと感じた。そこで、本書ではサンコン氏に再登場をねがった。
　この授業では、サンコン氏の説明に時間をかけることなく、自然とともにあるアフリカのくらしが実感できるように展開を工夫した。なお、ここで赤道と緯線について少しふれる。

●この授業で用いる教材・教具
・アフリカの掛図　・サンコン氏の写真、バナナの木の写真。

●授業展開

展開1　アフリカをながめる
・「この人を知っていますか」
・「この人はタレントさんでオスマン・サンコンさんといいますが、最近はあまりテレビに出ていません。この人は別に本業を持っていますが何をしていることでしょうか。」
・「皆さんの意見をもとに三択をします。①会社の社長さん②外交官③マラソンランナー、さて何でしょう。班で相談して、自分でこれと思う人に手を挙げてください。」
・「ではプリントを配りますので、資料1を読んで、答えを確認してください。」
・「そうです。サンコンさんは外交官なのです。」
・「それでサンコンさんはどこの国の人ですか。」
・「そうです。アフリカのギニアの人ですね。今日はアフリカを勉強します。」
・「黒板の地図を見てください。今日はアフリカを勉強します。アフリカで知っていることはありますか。」
・「動物色々いますね。トラはいませんよ。ピラミッドもアフリカにあります。マラソンで強い選手もいますね。」
※地図をあまり追求しない。アフリカは知っている地名が少ないので、国名調べで利用する。

展開2　サンコンさんの故郷ギニアのくらしを見る
・「今日はまずアフリカの人たちがどんなくらしをしているか、その一部を見てみます。」
・「ではまずギニアという国を調べます。地図帳を開いてください。そしてギニアをさがしてください。」
※ここで地図帳で索引から地名を探す方法を教える。
・「では次に地図帳の最後の方にある資料のページを開いてください。そして、ギニアを探して人口と面積を調べてプリントに書き込んでください。」
・「サンコンさんは何冊かギニアやアフリカを紹介する本を書いていますが、今日はその中の一冊『大

地の教え』から、アフリカの人たちの暮らしぶりを見てみたいと思います。」
・「プリントで資料2を読んでください。いくつか（　）がありますがそこに何が入るか考えてください。」
※各自の考えをいわせて、三択もしくはたくさんの提案で自分が支持するものに手を挙げさせる。
　　(1)薬草　(2)椰子の実　(3)オレンジ　が答えとなる。
・「何でも自然にあるものを使っていますね。この資料の最後にバナナは捨てるところがないと書いてありましたが、バナナは何になるのでしょうか。参考までにバナナの木の写真がありますので見てください。」
・「ではこの文の続きを配りますので確認して下さい。」
・「傘やタワシそして食べ物のスープになるんですね。」
※資料2にはサンコン氏のアフリカに対する思いや日本のくらしの中で考えたことが記されている。少し重い課題かもしれないので、扱い方は各自工夫されたい。

展開3　アフリカの地勢と国名を調べる
・「地図を見てください。真ん中あたりにあるこの線は何でしょうか。」
・「赤道といいます。どんな線か知っていますか。」
・「簡単に言うと地球の真ん中の線です。この横線は地図を見るとたくさん引いてあります。地球上の南北の位置を示すものです。この線を緯線といいます。」
・「赤道のあたりが一年間で見ると一番太陽の光がたくさん当たるので暑くて雨もたくさん降ります。」
・「反対に雨が少なく砂漠になっているところがあります。さがしてください。」
・「小さいものはたくさんありますが大きな砂漠はサハラ砂漠です。確かめて下さい。」
・「アフリカには大きな川があります。何といいますか。」
・「ナイル川です。場所を確かめていくつの国を流れていますか。調べてください。」
・「支流を含めると6カ国になります。ナイル川の最上流は湖になっています。地図をよく見ると湖が連なっているのがわかりませんか。」
・「ここは大地溝帯といって台地の裂け目の一つです。知っておいてください。」
・「ナイル川、サハラ砂漠、大地溝帯を地図に書き込んでください。その後地図に番号で示した国の名前を記入してください。早く終わった人は人口と面積のベスト3を調べてください。」

●参考資料
オスマン・サンコン『大地の教え』講談社　1996年

アフリカ (No.1)　　　　　　　　年　組　名前＿＿＿＿＿

★オスマン・サンコンさんの本『大地の教え』（講談社1992）からアフリカのギニアという国について考えてみましょう。

資料1　オスマン・サンコン（オスマン・ユーラ・サンコン）
　1949年、現ギニア共和国のボッファに生まれる。1969年コナクリ大学から、ソルボンヌ大学に留学し1972年ギニア外務省に入省。同年駐日大使館開設のため来日し、8年間大使館に勤務。1980年ワシントンの駐米ギニア大使館に転勤し、1984年日本アフリカ開発協会事務局長として再来日。協会活動のかたわらテレビタレントとしてバラエティ、クイズ番組などに出演し人気を集めている。（「大地の教え」著者略歴より）

作業1　ギニアについて調べてみよう

　　人口＿＿＿＿＿万人　　　面積＿＿＿＿＿万平方キロ

資料2　何でもつくる

　ギニアでは木を大切にする。ロープをつくるときでも、皮だけをはぎ、それをたたいてほぐし、長い繊維を使ってあみあげる。皮をはぐことは木を傷つけることになるが、皮はまた再生する。祖父はその長い生涯、一度も医者にかかったことがないというのが自慢だった。ぼくが腹痛をおこしたときも、祖父はぼくのお腹のあちこちをさすりながら、痛い場所や具合をさぐる。そして、「わかった。ちょっと待っとれよ」というと裏の森に（1）探しに出かけた。やがて森から戻ってくるととってきた（1）を煎じて飲ませた。本当によくきいた。だから、みんな医者の薬よりも（1）の方を信じていた。

　ぼくが子どものころスポーツといえば、サッカーぐらいのものだった。といっても兄弟たちとやるときは自家製のボールだった。代用品になったのは（2）の実だった。ナイフで一筋だけ裂け目をつくり、中身をくりぬいて少し天日で乾かす。そうすると皮に弾力性が出てくる。その中に紙くずを詰めて、糸で切れ目をしっかり縫い合わせる。

　食器棚は竹でつくった。竹を六枚くらいに割りそれを並べて棚をつくる。水切りと風通しが良く、清潔だった。タワシには、木の皮を柔らかくほぐしたものを丸めて使った。蚊取り線香も自家製だった。（3）の皮をほそながく刻んで天日で乾燥させるだけだ。いい香りがする上効果も抜群だった。バナナの木は全く捨てるところがない。（オスマン・サンコン『大地の教え』講談社）

作業2　アフリカで人口の多い国、面積の広い国ベスト3を調べよう。

人口ベスト3

	国　名
1	
2	
3	

面積ベスト3

	国　名
1	
2	
3	

アフリカ (No.2)　　　　年　組　名前

資料1　バナナの役割

　勝手にとると叱られたが、葉っぱは雨の日には傘になったし、幹の枯れくずを丸く束ねるとタワシの代わりにもなった。実は苦いものから甘いものまで5・6種類あったが、一番おいしかったのがモンキーバナナで、若いものは、青いままであげたり、スープで煮込んだりした。（オスマン・サンコン『大地の教え』講談社）

資料2　大地の教え

　最近よく小学生や中学生の前で話す機会がある。すると子どもたちはぼくにきく。サンコンはいつもニコニコ笑っているが、どうしてなのかと。「ぼくも怒るよ。でも、その前に考えるようにしているんだ」怒りは最後のことばだ。それっきりすべてが終わってしまう。レストランで食事を断られたことも何度かあった。数え上げればきりがない。ぼくを見る眼が、獣を見る眼のように感じたときもあった。けれど、それも重なるうちにぼくも怒らなくなった。ぼくは周囲に、ぼくは黒いのだということをまず認めさせた。権利の自己主張ではない。お互い人間として認め合って生きていこうというぼくの心の叫びだ。暴力に頼らず、時間を惜しまず、お互いに相手を許し合いながら、主張し認め合う。それを教えてくれたのは、ぼくの生まれ育ったアフリカの大地だった。家族がいて、動物たちがいて、そして自然がぼくをやさしく包んでくれていた。（オスマン・サンコン『大地の教え』）

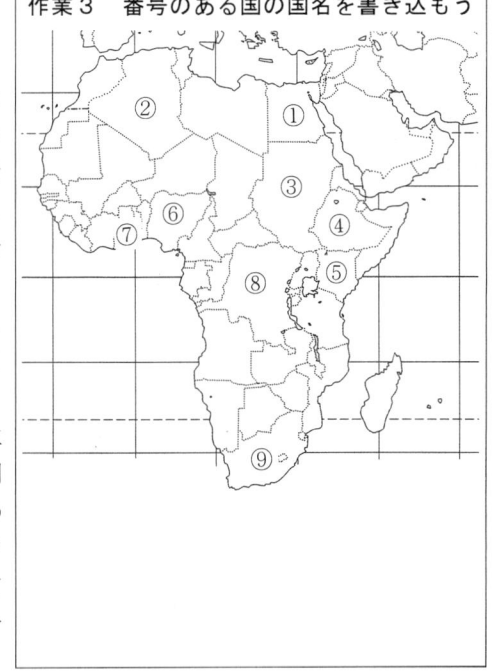

作業3　番号のある国の国名を書き込もう

5　オセアニアを知る

世界を知る／第4時

●この授業のねらい
①アボリジニーと呼ばれるオーストラリア大陸の先住民のくらしを見る。
②オセアニアの地勢と主な国がわかる。

●この授業で用いる教材・教具
・オセアニアの掛図
・エアーズロック（ウルル）の写真、ブーメランの写真。コアラとカンガルーの写真。

　オセアニアは日本の隣国である。緯度もあまり変わらず、時差も少ない。しかし、余りよく知られていない。小さな国も多く、国家とは何かを考えさせてくれる。ここでは先住民の文化を伝えることをエピソードに選んだ。地球温暖化で水没の危機にあるツバルやトンガの食事習慣も面白いが深まってしまう恐れがある。しかもあまり知られていない国である。その点で、オーストラリアから入るのは分かりやすいと考えた。ここで、経度と時差の概念を少し説明する。
　アボリジニーは子どもたちにとってはなじみが少ない教材である。しかし、アフリカについで自然とともに暮らす人たちがいることを伝えることは大切と考えている。したがって、授業ではアボリジニーの知恵の部分をしっかり押さえるようにしたい。

●授業展開

|展開1|　オセアニアをながめる
※エアーズロック（ウルル）の写真を提示しながら話す。
・「この写真を見たことがありますか。」
・「この写真はどこのものかわかりますか。」（オーストラリア）
・「今日はオーストラリアと太平洋の島々を勉強します。この地域を何というか知っていますか。地図帳を見ればわかります。」（オセアニア）
・「地図帳を開いて下さい。そして、ハワイをさがしてください。」
・「見つけた人はグアム島とサイパン島をさがしてください。他に知っている島や国はありますか。」
・「観光地シリーズのついでにオーストラリアにいるかわいい動物は何ですか。」（コアラ、カンガルーなど）

|展開2|　アボリジニーのくらしの知恵を見る
・「もう一回エアーズロックの写真を見てください。この岩は一つの岩からできていますが、ウルルとも呼ばれています。誰がそう呼んでいるかわかりますか。」
※色々いわせて三択に持ち込んだり、それぞれの意見に挙手させると盛り上がる。
・「実はオーストラリアには昔から住んでいる人がいます。この人たちをあとからやってきたヨーロッパ人はアボリジニーと呼びました。エアーズロックはアボリジニーにとっては神聖な場所でウルルと呼ばれました。今でも一般の人は立ち入り禁止のところがあります。」
※エアーズロックは高さ348m、周囲9.4キロの一枚岩の岩石。周辺にも色々な岩山があり、風蝕により表土がはがされ、基盤岩石が露出したもので、砂漠の自然の特徴といえる。
　アボリジニーはオーストラリアの先住民で3.8万年以上前に東南アジア方面からやってきたと考えられ、15世紀には30万人がいたと推定されているが20世紀初頭には7万人に減少した。現在は35万人にまで回復している。
・「そのオーストラリアの先住民であるアボリジニーのくらしを見てみましょう。プリントを配ります。資料1を読んでください。そして（　）の中に入る数字を考えてください。」

- 「みんなの考えは色々ですね。でもここに入る数字は70mなんです。」
- 「すごい武器ですね。でも人を傷つけるための武器ではなく、狩りの道具だったようです。」
- 「次に資料2を読んでください。」
- 「子どもは何をしたと思いますか。」

※自由にいわせるか、こちらで三択を用意して考えさせる。そして、プリント2を配り確認させる。時間に余裕があれば、資料2を読み感想を求める。3万年以上他の地域と隔絶しながら生み出した民族の知恵を確かめる。

展開3　オセアニアの地勢と主な国を確かめる

- 「地図帳を見てください。水色の縦の少し曲がった線がありますね。日本の東京の近くを通っている線をずっとたどってみてください。何がありますか。」（グァム島、ニューギニア島、オーストラリアのアデレード）
- 「実はこの線は北極と南極を通って地球を一周している線です。この線の上は実はおなじ時間になります。なぜかわかりますか。」
- 「地球は南極と北極を軸にして回っているのでこの線の上はおなじ時間になります。だから、この線は地球上の西と東の位置を示しています。この線は経線といいます。」

※ここでは地球儀を使った方が分かりやすい。あるいはメルカトル図法の世界地図を見せるのも一つの方法である。

- 「では、ここにある大きな海を漢字で書いてみてください。」
- 「太平洋を大平洋とは書きません。気をつけてください。」
- 「プリントにある国名を調べ書き込んでください。その後人口と面積のベスト5を調べてください。」

※ベスト5でもかなり小さな国が出てくるので小さい国がたくさんあることにも少し触れても良い。

●参考資料
G・ブレイニー『アボリジナル』サイマル出版会　1984年

オセアニア（No.1）　　　年　組　名前

★オーストラリア大陸にはアボリジナル（アボリジニー）と呼ばれる先住民が住んでいます。そのアボリジナルの暮らしを考えてみます。

資料1　ブーメラン

　1804年の夏のある日、シドニー港でアボリジナルどうしの戦いを見たイギリス人がいた。彼らはその時のありさまを新聞の記事にした。「この武器がものすごいスピードで空中をくるくる回りながら、敵の一人の右腕を襲い、次にそれは向きを変え、また（　　　）メートルあまりの距離をうなりながら戻ってきた。」（G・ブレイニー『アボリジナル』サイマル出版会）

資料2　探検家ウイリアム・H・ティーケンズの体験

　探検家ウイリアム・H・ティーケンズがラクダに乗って旅をしたのは、ナラボー平原の東をつっ切っている大陸横断鉄道とあまり離れていないところだ。午後の暑さは厳しく、水を入れた袋は乾いてしまったが、あと20キロあまりラクダにゆられないと水のあるところにはたどり着けない。ティーケンズはまだ幼いアボリジナルの少年をこの旅につれてきていたが、2人とものどがからからに乾いていた。すると、突然子どもがラクダから飛び降りて、モクマオウの木のところまで走っていき、根元の熱い砂をひっかきはじめたのだ。（G・ブレイニー『アボリジナル』サイマル出版会）

作業1　番号のある国の国名を書き込もう

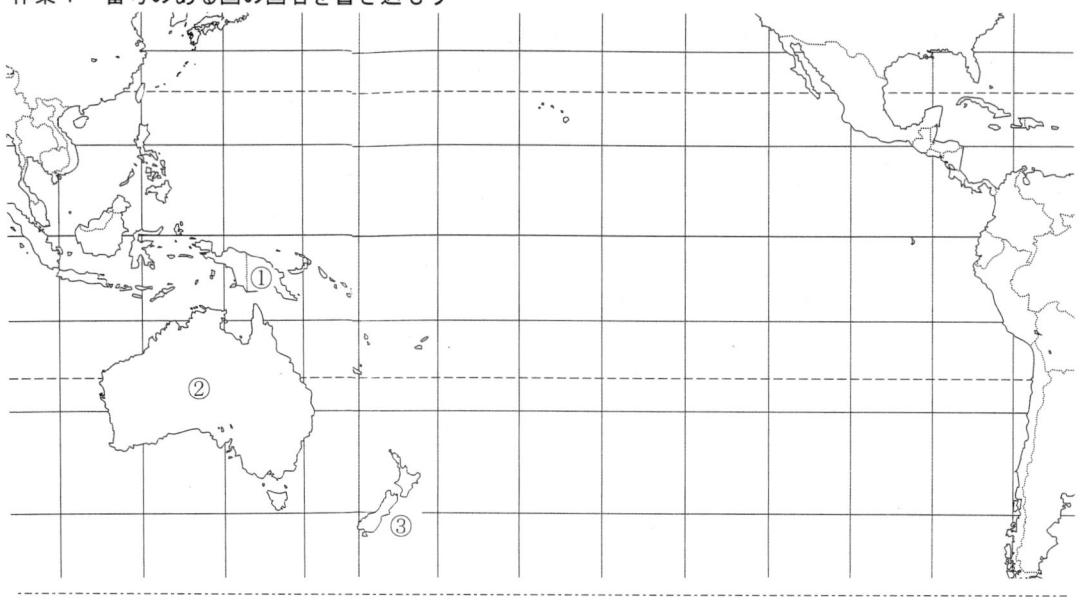

オセアニア (No.2)

　　　　　　　　　　　　　　　　年　　組　名前

資料1　探検家ウイリアム・H・ティーケンズの体験（続き）
　やがて水平に伸びた根を掘りあて、それを折ると、ぐいぐい引っ張りながらゆっくり歩いてきた。掘りあてた根は2メートル半ほどの長さに折ってあった。子どもはこの根の細いひげ根を一本折って、それを口に持っていって飲み干した。ティーケンズも子どものまねをすると、うれしいことに、冷たい水がぽたぽたと舌に落ちてきた。アボリジナルは水のとれる貴重な何種類かの木を見分けることができた。
（G・ブレイニー『アボリジナル』サイマル出版会）

資料2　アボリジナルの医術
　腸が飛び出すようなけが人の治療は、けが人が座って仲間に腸をそろそろとできるだけたくさん引っ張り出してもらう。けが人が水をのみ、それがどういう結果になるか彼の腸をじっくりと見つめる。どこからも水がもれていないとわかると、腸を洗って腹の中にていねいに戻す。小さなニンジンに似た根と草を石ですりつぶし、内臓が元の位置におさまるように体に詰めるのだ。つぎは傷に粘土をぬり、その上から白百合の球根からとった薬をぬり、最後に樹皮をさいて包帯をする。J・ウェッブ博士が調査したところアボリジナルの医術はよくきくものがたくさんあるということだ。彼らの使う麻酔剤、鎮静剤、炎症を止める軟膏、下痢どめの薬、せきや風邪の薬は現代の医学から見ても効能が認められるという。(G・ブレイニー『アボリジナル』サイマル出版会)

作業2　オセアニアで、人口の多い国、面積の広い国のベスト5を調べよう。

人口ベスト5

	国　名
1	
2	
3	
4	
5	

面積ベスト5

	国　名
1	
2	
3	
4	
5	

6　西・南・北アジアを知る

世界を知る／第5時

●この授業のねらい
①ベドウィンの人々のくらしを見る。
②西、南、北アジアの地勢と主な国がわかる。

　アジアは二つの地域に分けて学習する。日本周辺の東、東南アジアとそれ以外の地域に分けて学習することにする。西、南、北アジア地域はインドを除くと多くはイスラム圏である。この地域で取り上げるエピソードとして考えられるのは「イスラムの生活」「石油を支配するもの」「ベドウィンのくらし」などが考えられる。イスラムに関しては、エピソード的に取り上げるのは危険だし、石油はメジャーに触れるとすると相当時間がかかる。砂漠の自然と暮らしぶりを取り上げるのがこの段階としては妥当と考えた。ここでは、アジアという概念を確認することと、そのアジアの地域区分を確認することも大切である。
　この授業では、手に入れば映像資料を大切にしたい。特に資料にある、搾った乳を4日間放置して発酵する場面は映像があれば一番分かりやすい。私は映像資料を編集してこの場面をつないで見せるようにしている。

●この授業で用いる教材・教具
・アジアの掛図
・遊牧民の写真（NHKの「人間は何を食べてきたのか」のビデオは有効。NHKの教材のビデオにもこの番組の映像が使われていることもある。）

●授業展開

展開1　アジア全体と西、南、北アジアをながめる
・「アジアの地図を見てください。知っている国はありますか。」
・「やはりたくさん知っていますね。日本もアジアにあります。アジアは広いし知っている国もいろいろあるので、少し分けて考えます。」
・「地図帳（教科書）にアジアの分け方が書いてあります。いくつに分かれていますか。」（5地域）
・「地図黒板にその分かれ目を書いてみますので見てください。」
・「今日はこのうち北、西、南アジアを勉強します。この地域には大きな国があります。それは何ですか。」（インド、サウジアラビア、カザフスタンなど）
・「この海は世界の三大洋と呼ばれていますが何ですか。」（インド洋）
・「ここに高い山がありますがなんというか知っていますか。」（ヒマラヤ、エベレスト、チョモランマ）

展開2　ベドウィンのくらしを見る
・「この半島はアラビア半島といいますが、地図で見てどんなところだと思いますか。」（砂漠）
・「ここに二枚の砂漠の写真があります。一面の砂や岩石ですね。」
・「砂漠の真ん中に人は住んでいると思いますか。」
・「みんなの意見をもとにして三択をやります。①オアシスにはいる。②いる。③いない。自分がこれと思うところに手を挙げてください。」
・「これから砂漠で生活している人はどんなくらしをしているのか見てみようと思います。またまたですが、NHKが取材にいっています。その時のことが本になっています。プリントを配りますので資料1を読んでください。」
・「まずは、（　　）の中がどのくらいの気温になるか予想してみてください。日本では真夏の暑い日で40度近くにはなることがあります。」

- 「みんながたくさん意見を言ってくれてとってもうれしいです。自分が正しいと思うところに手を挙げてください。」（日中は40度、朝は9度）
- 「砂漠で暮らす人たちは何をしているんでしょうか。」（羊を飼う）
- 「どんなふうに飼っていますか。」（旅をしながら飼う）
- 「餌を求めて移動することを遊牧といいます。またこのような人々を遊牧民といいます。」
- 「資料1に砂漠にも雨季があると書いてありますがそのようすを資料2で確かめてください。」
- 「砂漠にも植物が生えています。特に雨季もありその時には結構草が生えます。もちろんほとんど雨が降らず植物がないところもあります。」
- 「その遊牧する人たちをＮＨＫが取材に行きました。その時のようすを資料3で読んでください。ちなみにこの話に出てくるラドアさんは13才の女の子です。」
- 「搾った乳を4日間も置いておくとどうなると思いますか。」
※生徒の意見をもとに三択。今までの経験だと、固まる。腐る。発酵する。ヨーグルトになる。などが出てくる。ピタリの意見がこないときは近いものを正解とする。プリント2を配り確かめる。
- 「実は乳酸菌が活動しやすい温度が30〜40度なんです。砂漠の自然をうまく利用して発酵させているんです。これに塩を入れて乾かしチーズをつくります。」
- 「砂漠のくらしやチーズをどう思っているのか資料2を読んでください。」

展開3　北、南、西アジアの地勢と国名を調べる
- 「地図に番号のある国の名前を書いてください。それからヒマラヤ山脈の場所を書き込んでください。早く終わった人は人口と面積のベスト3を調べてください。」

●参考資料
ＮＨＫ取材班『人間は何を食べてきたのか』日本放送協会出版　1985年
この授業をつくる上でもとになっている実践は以下に報告している。
「ベドウィンのくらしをどう教えたのか」（地理教育18号　1989年）
「『ベドウィンのくらし』をどう教えたのか」『現代世界をどう教えるか』（地理11月増刊号　1996年）

西・南・北アジア（No.1）　　　年　組　名前

★ヨルダンのワジラムを取材したＮＨＫ取材班の本から、砂漠の生活を考えてみよう。

資料1　さばくの自然
　キャンプ地は風をさえぎるようにくぼ地にあった。私たちが訪ねたのは乾期の終わりで、かれらは、4月から10月までの乾期にはここにいて、11月から3月までの雨期は、ラクダやヒツジをつれて、草を求めて、さばくを旅する。
　私たちがベドウィンのキャンプ地で生活し始めてから、日中の最高気温は高い日では（　　）度にもなった。ここでは耐えがたい暑さではない。湿気が少ない上に、いつも多少風が吹いているためである。
　さばくは一日の温度差が激しい。日中はあついが、夜中はすずしいというより、むしろ寒いくらいである。夕方五時近く、西の岩山に太陽が落ちると空気は急に冷たくなる。真夜中には寒くて目が覚めてしまう。温度計は（　　）度に下がっていた。（ＮＨＫ取材班『人間は何を食べてきたのか』日本放送協会出版）

資料2　ヨルダンの季節
　ヨルダンの谷間についての四季の天気を記すと次のようになる。冬は温和で日中の気温は20度以上、夜の気温は約10度の曇天が続く。雨は主として11〜3月に降るが、平均して月35ミリ以上にはならない。

5～9月までは最高気温は35度をこえ10月になっても35度くらいである。10月の後半には、はれた青空は次第に雲におおわれ、最初の雨が降り始める。（畠山久尚監『アジアの気候』古今書院）

資料3　乳のゆくえ・その1
　私たちがワーティラムにはいって3日目に、ラドアさんは乳しぼり（ヒツジ）をはじめた。ラドアさんはしぼった乳が容器いっぱいになると、テントの前の日当たりのいい場所においてある、金属製のおけにあけ、おけがいっぱいになるとふたをした。4日間このままの状態にしておくという。（NHK取材班『人間は何を食べてきたのか』日本放送協会出版）

作業1　西アジア、南アジア、北アジアで、人口の多い国、面積の広い国のベスト3を調べよう。

人口ベスト3

	国　名
1	
2	
3	

面積ベスト3

	国　名
1	
2	
3	

西・南・北アジア （No.2）　　　年　組　名前

資料1　乳のゆくえ・その2
　奥さんがおけのふたを取ると、中の乳は、発行してやや黄色みをおび、少し固まっているように見えた。ベドウィンのチーズづくりの特徴は、乳を自然発酵させることである。あつさで自然増殖した乳酸菌が働くのである。（NHK取材班『人間は何を食べてきたのか』日本放送協会出版）

資料2　さばくの暮らしは
　チーズづくりをそばで見ていたムハンマドは「ベドウィンのチーズは塩からくて、あなたたちの口には合わないだろうが、私たちには何ものにも代えがたい食べ物だ。ヒツジの乳からできるチーズは、体に大変よい。チーズのおかげで、家族は病気一つしない。チーズは私たちの宝だ。」「自分にはさばくで生活していることがほこりであり、喜びである。遊牧生活は確かに苦しいが、さばくは空気がすみ、自由がある。私は決して町には住まない。」（NHK取材班『人間は何を食べてきたのか』日本放送協会出版）

作業2　番号のある国の国名を書き込もう

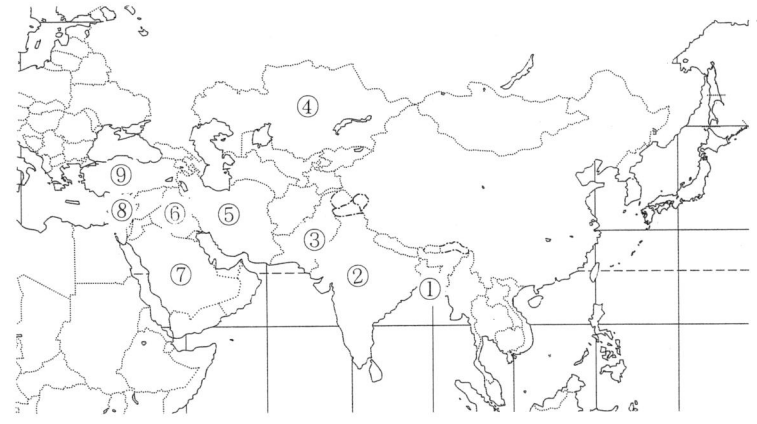

7　東・東南アジアを知る

世界を知る／第6時

●この授業のねらい
①中国、華西村のくらしから社会主義の思想に触れる。
②東・東南アジアの地勢と主な国がわかる。

　この地域は日本に近い地域である。触れたい地域もたくさんあるが、朝鮮半島は歴史で触れられるし、歴史的に考えた方がわかりやすい。中国もそうであるが、世界の地域構造を考えると中国はどこかで触れた方が良いと考えた。東南アジアはあとの章で位置づけているので、ここでは中国を取り上げることにした。中国の何を取り上げるのか思案のしどころである。この章で取り上げる基準は、日本の常識ではかれないことである。中国では麺の文化や子どもたちには「スーホの白い馬」で知られているモンゴル族のくらしも面白い。しかし、異なる価値ということになると、今や少数派であるが、社会主義国の価値観に触れるのも面白いと考えた。市場経済が浸透し貧富の差が拡大し、もはや社会主義国ではないといわれている中国であるが、社会主義的生活または価値観は残っている。同じく社会主義国であるキューバにしても、社会主義的要素は残っている。それ故、中国で社会主義を取り上げてみても面白いと考えた。しかし、社会主義を真っ正面から取り上げるのではなく、生活の中で社会主義的要素を探す方向で取り上げようと考えた。中国にそのようなものがあるのかはなはだ疑問であるが、華西村における共同富裕の考え方は日本の企業社会と異なる価値観である。広い中国のごく一部の話であるが経済力の伸張を感じ取れるので、取り上げることにした。ちなみに、現在でも社会主義国と言える国は世界中で、中国、北朝鮮、ベトナム、キューバの4カ国である。（この件については『授業のための世界地理［第4版］』の第Ⅱ部「社会主義国の動向」参照）
　この授業は、日本を含む東アジアの位置関係を捉えることも大切なので、地図に少し時間を割き、その後で華西村を出し、そこから社会主義的な生活の一端に触れるように構成した。

●この授業で用いる教材・教具
・アジアの掛図
・華西村の写真
・中国製の製品

●授業展開

展開1　東・東南アジアをながめる
・「今日はアジアの残りの地域を勉強します。地図を見てください。残ったところは何といいますか。」（東アジア、東南アジア）
・「日本はどちらに入りますか。」
・「この地域には大きな国があります。何といいますか」（中国）
・「他に知っている国はありますか。」
・「ここに高い山がありますが何といいますか。」（ヒマラヤ山脈、チベット高原）
・「チベット高原から流れ出ている大きな川を探しなさい。」（黄河、長江、メコン川、オルウィン川、ブラマプトラ川、インダス川）
・「長江、メコン川、オルウィン川の上流をたどってみてください。どうなりますか。」（ほとんどおなじところ）
・「チベット高原のおなじところから流れ出ているのに、アジアの各地に広がっているんですね。インダス川と黄河までと考えるとすごい話ですね。」

展開2　華西村を見る

・「今日は中国のある村を見てみたいと思います。華西村といいます。地図帳には載っていません。シャンハイという大きな町の北の方にあります。シャンハイを地図帳でさがしてみてください。」
・「華西村は面積１平方キロ人口1500人の村です。この村に関する○×クイズをします。プリントを配ります。」
・「問題を読みますので記入してください。自分のカンで書きなさい。」
・「答えは１－○、２－○、３－×、４－×、です。」
・「とっても豊かな村のようですが、証拠の品の資料はあとで配りますので、何でこんなに豊かなのか理由を考えてください。」
・「皆さんの意見をもとにして三択をします。①密貿易でもうけた。②日本のゲーム機の部品をつくってもうけた。③国に内緒で工場をつくりもうけた。自分でこれと思うところに手を挙げてください。」
・プリント２の資料２を確認してください。
・「読んでもよくわからないことはありますか。」（なぜ工場を密かにつくったのか。なぜ、村で工場をつくったのか。「集団経済・共同富裕」って何ですか。などが考えられる。一応この３つが出たとして以下展開する。出なかった場合は、教師側から設定してみても良い。）
・「順番に考えていきましょう。工場を密かにつくったといいますが、誰に対して秘密だったのでしょうか。」（国）
・「ここが中国の不思議なところです。このころの中国は工場は国でつくっていて、村が工場をつくることを禁止していたのです。なぜだと思いますか。」
・「工場をつくってものを売るともうかりますね。その頃の中国は一つの村だけがもうかってはいけない。みんなが同じように豊かになるために、人々が勝手に工場をつくったり商売をしたりするのを禁止していたのです。どう思いますか。」
・「工場やお店がないと困りますね。工場やお店はどうしたのでしょうか。」
・「工場やお店は国がつくり、もうけはみんなに分けるという考え方だったのです。だから学校や病院は中国ではみんなタダだったのです。そう考えると共同富裕ということばの意味はわかりますか。」
・「もうけを分け合いみんなが豊かになるという意味です。華西村は村の中でみんなで分け合っていったのです。それは国としては良いことだったのでしょうか。」（いけないこと。）
・「だから華西村は国の考えに反して村で勝手に工場をつくったのです。だから密かに工場をつくったのです。それで、この村だけがだんだん豊かになってきました。」
・「このように人や村が自由に商売することは中国では今は認められてたくさんの工場があります。皆さんが今持っているもので中国製のものはありませんか。さがしてみてください。」
・「これだけたくさんの工場があり、大もうけする人がいても、みんなで分け合うという考え方は今もあり、だから華西村では今でも共同富裕なのです。」
・「社長さんがいなくて国が工場をつくりみんなにもうけを分けるという考え方を社会主義といいます。今でも世界中でいくつかの国は社会主義の考えを持っています。中国もその一つです。」
※社会主義の思想にはこれ以上深入りしない。歴史と公民の課題とする。華西村についてはその後周辺の村と合併して人口３万人の村となった。華西村の課題は時間があれば資料３から説明する。

展開3　東南、東アジアの地勢と国名を調べる

・「地図に番号のある国の名前を書いてください。それからヒマラヤ山脈とチベット高原と長江とメコン川の場所を書き込んでください。早く終わった人は人口と面積のベスト５を調べてください。」

●**参考資料**
地理教育研究会編『授業のための世界地理［第４版］』古今書院　2006年
※華西村についてはインターネットなどで最新資料を確認すると良い。「華西村」で検索すると資料が見つかる。

東・東南アジア (No.1)　　　　年　組　名前

　中国にある華西村は、シャンハイから北西に150キロのところにあります。面積1平方キロ、世帯数380戸、人口約1500人の村です。この村に関するに関する○×クイズです。

1、村の人は、全員3階建ての家に住んでいる。　　　　　　　　　　　（　）
2、この村では、結婚すると車と家がもらえる。　　　　　　　　　　　（　）
3、昔から、この村は農業で栄えてお金持ちだった。　　　　　　　　　（　）
4、村の外から出稼ぎに来ている人は、村人とほとんど同じ給料がもらえる。（　）

作業1　番号のある国の国名を書き込もう

東・東南アジア (No.2)

年　組　名前

資料1　ずらり600戸

　ここは華西村、1平方キロの中にずらりと並ぶ600戸が村民の住まいだ。延べ床面積はどこでも最低400平方メートル以上ある。全世帯が村営の「華西集団（グループ）」内の企業で働いている。「共同富裕」が村の合い言葉、村人の平均年収は8万元（中国農村の平均年収の30倍）、村人であれば、新世帯が生まれると村が建設した一戸建てと車一台が無料で配られる。生活費として2800元（1元は13円）相当の食券等も配布。（朝日新聞2005年2月18日朝刊）年金、健康保険は完備、義務教育費は無料、大学に入って卒業後村に帰ってくる若者については、在学中の学費と生活費を村が負担してくれるそうです。（柳田洋さんの現地発信・中国ビジネス事情2006/06/04）華西村の家は村が全て建設し、完成後に村民に割り当てたものである。そのほか、村は各家庭に乗用車も配布している。この統一された家が華西村の「集団経済、共同富裕」の八文字の方針をもっとも生き生きと表している。（「中国最新情報2004/08/01」）

資料2　趙さんのボーナス20年で1000倍

　趙さんは、もとは農家の五人兄弟の末っ子だった。小学校を卒業後わずかな耕地で米と小麦を作り続けたが、食べていくだけの生活だった。1960年代末に村の指示で小麦工場に勤務。20年でボーナスは1000倍にのびた。村の発展は1961年畑をつぶして設けた農機具製造工場が始まりだ。全国をおそった食糧難の中で「村から死者を出さない。」との決意で工場を密かにつくった。村民がつくった鎌は周辺の農村に売れ、餓死者は一人もでなかった。（朝日新聞2005年2月18日朝刊）

資料3　最大の問題

　最大の問題は実は、村民自身の権利ではない。別の貧村から出稼ぎに来た人々との格差だ。村外からの出稼ぎ者は今や2万人。年収は村民の8分の1にすぎず、各種支給も生活手当もなく、村周辺のアパートに暮らす。発展するものと、それを支える大量の出稼ぎ者という中国社会がかかえる二重構造の縮図が華西村にある。社会主義がめざす平等な富の分配を村レベルで実現させたといっても、今度は別の村々を利用している。（朝日新聞2005年2月18日朝刊）

　※華西村は2006年に周辺の村を合併し、人口3万人の村となった。

作業2　東アジア、東南アジアで、人口の多い国、面積の広い国のベスト5を調べよう。

人口ベスト5

	国　名
1	
2	
3	
4	
5	

面積ベスト5

	国　名
1	
2	
3	
4	
5	

8　世界全体を見る

世界を知る／第7時

●この授業のねらい
①大陸配置がわかり、世界の略地図が描ける。
②緯度経度が読める。
③時差がわかる。

　この時間は地球の学習のまとめである。大きくは世界の略地図が描けて、五大陸三大洋が地図上に記入できることを大きなねらいとする。緯度経度は少し学んでいるが、それをまとめる。その延長線上で時差についても触れたい。計算を伴うが、角度の概念が地球上で使える子どもたちとそうでない子どもたちの格差が拡大しつつある現在、緯度経度の数学的理解や時差の計算は軽く扱うようにしたい。ここでは、緯度経度が読めて、時差があることがわかればいい。地球を球体として緯度経度の原理を説明したいところだが、かなり難しい概念なのでこれは理科に譲りたい。
　この時間の学習量はかなり多い。しかも、テストに出やすい、出しやすいところなので時間をかける方も多いと思うが、ここで学ぶことはかなり難しい。三次元で考えることは難しい課題である。原理から理解させるのを止めて、緯度経度が読めればいいと思う。それならば、1時間の課題と思う。ただし、内容量が多いと思われる方や、用語や概念を覚えさせたいとお考えの方、またはそうせざるを得ない方は、2時間扱いにすると良い。
　なお、この授業に当たっては、教師の世界地図描画能力が問われる。予め練習しておく必要がある。世界の略地図は簡単化で良い。学生時代の人口地理学の講義で老教授が三角形の組み合わせで瞬くうちに（10秒くらい）世界地図を書いていた。それは実に世界をよく表しており、以来私はこの手書き地図をめざして努力してきた。未だにその域に達してはいないが、略図は以下のページに示している程度のもので良いと思う。黒板にサッと描く場合は10秒程度ですませたい。教科書に例示してある略図は丁寧すぎる。世界地図は赤道の位置がずれなければさまになる。

●この授業で用いる教材・教具
・地球儀　　・世界地図の掛図　　・方眼黒板（プリント1の三本の点線を書き込んでおく）
・白夜の写真

●授業展開

展開1　地球儀を見る
・「これを見てください。何ですか。」（地球儀）
・「これは地球を小さくまとめたものです。地球は丸いので平たい地図では表しにくいので、地球儀は便利です。」
・「これを見ればいろんな事がわかります。5秒で地球一周だってできます。どうしたらできるか考えてください。」（北極点か南極点にたち、極点を軸にして回る。）
・「地球は球体なので北極や南極に行くほど世界は狭くなっています。だから日本からアメリカに行くには北極を回った方が距離が短くなります。」
・「小学校の理科で習ったと思いますが、地球は太陽に対して傾いていますから色々なことが起きます。」
※太陽の方向を決めて、地球儀を回して太陽に近いと夏、遠いと冬と簡単に説明する。単位面積あたりの日射量が緯度によって違うという説明はしない。白夜の写真を見せてその理由も簡単に説明する。「冬は太陽が当たらないでしょう。夏はずっと当たるでしょう。」程度ですませる。現象の方に注目させる。地球儀があるのでついつい説明したくなるがそれは理科にまかせる。
・「地球が球体でしかも太陽に対して傾いている事によって色々なことが起きていることを知っておいてください。」

展開2 緯度経度を考える

・「丸い地球を平たい地図にすることは難しく色々な世界地図が考えられています。」
・「教科書に色々な世界地図がありますが一寸見てください。どう思いますか。」
・「距離と方位が正しい地図というのは不思議な形をしていますね。究極の世界地図ですね。」
・「この地図で日本の東にある国を調べてみてください。」(アルゼンチン)
・「難しいのですが、これも地球が丸いためで丸い地球から直角にとるとアルゼンチンに行くのです。」
※地球儀に直角定規を当て真横に線が延びないことを確認させる。
・「地図帳のはじめのページを見てください。世界地図があります。黒板にも同じ世界地図があります。この地図は北と南が実際より広くなっていますが、縦線と横線が直角になっていて見やすいです。」
・「前に勉強しましたが、この縦線と横線を何といいましたか。」(緯線と経線)
・「地球は丸いので緯線と経線は角度で表します。」
※ここは円を描いて説明する。経線は極を中心とした円、緯線は赤道を直径とし極を頂点とする半円で角度を示す。
・「緯線は赤道が0度、極が90度です。経線は360度といいたいのですが、地球を半分に分けて180度ずつになっています。」
・「経線の基になっているのはイギリスのロンドンでここが0度の線です。本初子午線といいます。反対の180度の線で、東経、西経と分かれます。この角度を経度といいます。
・「緯線は赤道を0度にして南緯と北緯に分かれます。この角度を緯度といいます。作業1の①から④に北緯、南緯、東経、西経を書き込んでみてください。」
・「緯度と経度をつかうと地球上の位置が表せます。プリントを配りますので作業2をやってみてください。」(大潟村：北緯40°東経140°　ニューオリンズ：北緯40°西経90°　ポルトアレグレ南緯30°西経50°)
・「地球は回っていますから世界の各地で時間が違います。地球が一回りして1日です。時間の違いを地図帳で確かめてください。そこで作業3をやってみてください。」(1999年12月31日午後10時)

展開3 世界の略地図を描く

・「私は10秒で世界地図が書けます。もちろん簡単にした世界地図ですが。皆さんいろいろやってみて下さい。」
※作業1の地図を何枚も増す刷りして渡しておくと良い。色々試してみても、子どもたちは大胆に描くことはできない。そこで下のような地図を書いてみせる。

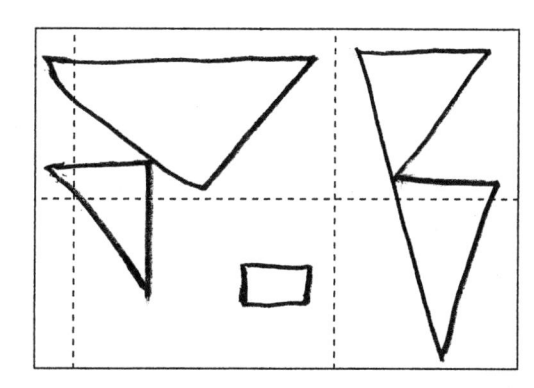

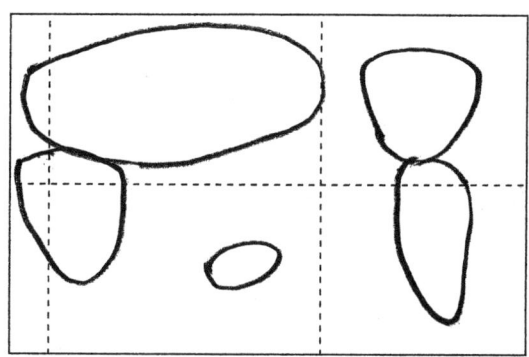

・「皆さんもまねて書いてみてください。もっと良い書き方があれば教えてください。」
・「書いた地図に世界の5つの大陸と3つの大きな海を書き込んでください。」
※プリント2は宿題にする。

● **参考資料**
星野朗、田代博『地図のことがわかる辞典』日本実業出版　2000年
立正大マップの会『地図通になる本』オーエス出版　1997年

世界全体を見る (No.1)　　　　　年　組　名前＿＿＿＿＿

作業1　世界全体の略地図を書いてみよう

① ＿＿＿＿＿　　② ＿＿＿＿＿
0°　　　　　　　180°

③ ＿＿＿　90°

赤道0°

④ ＿＿＿　90°

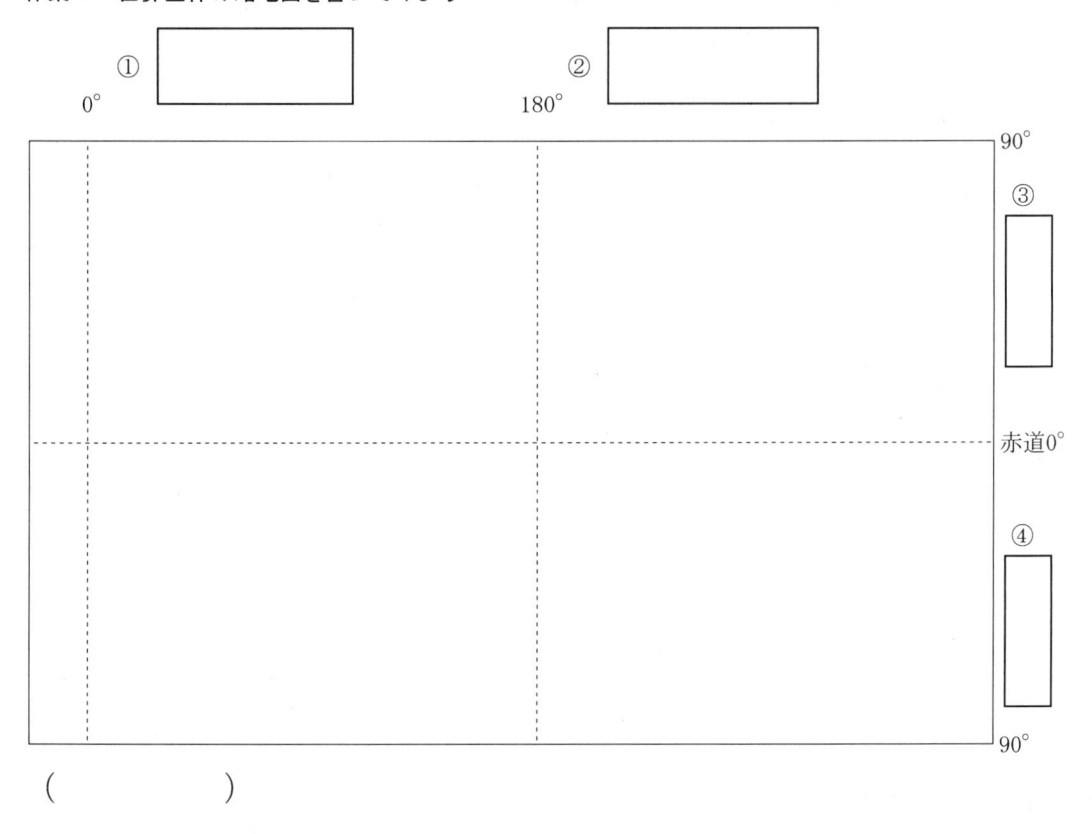

（　　　　　）

作業2　次の都市を緯度と経度をつかって表しなさい。

　大潟村（秋田県）　　　（　　　　　・　　　　　）

　ニューオリンズ（アメリカ）（　　　　　・　　　　　）

　ポルトアレグレ（ブラジル）（　　　　　・　　　　　）

作業3
日本で2000年1月1日正午は、ニューヨークでは

＿＿＿＿年＿＿月＿＿日＿＿＿時　です。

世界全体を見る (No.2)　　　　　年　組　名前＿＿＿＿＿

作業　下の地図に、地名を書き込みなさい。
（ユーラシア大陸、北アメリカ大陸、南アメリカ大陸、アフリカ大陸、オーストラリア大陸、太平洋、大西洋、インド洋、ヒマラヤ山脈、ロッキー山脈、アンデス山脈）

（地図は省略）

9　九州・四国を知る　　　　　　　　　　日本を知る／第1時

●この授業のねらい
①シラス台地と巨大噴火を見る。
②九州・四国の県と地勢がわかる。

　この時間は、日本の諸地域学習のはじめのところなので、日本の地域区分の説明と日本にも色々と驚くことがあることを示して学習への興味付けをおこなっていくことが主目的である。九州は沖縄を取り上げる事も考えられるが、九州・四国という地域の中では、やや離れすぎの感がある。また、沖縄と四国は後に取り上げるので、九州の中から事象を選択することにした。九州では、諫早湾、阿蘇のカルデラ、宮崎の綾町、大分の一村一品運動の原点でもある大山町などが考えられるが、火山のダイナミックな活動は子どもたちの胸に大きく響くと考えて、シラスと大規模噴火を取り上げることにした。
　なお、ここで日本の地域区分としてあまり使われたことのない5地域区分を用いた。地域区分は、目的に応じてなされるもので、固定的なものではない。この5地域の区分は、授業時間の関係と日本の地域構造を踏まえておこなったものである。経済地理学の成果によると、日本は、中心域・中間域・周辺域に区分される（安藤、伊藤2000）。この区分にしたがうと、大まかには①と⑤が周辺域、②の半分と③が中間域、②半分と④が中心域である。一部の教科書などで西南日本、中央日本、東北日本の3地域に区分する方法が見られるが、自分の実践に即して考えると、子どもたちが都道府県の位置などを空間的に把握するにはやや広すぎる。その意味では七地方区分はそれなりの経験則的な根拠があると考えられる。本書であまり用いられたことのない地域区分を用いたのは、時間数と子どもたちが空間的に都道府県を認識できる限界線上で決定したものである。

●この授業で用いる教材・教具
・日本全図と九州、中国・四国の掛図。
・シラス台地の写真。桜島の写真。

●授業展開

展開1　日本をながめて
・「今日から日本の勉強をします。ちょっとこの日本地図を見て下さい。」
・「日本という国は主に4つの島からできています。この島を何といいますか。」（北海道、九州、四国、本州）
・「よく日本は7つの地方に分けられるといいますが、何というか覚えていますか。」（北海道、東北、関東、中部、近畿、中四国、九州）
・「これからの勉強は日本の都道府県と土地のようすがわかることが目的ですから、4つの島では広すぎる島があるし、7つの地方では多すぎるので、次の5地域に分けて勉強します。①九州・四国、②中国・近畿、③中部、④関東、⑤東北・北海道」
※ここでは地図黒板の日本全図を用いて、七地方区分を示した上で、本書で用いる5地方区分を書き込む。

展開2　シラスを考える
・「黒板にある写真は九州のある火山です。今も噴火しています。写真をよく見ると煙が見えるでしょう。何という火山でしょうか。」（桜島）
・「この桜島のまわりの鹿児島県から宮崎県にかけて、火山の噴火でできた火山灰がつもった台地が広がっています。この写真を見てください。白い土からできているので、シラス台地といいます。」
※話の展開に合わせて、写真を示していく。写真はそのまま掲示しておく。そして、写真を見ながら○

×クイズにはいる。プリントを配り〇×クイズをおこなう。答えは1-×、2-〇、3-〇、4-〇。
・「ぜんぶできた人はいますか。間違えた数を調べます。1番間違えた人手を挙げてください。2番…、3番…、4番…。」
・「なかなか難しいでしょう。日本にも不思議なことがいっぱいあります。証拠を見ていきます。プリント2を配ります。」
・「まずは、資料2の地図をじっくりながめてください。この図は鹿児島湾のまわりのものですが、桜島を見つけてください。」
・「桜島がみつかったらそこから奥の鹿児島湾を見つめてください。何かが見えてきませんか。」（まわりが崖になっている。丸い形をしている。）
・「実はここは大きな火山の噴火口だったんです。プリント1の資料1の図で点線で囲んだところがそうです。」
・「その火山がどんなふうに噴火したのか資料1を見てください。」
・「桜島はその噴火口のまわりに新しくできた火山だったんです。全ての火山灰が桜島から出たものではありません。その噴火で南九州の自然は大きく変わっています。そして生まれたのがシラス台地です。資料3に姶良カルデラの火山灰の広がりのようすが出ていますが、北海道まで火山灰が達していると言うことがわかります。」
・「火山の大噴火は地形まで変えてしまいます。」

展開3　九州四国の県名と地勢をとらえる
※作業123をおこなう。
・「四国は瀬戸内側と太平洋側に分けるとわかりやすいです。九州は南に4県あります。沖縄、九州島の1番南が鹿児島、その北に熊本と宮崎、北に4県がならんでいますから分けて考えましょう。」

●参考資料
地理教育研究会『90年代授業のための日本地理』古今書院　1992年
杉谷隆他『風景の中の自然地理』古今書院　1993年
町田洋他『自然の猛威 ── 日本の自然8』岩波書店　1986年
安藤萬壽男、伊藤喜栄（編）『新訂現代世界の地域システム』大明堂　2000年

九州・四国を知る（No.1）　　　年　組　名前＿＿＿＿＿＿

　九州の最南端の鹿児島県には、桜島という毎日噴煙を上げている火山があります。その鹿児島県から宮崎県の南部に広がっています。（資料1）火山灰がつもったシラス台地とよばれる台地が広がっています。この台地と火山に関する〇×クイズです。

1、ここにつもった火山灰は、桜島から長年噴き出した火山灰である。	（　）
2、ここにつもった火山灰の一部は、北海道にもつもっている。	（　）
3、この火山灰によって、九州地方の南部では生物がほとんどいなくなった。	（　）
4、実は桜島は、もっと大きな火山の一部である。	（　）

作業1　次のページの地図に各県の名前を書きなさい。
作業2　次の都市を書き込みなさい。（福岡市、北九州市）
作業3　次の地名の位置を示しなさい。（九州山地、南西諸島、四国山地、吉野川）

資料1　シラス台地の広がり

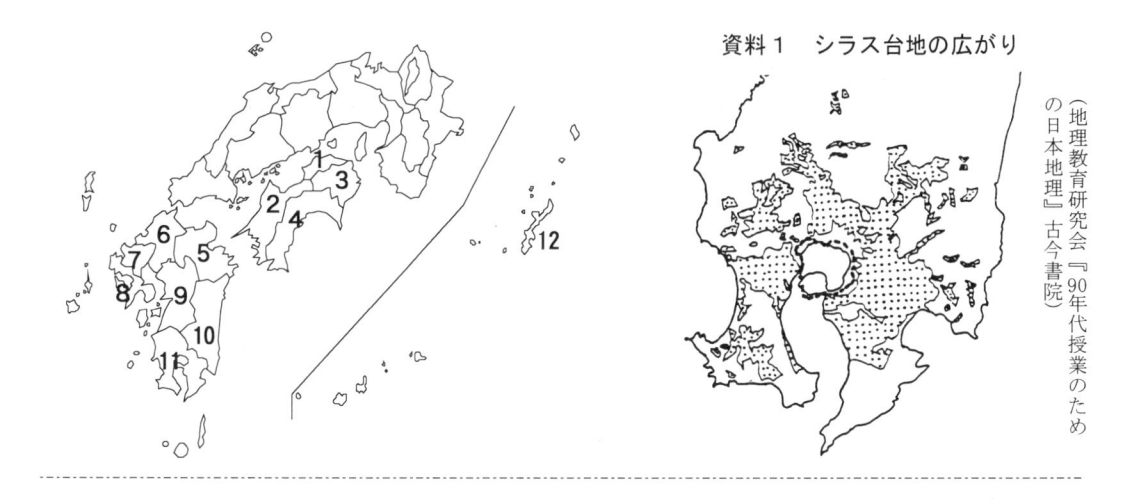

（地理教育研究会『90年代授業のための日本地理』古今書院）

九州・四国を知る（No.2）

年　組　名前

資料1　大カルデラ火山

　鹿児島湾の奥にある姶良カルデラは、約22,000年前想像を絶する規模の大噴火でできた。このとき地表では約1,000度もの高温の火砕流が噴出し、南九州一帯を埋め尽くした。全ての動植物は、この高温のガスと軽石の爆風にまきこまれて燃えつきた。火口から上空へは、巨大な噴煙がつきあげた。噴煙は東に吹き流され、日本列島とその周辺では火山灰が降りそそいだ。この火山灰層は広く見つかっている。噴火後に出現したのは、沈み大きく開いた姶良カルデラと、やけ果てた軽石のシラス台地であった。

　桜島は、1万年前から姶良カルデラ内で始まった活動である。元は島であったが1941年の噴火で地続きとなり、今も常に噴火を続けている。（杉谷隆他『風景のなかの自然地理』古今書院）

資料2　鹿児島県中部の地形（「朝日百科・世界地理58」）

資料4　姶良カルデラからの火山灰の広がり（町田洋他『日本の自然8　自然の猛威』岩波書店）

10　中国・近畿を知る

日本を知る／第2時

●この授業のねらい
①大阪弁と商都大阪を見る。
②中国と近畿の府県と地勢を捉える。

　大阪弁はかなり前から教材としてきた。大阪弁と商業の関係に着目し「天下の台所」を理解する教材として利用してきた。漫才ブームもあり、大阪弁はよく知られている。よく知られている吉本のタレントを材料にして、「何でおもろいんやねん」から授業を展開することにした。商都大阪の背景としては、近世における近畿・中国地方の商品経済の発展があり、やや地域を代表することにもなると考えた。

●この授業で用いる教材・教具
・近畿と中国の掛図。
・島田紳助、西川きよしの写真（ビデオがあればもっと良い。）

●授業展開

展開1　大阪の漫才を見る
・「いきなりですが、好きな漫才の芸人さんをいってください。」
・「この中で関西出身の人をあげてみてください。」
・「たくさんいますね。みんな大阪で漫才から出た人たちです。」
・「今プリント1を配りましたが、資料1の漫才を誰かやってみてください。」
・「それで、この（　）にはいる人は誰でしょうか。」（西川きよし）
・「ついでに資料2は誰でしょうか。」（島田紳助）
・「大阪のギャグにどれだけついて行けるか試したいと思います。資料3の（　）にはどんなことばが入るか考えてください。班で相談してください。」
・「班で考えた意見を発表してください。」
・「みんなよく考えましたが、資料の元になった本にはには『あんた人でも食うてきたんか』とあります。」

展開2　商都大阪を見る
・「もっとすごい話があります。資料4を見てください。大阪のお笑いの源を考えてください。」
・「町の人がみんなお笑いの先生というのはなぜだと思いますか。考えてください。」
・「皆さんの意見をもとに三択をします。①昔から漫才が盛んで、それが町の人に広がった。②大阪城を造った豊臣秀吉が面白い話をする町にしろと命令し広まった。③商売をするために面白いことばが生まれた。自分でこれだと思うところに手を挙げてください。」
※ここの三択は生徒から出てこないので、このような選択肢を設定し考えさせるようにしている。
・「ではプリント2を配ります。その資料1を読んで答えを確かめて下さい。」
・「大阪は商業が発達し商人の町でした。それで、江戸時代には『天下の台所』と呼ばれました。」
・「大阪を中心として近畿地方から瀬戸内海地域は産業が発達しそれが大阪に集まり商業の中心になったのです。工業だって今から50年くらい前まで大阪の方が東京より生産額が大きかったのです。大阪から生まれた会社はたくさんあります。」

展開3　近畿地方と中国地方の府県名と地勢をとらえる
※作業123をおこなう。その上で大都市が集中していることを押さえる。一連の作業のあとに、西南日本の地形を概観する。

・「九州から近畿まで勉強してきましたがここで西日本地域全体を見てみます。」
・「太平洋側には高い山地があります。真ん中に瀬戸内海と広い平野があり、その北側にも山地があり三本の軸があります。」

●参考資料
毎日新聞ふらいでーと編集部『どのくらい大阪』いんてる社 1984年
前垣和義『どや！大阪のおばちゃん学』草思社 2005年
石井晃『100％大阪人』リバティ書房 1994年
※大阪に関する本は多い。これからも出版されると思われるので、新しいネタを仕入れることをお勧めする。

中国・近畿を知る（No.1）　　　年　　組　　名前

★吉本所属のお笑い芸人の伝説的な芸の一部です。誰でしょうか。

資料１　漫才　やすきよ（　　　　　　　　　　と横山やすし）
や「おなじ漫才やってて、君が大阪城買うたら、わしかておおきいもん買わな」
き「買うたらええやないか。」
や「裁判所買うたろ。」
き「やめとき、やめとき。」
や「裁判官つきやで。」
（やすし・きよし「男の中の男」1980年）

資料２　漫才　紳助竜助（　　　　　　　　と松本竜助）
紳「一発殴られるやろ。死んだふりすんねん。」
紳「片目で状況見ながら、お巡りさん来たと思うたら、あの人！あの人！あの人！」
（伸助竜助　1986年）

資料３　つっこみ
友人がパーマをかけてくると
　「どうしたん、火事にでもあったん？」
おしゃれして真っ赤な口紅つけてきた日には
　「あんた（　　　　　　　　　　　　　　　　　　　）

資料４　大阪弁
　大阪の子どもは土曜の昼下がりに成長した。なぜか。土曜のお昼は「吉本新喜劇」や「花の駐在さん」が放送される、楽しい楽しい吉本タイムだったのだから。子どもたちは、この番組で一週間の区切りをつけ、新しいギャグを仕入れては、それを自分のものにして、学校でひろうし、お笑いのセンスを磨いていったのである。
　しかし、大阪は奥が深い。先生は吉本や松竹のタレントだけではない。忘れてならないのが、近所のおっちゃん、おばさんという偉大な先生。無意識なうちにギャグをとばし、存在そのものがお笑いといえる彼、彼女たちの「ボケ」と「ツッコミ」の会話の中でもまれて、子どもたちは、知らず知らずのうちに笑いのセンスを身につけ、無意識のうちにギャグをとばす呼吸を身につけるのである。
（資料１～４の出所：石井晃『100％大阪人』リバティ書房）

- 41 -

中国・近畿を知る (No.2)   年　組　名前＿＿＿＿

資料5　笑いのもとは

　大阪は、単なる商売人の町ではなく、船場は「繊維の町」、道修町は「薬の町」、立売堀は「瀬戸物の町」というように、同業者が軒を並べており、競争がより激しかった。商いの場では、ボソボソしゃべっいたのでは、信用が得られない。だから大きな声やよく通る声は何よりの商売道具であった。

　笑いは、商いの潤滑油で、「面白いことをよし」とする土壌が生まれる。さらに大阪は芸事が発達しており、稽古場も多かった。大阪人は積極的にそれらをかじる。自分が楽しむことはもちろんだが、芸を身につけることで、人を喜ばせ、楽しませるといった「サービス精神」に磨きをかけるのだ。声とともに笑いも商売道具であった。(前垣和義『どや！大阪のおばちゃん学』草思社)

作業1　各府県の名前を書きなさい。
作業2　次の都市を書き込みなさい。(大阪市、京都市、神戸市、広島市)
作業3　次の地名の位置を示しなさい。(紀伊山地、琵琶湖、淡路島、中国山地)

11　中部を知る

日本を知る／第3時

●この授業のねらい
①諏訪地域の産業の変遷を見る。
②中部地方の県名と地勢を調べる。

　この授業は写真をメーンにしてその背景をさぐるという方法をとる。地理学的には景観から学ぶという手法である。景観は地域の全体像をとらえるという意味では有効である。授業で写真はよく用いるが、それは事象を確認する場合が多く、景観として利用することは多くない。ここでは、写真から地域の特徴の把握のための導入として用いる。その意味で、景観から考える授業に近い。
　よく知られているように、諏訪地域は製糸業から精密機械工業そして現在では電気機械工業へと主要産業が変化し、日本の工業構造変化の縮図である。中部地方は今でも全産業にしめる工業の比重が高く、その意味で、ここは産業を題材とした。産業は、統計から把握するのが有効である。この授業では、景観写真とともに、統計資料の利用について経験することをねらっている。そして、産業の変化を教えるのではなく、地域の主要産業は変化するということがイメージできればいいと考える。この授業は「あゝ野麦峠」をはじめとして、いろいろ語りたいことがたくさんあるが、話はなるべく抑えて、統計資料を読むことに主眼を置きたい。授業の前段では、写真から色々考え、その後資料の読みを一気に行い、地名の確認に持ち込むという筋道である。

●この授業で用いる教材・教具
・中部地方の掛図
・地図黒板の日本全図
・片倉館の写真、諏訪地域の製糸業の写真（映画「ああ野麦峠」の一部の映像も使える。）日本アルプスの風景写真
・エプソン社の製品

●授業展開

展開1　片倉館を見る
・「温泉が大好きという人はいますか。」
・「どんな温泉に行きましたか。」
・「いろんなところに行っていますね。ところで、この写真は日帰り温泉ですが、知っている人はいますか。」
・「この温泉はどこにありますか。予想してみてください。ヒントは今日勉強する中部地方のどこかです。」
※出た意見に理由をいわせて、自分の支持するところに挙手させる。ただし、片倉館を知っている子どもがいたら、この展開は変わる。
・「この温泉は片倉館といいます。長野県の下諏訪市にあります。地図でさがしてください。」
・「地図を見てください。まわりには高い山や火山が多いですね。」
・「ところで、この片倉館の建物はいつ頃建てられたのでしょうか。三択です。①温泉ブームになった約10年前、②新幹線が開通した約40年前、③今から80年前の昭和の初め、さてどれでしょうか。自分でこれと思うところに手を挙げてください。」
・「今から80年も前の建物です。その時から温泉でした。千人風呂といわれる大きなお風呂と、その古さで人気になっています。機会があればいってみてください。」
・「この建物はいったい誰が建てたのでしょうか。これも三択です。①諏訪の市民がお金を出し合って建てた。②諏訪にある大会社が建てた。③諏訪に別荘を持った大金持ちの子孫が遺産でつくった。さて、どれでしょうか。自分でこれと思うところに手を挙げてください。その前に班で話し合ってください。」

・「正しくは②でした。この大会社は何つくっていたのでしょうか。これも三択です。①味噌、②絹、③武器、自分でこれと思うところに手を挙げてください。その前に班で話し合ってください。」
・「プリント2を配りますので、資料1を読んで確かめてください。」
・「正しくは②でした。では諏訪の絹生産の様子を写真で見てみましょう。」
・「どのくらい盛んだったのか統計で見ていきましょう。」

|展開2| 諏訪の産業を統計で見る

・「資料2を見て下さい。これは今から100年前の1909年の都道府県別の工業生産額の大きさを示したものです。いきなり、日本全国地図が出てきたので驚く人もいるかと思いますが、よく見て下さい。●が大きいところが生産額が大きいのですが、大きいところを調べてみて下さい。」（大阪、兵庫、東京、愛知、長野）
・「長野県って昔は日本の工業の中心だったんですね。絹糸は日本の輸出の中心だったんです。ちなみに絹糸のことを生糸と言い、生糸を作る工業を製糸業と言います。」
・「資料3に1915年の工業の主な分野別の工場数を表にしました。どんなことがわかりますか。」（ほとんどが製糸業）
・「諏訪は絹の町だったんです。だから働くことも多く、お金持ちもいてこんな温泉を建てたんです。」
・「ではそれから40年後の1955年の諏訪の工業を見て下さい。どんなふうに変わっていますか。」（金属機械が多い）
・「その秘密を突きとめたいと思います。なぜ製糸業が衰えたかというと、生糸が売れなくなりました。化学繊維ができたからです。」
・「金属機械工業はどうして多くなったかというと、資料3を見て下さい。小学校の歴史で第二次世界大戦中に学童疎開があったことを習ったと思いますが、工場も疎開したのです。諏訪にやってきた主な工場を資料4で見てください。どんな工場が来ていますか。」（機械関係）
・「特に、時計やカメラ、双眼鏡などを作る工業を精密機械工業と言いますが、この工場の中には、皆さんも知っている大きな会社があります。小西六写真、諏訪第二精工舎って今何になっているかわかりますか。」（小西六写真→コニカミノルタ、諏訪第二精工舎→セイコー）
・「諏訪は、製糸業の町から精密機械工業の町に変身しました。でももう一回変身したのです。資料5を見て下さい。ここには諏訪市の工場で働く人の工業の分野別の百分率を示しています。この表から大きな変化を見つけて下さい。」（電気機械が増えている。）
※工業の分野の説明は簡潔にする。全分野網羅しているわけではないので。百分率については、説明した方がいい。諏訪工場で働くことが百人だったら程度の説明がいい。計算方法などを話すととんでもない袋小路に陥る。
・「諏訪の電気機械の主な製品はこれです。何かわかりますか。」
・「エプソンの製品です。実はエプソンの本社は諏訪市にあります。ほんとです。それも資料4にある会社の中からうまれました。どれか自分の思うところに手を挙げてください。」
・「答は第二精工舎です。いまでもエプソン社は正式にはセイコーエプソンと称しています。」
・「と言うことで諏訪は製糸業の町から精密機械工業の町になり電子機械工業の町に変わりました。このように100年単位で見ると地域の産業は大きく代わり、それは日本の産業が変わってきたと言うことでもあります。」

|展開3| 中部地方の地勢と地名を知る

・「では、中部地方の地名を調べます。中部地方は日本の各地の中で一番複雑な所です。注意してやって下さい。プリント1の作業123を行って下さい。」
・「中部地方は中央に高い山があり日本海側と太平洋側と海に面していない地方に分かれます。とっても複雑です。注意して下さい。」
・「まず日本海側の4県をまとめます。次に太平洋側の2県をまとめます。最後に海に面していない3県をまとめます。そうするとわかりやすいです。」

●参考資料
北村嘉行他編『日本工業の地域構造』大明堂　1977年
飯山敏春『日本地誌ゼミナール　北信越地方』大明堂　1962年
青野寿郎他編『日本地誌11　長野県・山梨県・静岡県』二宮書店　1972年
※諏訪の授業については、以下の本に述べている。
歴史教育者協議会編『わかって楽しい中学地理の授業』大月書店　2002年　258〜9P

中部を知る（No.1）

年　組　名前

長野県諏訪市にあるこの日帰り温泉の建物はいつ頃できたのでしょうか。

作業1　各県の名前を書きなさい。
作業2　次の都市を書き込みなさい。
　　　　（名古屋市、豊田市、金沢市）
作業3　次の地名の位置を示しなさい。
　　　　（飛騨山脈、木曽山脈、赤石山脈、
　　　　濃尾平野、天竜川、富士山）

- 45 -

中部を知る (No.2)

年　組　名前

資料1　片倉館とは

　片倉館とは、大正から昭和の初期に、日本における輸出総価額の約1割が絹製品であった当時、シルクエンペラーと称された片倉財閥により、地域住民に厚生と社交の場を提供するため、昭和3年（1928）に完成しました。（財団法人片倉館HPより）

資料2

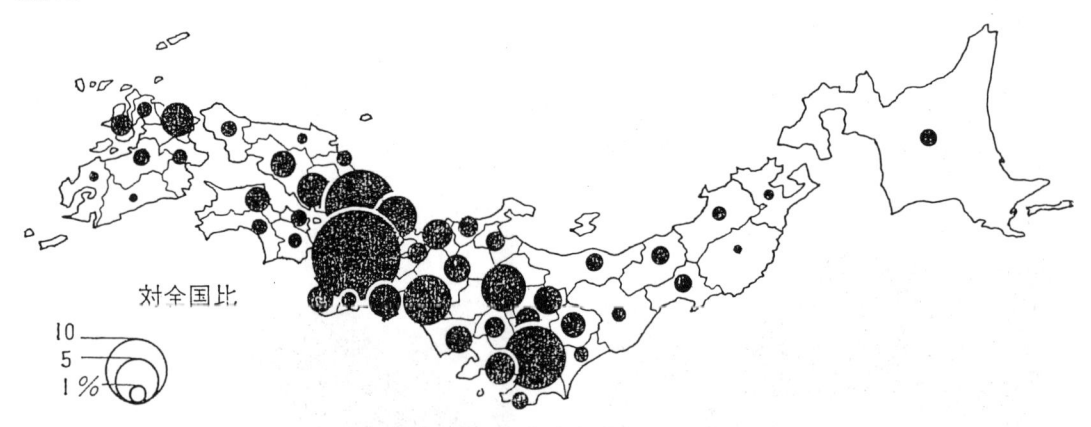

都道府県別の工業生産額（1909年）
（北村嘉行他編『日本工業の地域構造』大明堂）

資料3　諏訪地方（諏訪市、岡谷市、上諏訪町）の工場数の変化
（飯山敏春他『日本地誌ゼミナール　北信越地方』大明堂）

年＼分野	製糸	食品	機械金属
1915	299	3	0
1955	19	476	635

資料4　第2時世界大戦中に諏訪地域に疎開してきた主な工場　（　）内は主な製品

　オリンパス光学（カメラ）、東京発動機（発動機）、東京芝浦電気（ミシン）、東京光学（双眼鏡）、北辰電気（通信機）、諏訪第二精工舎（時計）、上原製作所（ネームプレート）、小西六写真（フィルム）、日本無線（無線機）

（青野壽郎他編『日本地誌11』二宮書店）

資料5　諏訪市の工業で働く人の分野別の割合の変化（単位は%）

年＼分野	食品	金属	電気機械	精密機械	一般機械	その他
1981	4.5	8.3	5.4	54.6	16.2	11.0
1996	5.7	11.2	33.8	17.3	16.9	15.1

（「諏訪市の統計　平成12年版」より作成）

12　関東を知る　　　　　　　　　　　　　　　日本を知る／第4時

●この授業のねらい
①東京都心の最近の人口変化を見る。
②関東地方の都県名と地勢を調べる。

　都府県の数からみると関東地方は少ない。関東を1時間扱いでみるのはもったいないとも思える。そこを敢えて行うのは、事の善悪はともかく、東京は日本の中心であり、首都圏は日本の中枢部であり、日本を構造的に見るには、東京は避けて通れない。東京の動向が日本を決めているような所もあり、東京を知る必要があると考えた。
　新しい東京への切り口は様々ある。開発により、新しい町が次々とうまれており、アニメ制作、情報関連産業などは東京を象徴する産業である。教材研究の深みにはまりこみそうな題材は様々ある。しかし、ここでは面白い事象をサラッと見るのが本章の主旨であるので、人口から地域を見ることにした。都合がいいことに、2005年の国勢調査の資料が速報値ではあるが使え、（2006年1月現在）その事からいろいろなことが読み取れた。そこで、人口から見た最近の東京に取り組むことにした。ここでは、東京都心の詳細な地図と、統計資料の読み取りにより、考えていくことにより、統計資料に慣れる事もねらいとしている。

●この授業で用いる教材・教具
・東京都心の地図（国土地理院でも発行している。）
・東京都23区を示した地図黒板、または白地図。（白地図を拡大してもいい。）
・都心の景観写真

●授業展開

展開1　東京の人口を考える
・「今日は東京について考えます。東京について知っていることを言って下さい。」
※自由に言わせてみる。東京に関わることを整理してまとめる。まとめるとき、①首都機能に関すること、②東京の新しい街や新施設に関すること、③ファッションや情報、娯楽などに関すること、④大都市に関すること、⑤最近のニュース等に整理すると良い。子どもたちの反応は地域により、時期により異なるので、こどもたちの反応を見ながら柱だてする。子どもの意見を分類しながら板書すると後から整理しやすい。
・「みんないろいろ言ってくれましたが、まとめてみると黒板のようになります。東京はいろいろなことを伝えてくれています。今日はその中で新しい街がうまれていることについて勉強します。」
・「まずは、東京の人口についての○×クイズです。プリントを配ります。問題を読み上げますので、いつものように自分のカンで答えて下さい。」
・「答を言います。1番○、2番×、3番○、4番×です。全部できた人はいますか。」
・「結構難しかったですね。では資料から答を確認していきましょう。プリント2を配ります。」

展開2　東京の人口と新しい街を考える
・「日本では、5年に1回国勢調査というものがあり、どこにどれだけの人が住んでいるのかわかる機会があります。この国勢調査の資料を使うと、日本の人口の動向がわかります。」
・「資料1は2000年と2005年の人口の増加率を都道府県別に見たものです。増加率とはこの5年間で何％増えたか減ったという数字です。人口増加率を高い順に5位まで並べて下さい。」（1位東京、2位神奈川、3位沖縄、4位愛知、5位滋賀）
・「東京は人口が多く人口増加率が高いので、率からみても、数からみても一番人口が増えています。」

- 「資料3を見て下さい。東京の人口は1990年頃は増えていますか。減っていますか。」
（減っている。）
- 「2000年頃はどうですか。」（増えている。）
- 「東京の人口が、増え始めたのはいつですか。」（1997年）
- 「東京の人口は増えつづけていたわけではなくて減っていたのです。増え始めて10年ちょっとです。」
- 「東京都の23区の地図をみてください。皆さんは地図帳を開いて、東京都の区を確かめながら次の話を聞いてください。」
- 「ちなみに、国会などがある日本の中心になっている区はどこですか。」（千代田区）
- 「千代田区がどこにあるのか確かめてください。黒板の地図ではここですね。」
- 「では資料2をみてください。資料1と同じく2000年と2005年の人口の変化を東京都の区別に示したものです。どの区も人口が増えていますが、増加率の多い順に5位まで調べてください。」（1位中央区、2位港区、3位千代田区、4位江東区、5位文京区）
- 「1位からに5位までの区を地図に書き込んでみます。東京のどのあたりで人口が増えているのか考えてください。」（海に面したところ、千代田区の周り、東京の真ん中、）
- 「次に資料4をみてください。最近大きなマンションが建った場所を示しています。どのあたりが多いですか。」（中心とその周り）
- 「黒板の地図でみると品川、渋谷、新宿、豊島、江東区にかけて多いですね。」
- 「都心の人口増加は、マンションが建ったことと関係が深いといえます。」
- 「マンションが建ったきっかけは、東京都や区で公営住宅としてマンションをつくり、その周りに住みやすくなるような施設をつくります。そうすると住みやすいということでたくさんのマンションが建つようになりました。東京で働く人にとっては、住む家がなかったので遠くに家を建てていましたが、働くところの近くに住むところがあるというので、東京の中心部にマンションを買って住むようになりました。そして、東京の中心部から人口が増えてきました。東京の中心部では、あたらしい街が次々と生まれています。」
- 「東京の中心よりの区で町名別に人口増加と減少率をまとめた図があります。その図を見て、確かめてみましょう。では、プリント3を配ります。」
- 「二枚地図がありますが、1990年と1995年の間の方を見て下さい。人口が激しく増えているところは黒、減っているのは白になっています。黒いところは図で、どのあたりにありますか。」（周りの方）
- 「では1995年と2000年の間はどうなっていますか。」（まん中の方も増えている。）
- 「そうですね。地図で見るとよく分かりますね。」
※プリント3は、場合によっては省略する。

展開3　関東地方の地勢と地名を知る
- 「では、関東地方の地名を調べます。プリント1の作業123を行って下さい。」
- 「大都市が多いですね。先ず東京の位置をしっかり確認しましょう。その次に人口の多い横浜ですね。」
- 「都県の位置では、東京を中心に南部に4都県、北部に3県が並んでいますので分けて考えると分かりやすいです。」
- 「関東地方の中心を横切るように利根川が流れていますので、確認しておきましょう。」

● 参考資料
- 東京都『平成15年度東京都住宅白書』東京都
- 宮澤仁他「1990年代後半の東京都心部における人口回復と住民構成の変化」2005年　地理学評論78巻13号

関東を知る (No.1)

年　組　名前

東京に関する○×クイズです。

1、2000年と2005年の間で、最も人口が増加した都道府県は東京都である。（　）
2、東京都の人口はずっと増え続けていた。（　）
3、2000年と2005年の間で、東京都で人口増加の割合が高い区は、東京の中心にある中央区である。（　）
4、この10年ほどで東京で20階建て以上の高層マンションが建ったのは、東京の外側の地域である。（　）

作業1　各都県の名前を書きなさい。
作業2　次の都市を書き込みなさい。（横浜市、千葉市、さいたま市）
作業3　次の地名の位置を示しなさい。（関東平野、利根川、小笠原諸島）

関東を知る (No.2)　　　年　組　名前

資料1　2000年と2005年の間の都道府県の人口増加率

都道府県	人口増加率	都道府県	人口増加率
北海道	▼1.0	滋賀	△2.8
青森	▼2.6	京都	△0.1
岩手	▼2.2	大阪	△0.1
宮城	▼0.2	兵庫	△0.7
秋田	▼3.7	奈良	▼1.5
山形	▼2.3	和歌山	▼3.2
福島	▼1.7	鳥取	▼1.0
茨城	▼0.4	島根	▼2.5
栃木	△0.6	岡山	△0.3
群馬	▼0.0	広島	▼0.1
埼玉	△1.7	山口	▼2.3
千葉	△2.2	徳島	▼1.7
東京	△4.3	香川	▼1.0
神奈川	△3.5	愛媛	▼1.7
新潟	▼1.8	高知	▼2.2
富山	▼0.8	福岡	△0.7
石川	▼0.6	佐賀	▼1.2
福井	▼0.9	長崎	▼2.5
山梨	▼0.4	熊本	▼0.9
長野	▼0.8	大分	▼0.9
岐阜	▼0.1	宮崎	▼1.5
静岡	△0.7	鹿児島	▼1.9
愛知	△3.0	沖縄	△3.2
三重	△0.5	全国	△0.7

△は人口増加、▼は人口減少を示している。人口増加率△1.0の場合は、5年間で100人の人口が101人になり、▼1.0の場合は5年間で100人の人口が99人になったことを示す。

資料2　2000年と2005年の間の東京区部の人口増加率

区	人口増加率
千代田	△15.8
中央	△35.3
港	△16.5
新宿	△5.4
文京	△7.7
台東	△5.7
墨田	△7.0
江東	△11.7
品川	△6.7
目黒	△5.6
太田	△2.3
世田谷	△3.3
渋谷	△3.3
中野	△0.2
杉並	△1.2
豊島	△0.5
北	△1.1
荒川	△5.9
板橋	△1.8
練馬	△5.2
足立	△1.2
葛飾	△0.8
江戸川	△0.5

資料3　東京都の人口変化

年	人口
1988	11,740,361
1989	11,718,720
1990	11,689,060
1991	11,684,927
1992	11,683,313
1993	11,666,227
1994	11,627,577
1995	11,598,634
1996	11,587,726
1997	11,602,642
1998	11,641,309
1999	11,694,934
2000	11,750,351
2001	11,823,029
2002	11,907,350
2003	11,996,211
2004	12,074,598

(「平成15年度　東京都の住宅白書」より作成)

(資料1、2は「2005年国勢調査速報」より作成)

資料4　1998年以後に建てられた20階以上のマンションの分布　(資料3と同じ)

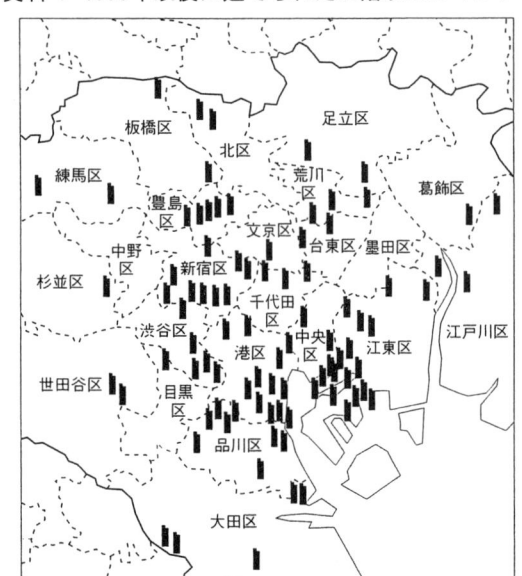

- 50 -

関東を知る (No.3)

年　組　名前

資料1　1990年代の東京都区部の人口変化
（地理学評論78巻13号）

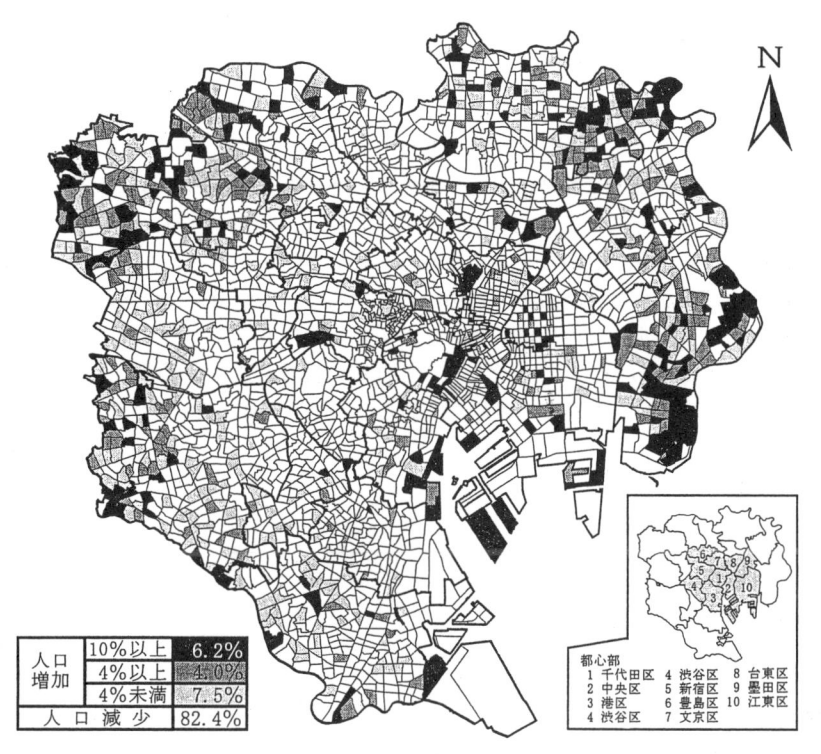

人口増加	10%以上	6.2%
	4%以上	4.0%
	4%未満	7.5%
人口減少		82.4%

都心部
1 千代田区　4 渋谷区　8 台東区
2 中央区　　5 新宿区　9 墨田区
3 港区　　　6 豊島区　10 江東区
4 渋谷区　　7 文京区

a) 1990年～1995年

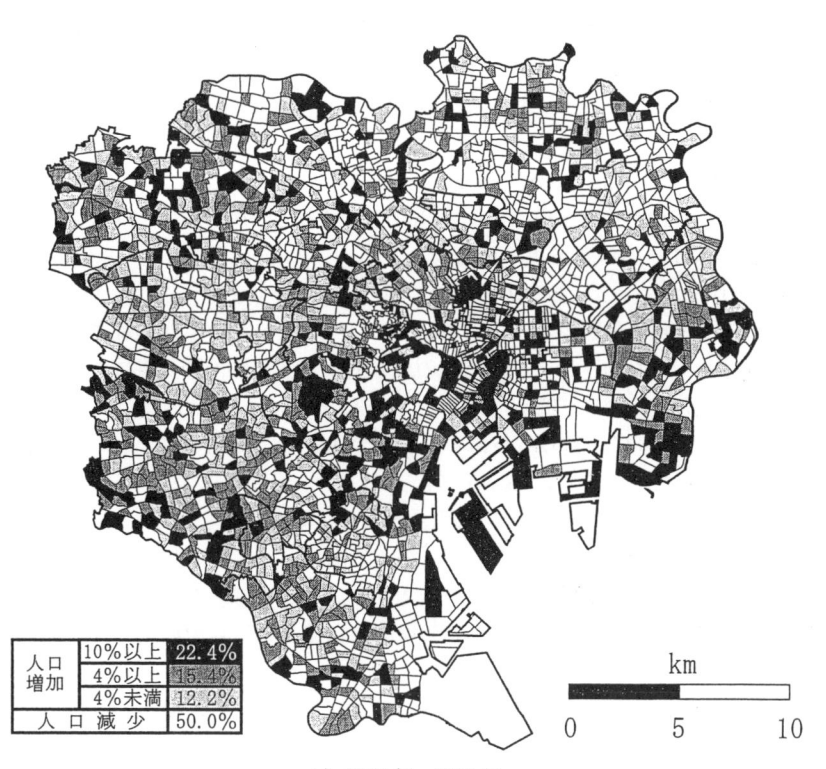

人口増加	10%以上	22.4%
	4%以上	15.4%
	4%未満	12.2%
人口減少		50.0%

b) 1995年～2000年

13　東北・北海道を知る　　　　　　　　　　　　日本を知る／第5時

●この授業のねらい
①北海道の不思議を見る。
②東北・北海道地方の道県名と地勢を調べる。

　この地域は、第一次産業が卓越した地域で、東北南部はハイテク産業の工場の進出が著しい。また、東北北部から北海道は建設業が顕著な地域である。様々な題材が考えられるが、第一次産業は都道府県の学習で触れるしハイテク産業は中部地方で触れた。東北地方は、都道府県の学習で触れる予定であるので、ここでは北海道を取り上げることにする。北海道や沖縄の問題は、歴史の理解が不可欠であり、中学校の授業では、歴史にゆだねるべき部分が多いと考える。それ故、アイヌ民族の問題はここでは取り上げない。この時点で取り上げるならば、北海道の自然の特徴である。北海道は気候区からみると冷帯に属し寒さに関してちがいがある。また、火山地帯であり、昭和新山や有珠山のように噴火を繰り返し新しい山体を形成している活火山がある。ここではこうした自然の特徴を取り上げる。また、開発に関わる事象も取り上げる。観光パンフレット的な景観紹介に陥らないよう自戒したい。

●この授業で用いる教材・教具
・東北・北海道地方の掛図。
・風景写真（流氷、昭和新山）

●授業展開

展開1　北海道の自然を見る。
・「今日は北海道について考えてみます。先ず、この地図を見てください。何か感じることはありますか。」
・「広いですね。それに、北の方にあるので、いろいろ面白いことがあります。では、北海道にかんする○×クイズをします。では、プリントを配ります。自分の勘で答えてください。」
・「答えをいいます。1－×、2－○、3－○、4－×でした。では、証拠の品を見せます。プリント2を配ります。」
・「資料1を見てください。史上3位の低温を記録した日の天気図日記というもので、ここ60年くらい毎日のものがまとめてあります。これを見ると史上1位と3位の気温とその場所が分かります。読んで調べてください。」（1位美深：41.5°、3位母子里：41.2°）
・「美深も母子里も北海道にあります。どこにあるか地図帳で調べてください。」
※現在中学校で使用されている2種類の地図帳で、東京書籍版には二つの町がともに掲載されているが、帝国書院版には美深しか掲載されていない。母子里は美深の少し南にある朱鞠内湖の東にある。その点を注意して扱いたい。二つの町は大きく見ると近くにあり、内陸部にあるという共通点がある。
・「北海道の地図を見ると、このあたりに二つの町があります。全体としては北の方ですが、一番北ではなくて、その南にある海から離れたところでした。」
・「この写真を見てください。この山は昭和新山といいます。どんな感じがしますか。」
・「新しそうな山ですね。この山はいつ頃できたのでしょうか。名前からして、昭和になってからできた山ですから、古くても80年足らずです。予想を言ってください。」
・「みなさんの意見をまとめると①10年前、②30年前、③60年前となります。自分の勘で答えてください。」
・「答えは③の約60年前です。資料2をよく見ると答えがあります。よく見ないと分かりません。わかりますか。」（昭和19，20年と書いてある。）
・「資料2を見てください。三松ダイヤグラムといい、世界的にも貴重な資料です。カメラがあるわけ

じゃない時代でしたから、三松さんという方は、家の前に糸をはり、毎日山の形を記録しました。その記録を一枚の図にまとめたのが資料2です。火山の生まれるようすを生で記録した貴重な資料です。」
- 「火山ができるまでにどの位かかりましたか。」（1年4ヶ月）
- 「どの位高くなりましたか。」（300㍍）
- 「ビールに関しては、資料3を見てください。米の生産量は資料4を見てください。米は、年によってちがいますが、2位以下になったことはありません。」

|展開2| 東北・北海道地方の地勢と地名を知る。
- 「では、東北・北海道地方の地名を調べます。プリント1の作業123を行って下さい。」
- 「東北・北海道地方は面積は広いけど、道や県の数は少ないですから、位置は確認しやすいと思います。北に北海道、青森、そこから太平洋側に岩手、宮城、福島、日本海側に秋田、山形となります。」

●参考資料
三松正夫『昭和新山』講談社　1970年
日本気象協会編『気象年鑑1979年版』大蔵省印刷局
青野寿郎他編『日本地誌2　北海道』二宮書店　1979年

東北・北海道を知る（No.1）　　年　組　名前

　北海道に関する○×クイズです。

1、日本で最低気温の最低を記録したのは北海道の一番北にある稚内である。（　）
2、今から約60数年前、北海道で標高約400mの山ができた。（　）
3、日本最初のビール工場は北海道につくられた。（　）
4、北海道の米の生産量は都道府県別で3位以下である。（　）

作業1　各道県の名前を書きなさい。
作業2　次の都市を書き込みなさい。
　　　　（仙台市、札幌市）
作業3　次の地名の位置を示しなさい。
　　　　（奥羽山脈、北上川、阿武隈川、
　　　　　石狩川、石狩平野、十勝山脈）

- 53 -

東北・北海道を知る (No.2)　　年　組　名前

資料1　天気図日記1978年2月　(気象庁「気象年鑑　1979年版」　大蔵省印刷局)

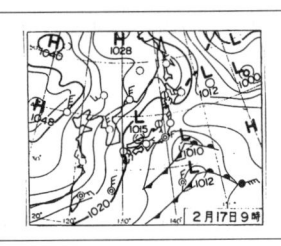

17日(金)母子里-41.2°C.
雪国も珍しく○けさも全国的に零下
幌加内母子里-41.2°は1931年美深の
-41.5°に次ぐ史上3位の酷寒.　旭川
-29.0°(-14.9),　新潟-10.6°(-9.7),
東京は-0.4°寒風①max5.1°(-4.8).

資料2　ミマツダイヤグラム　(三松正夫「昭和新山」講談社)

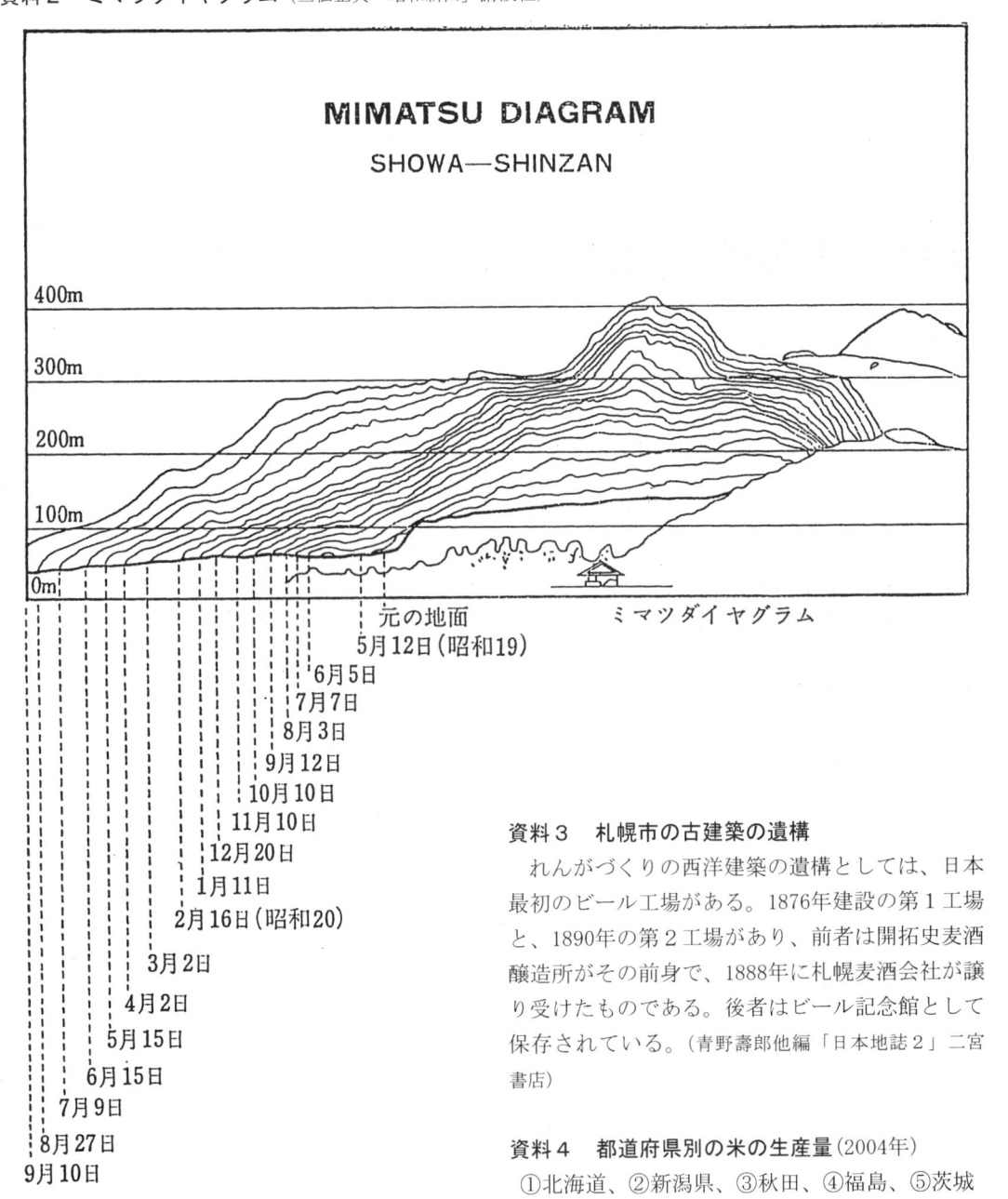

MIMATSU DIAGRAM
SHOWA—SHINZAN

元の地面
5月12日(昭和19)
6月5日
7月7日
8月3日
9月12日
10月10日
11月10日
12月20日
1月11日
2月16日(昭和20)
3月2日
4月2日
5月15日
6月15日
7月9日
8月27日
9月10日

資料3　札幌市の古建築の遺構

　れんがづくりの西洋建築の遺構としては、日本最初のビール工場がある。1876年建設の第1工場と、1890年の第2工場があり、前者は開拓史麦酒醸造所がその前身で、1888年に札幌麦酒会社が譲り受けたものである。後者はビール記念館として保存されている。(青野壽郎他編「日本地誌2」二宮書店)

資料4　都道府県別の米の生産量(2004年)
　①北海道、②新潟県、③秋田、④福島、⑤茨城

14　日本全体を見る

日本を知る／第6時

●この授業のねらい
①日本の略地図がかける。
②日本の地理的位置がわかる。

　この時間の学習内容は、教科書にするとかなりの内容である。しかし、日本の各地域を勉強してきているので1時間で構成した（場合によっては2時間扱いにすることも考えられる）。導入は日本標準子午線の135度の緯線が通る西脇市から入り、日本の位置を確かめ、最後に略地図を書かせる。「日本のへそ」と称する地域は他にもあるが、ここは日本標準時の学習がメインなので、西脇市を用いた。世界のところと同じで、ここでは略地図を書くことを追求したい。

●この授業で用いる教材・教具
・地図黒板（日本全図）　・近畿地方の掛図

●授業展開

展開1　日本のへそを考える

・「今日は、西脇市について考えてみます。西脇市は兵庫県にありますが、何処にあるか地図帳でさがしてください。」（黒板に「西脇市」と大書する。）
・「見つけた人は、前の地図で位置を教えてください。」
・「この西脇市にかんする○×クイズをします。プリントを配ります。」
・「問題を読みますので、自分の勘で答えてください。」
・「答えをいいます。1番○、2番○、3番○、4番○です。全部できた人はいますか。カンのいい人ですね。では、証拠の品を見せます。プリント2を配ります。」
・「資料1で西脇市はなぜ日本のへそといわれていますか。」（35度135度の線が通っている。）
・「135度の線は地図帳でなんと書いてありますか。調べてください。」（日本標準子午線）
・「日本標準子午線って何ですか。」（日本の時間のもとになっている線）
・「前に世界の標準時間を勉強しましたが、日本の時間はこの線を規準としています。」
・「では、世界の標準時間のイギリスのロンドンと日本は時差は何時間ありますか。計算しても良いですし、地図帳の最初のページを見てもいいです。」（8時間）
・「西脇市のあたりは、北緯35度の線も通っていますので、日本のへそといっているのです。資料を見るとわかりますが、日本のへそにかんするいろいろなものがあります。」
・「資料4はJRの時刻表にのっている駅を示していますが、日本のへそ公園駅をさがしてみてください。」
・「日本標準時は、西脇市の少し南にある明石市の天文台を規準としています。明石市を地図帳でさがしてください。」

展開2　日本の位置を調べる

・「日本が支配している土地を日本の領土といいます。その領土の東西南北の端が地図帳に示してありますので、調べてください。その結果をプリントの作業3に書き込んでください。ついでに面積も調べてください。」
※教科書にも同様の図があるので、そちらでも良い。領土、領海、領空に関しても教科書に図解で説明してあるので、利用できる。
・「前にある地図黒板に、日本の東西南北の端を書き込んでください。」
・「日本の西と東で経度にして何度ちがっていますか。」（31度）

・「31度あると、実際には2時間の時差があります。北と南の間も約25度の違いがあります。赤道から北極点まで90度ですから南北にもかなり長いことになります。」
※できれば、ここで元日の各地の朝の表情を中継しているテレビ番組や、冬の朝の各地を結ぶ天気予報の番組などを録画したものをみせると効果的である。東日本の日の出の頃、西日本は真っ暗なのだから。

|展開3| 日本の略地図を書く

・「日本の学習の最後に日本の略地図を書いてもらいます。さて、どんなふうに書けばいいでしょうか。みなさんはテレビの天気予報などで、簡単な日本地図を見ていると思いますが、皆さんなりの日本の略地図を考えてみてください。地図を写そうとしないで、おおよその形がわかり、しかも、1分くらいで書けるものを考えてください。プリントにある線は北緯35度、東経135度を示しています。」
・「自信のある人はでてきて書いてください。」
※各自の地図を評価したあと、下のような地図を書いてみせる。世界の時と同じようにプリントにある図を増刷りしておくと効果的である。

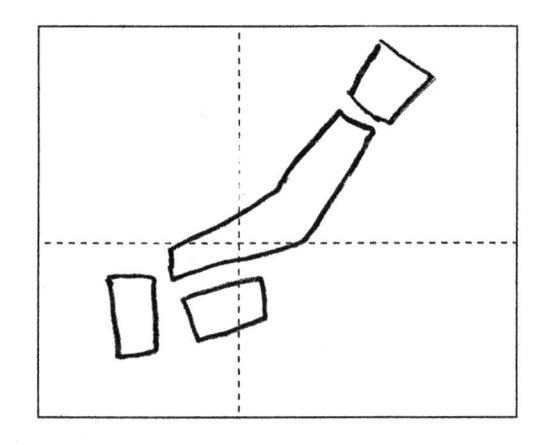

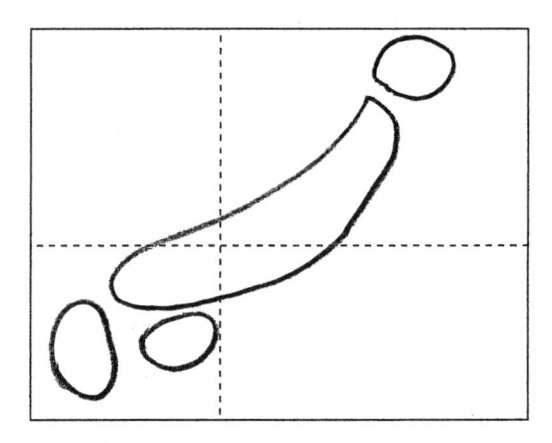

・「最後に、皆さんの書いた略地図に作業2にある海を書き込んでください。」
・「できましたか。このように日本は南北にも東西にも長く、そこに四つの島を中心にした、周りを海に囲まれた島国です。日本も意外に広く、知らないこともたくさんあると思います。これからいろいろ調べていきましょう。」

日本全体を見る (No.1)　　　　　年　組　名前

北緯35度東経135度にある兵庫県西脇市は「日本のへそ」宣言をしています。この西脇市に関する○×クイズです。

1、西脇市には「日本へそ公園」がある。	（　）
2、西脇市には「へそまんじゅう」がある。	（　）
3、西脇市には「へそ祭り」がある。	（　）
4、西脇市には「日本へそ」を冠する駅がある。	（　）

作業1　北海道、本州、四国、九州を入れた日本の略地図を書いてみよう。
作業2　略地図に北海道、本州、四国、九州と太平洋、日本海、オホーツク海、東シナ海
　　　を書き込もう。（‥‥は北緯35度、東経135度の緯線と経線）

日本全体を見る (No.2)　　年　組　名前

資料1　「日本へそ」西脇市
西脇市には、市の中央に東経135度・北緯35度の交差点があり、ここが日本の中心に当たることから、「日本のへそ」の町としてＰＲしています。大正12年に「交差点標柱」が建立されました。（西脇市ＨＰより）

資料2　日本へそ公園
へそ地点周辺には「日本へそ公園」が整備されており、公園には緯経度をテーマとしたにしわき緯経度地球科学館「テラ・ドーム」があります。（西脇市ＨＰより）

資料3　「へそまんじゅう」
野村町。そのメインストリート・しばざくら通りに、昭和34年和菓子の「さかもと」は創業しました。「うちは地元の人たちにとって、ごく身近なお店です。大福餅も焼菓子も手頃な値段にしています」と2代目坂本正明さん。店内には「日本のへそ＝西脇市」をイメージした、「へそまんじゅう」や「どまんなか」「緯度の四季へそもなか」など、お土産にぴったりの銘菓もならんでいる。（西脇市観光協会ＨＰより）

資料4　「日本のへそ」駅をさがそう。（ＪＲ時刻表より）

作業3　日本を調べよう
①日本の北は
（　　　　　　　　）北緯（　　）度

②日本の南は
（　　　　　　　　）南緯（　　）度

③日本の東は
（　　　　　　　　）東経（　　）度

④日本の西は
（　　　　　　　　）東経（　　）度

⑤日本の面積は約（　　　　）万km²

⑥日本と国境が接している国は

第2章　地図を学ぶ

　この単元は、地図記号を覚えたり、地形図上のきまりを教え込んだりする時間になりがちである。しかし、ここで大切なことは、地図の役割を知り、色々な地図が使えるようになることである。最低、旅行雑誌の地図が読めるようになればいいと思う。それには、地形図一辺倒になってはいけない。ここでは地図とは何かを考える中で、色々な地図を提示して自分の地域を見つめることにする。地域の変化を可視化させて考えるには、地形図の役割も大きい。ただ、縮尺や方位、高度などが読めればいいというものではない。全体として大きな変化が読めればいいと思う。その資料として、最近は、新旧併せた地形図集が発行されているので（「地図で見る○○の100年」シリーズ　古今書院刊）それを活用すれば、色々な事例を示すことができる。

　地形図に関しては、多くのところで、この小単元では、地形図を読むことや、地形図から社会や歴史を読む実践が見られる。特に、地形図に関しては、縮尺を利用した距離の測定、方位や土地利用の読み取りがよくおこなわれている。そのため、距離の計算や、地図記号の暗記などが必要となり、社会科地理の中では、覚えることが重視される単元となる。しかし、本来地図は使えればいいのである。その点を踏まえるなら、距離の計測は計算ではなく縮尺を利用した距離の読み取りができることが重要となるし、等高線も高さが読めればいい。地図記号は暗記することが目的ではなく、索引から記号がさがせればいいと考える。もちろん、基本的な記号はある程度覚えた方が良いと思うが、地図記号を覚えることが本単元の目的ではない。地形図も読む力をある程度つけたいものである。繰り返すが、暗記中心の授業にしないで、地図を楽しむ時間としたい。

【授業計画】
第1時　地図とは
第2時　いろいろな地図で見る私のふるさと
第3時　地図からわかること

1 地図とは

地図を学ぶ／第1時

●この授業のねらい
①地図の役割がわかる。
②地図を構成する必要な要素がわかる。
③方位、縮尺、等高線、地図記号が読める。

　この内容を1時間で押さえるには、以前だとかなりの無理がある。なぜならば、地図記号を覚え、縮尺の計算を身につけ、等高線から高さが読め、方位が分かるとすると重い内容である。しかし、前述のように、地図は読めることが大切で決まりを覚えることを目的としない。そのように考えると、等高線と縮尺が使えて、地図記号が探せればいい。テストでは、地図記号をあたかも元素記号のように覚えさせることを強要したり、縮尺の計算をできることを課題とするような作問をすべきではない。地形図の問題には、縮尺と地図記号をつけた上で、地図を読みとる問題を作成すべきである。暗記主義に陥った問題をつくるべきではない。地図の授業を面白くなくしている元凶がこれである。ただ、地図記号は水田、畑、果樹園や学校、神社、寺院、工場、学校などは覚えておいた方が地図を読みとる上で良い場合もある。この程度は小学校でも学んでいるのと、形から想像できるので、確認しておきたい。ただし、ここでは、等高線については、用いる地形図に等高線がないため、高度の読みとりはおこなわない。概念だけにとどめる。ここでは、地図に必用なものを勤務校のある草加市の全ての子ども達が経験している日光への旅行をとおして考えることから初めて、地図の役割と構成要素を確認する。草加市は市の施設を日光中禅寺湖畔に持っており、自然教室（林間学校のようなもの）をおこなっている。自然保護のため一般車両立入禁止区域にあるので、舟で中禅寺湖畔をわたる。
　授業では、拡大コピーした4枚の地形図を黒板に掲示してどの地図のどこをみているのか必ず示しながら進めたい。集中力を欠く現代の中学生に対しては、こうした配慮が絶対に必要である。

●この授業で用いる教材・教具
・拡大コピーしたプリントの地図
・拡大コピーした、教科書にある方位表
・拡大コピーした地図記号
・色鉛筆と物差し、コンパス、

●授業展開

展開1　地図の要素を考える。
・「今日から地図について勉強します。みなさんは、どんな時に地図を見ますか。」（……）
・「みんなけっこう見ていますね。では、地図にどんなことがあると便利か考えます。」
・「みなさんは、小学校で自然教室に行きました。どこに行きましたか。」（日光）
・「そうです。奥日光自然の家まで、バスと船で行きましたね。」
・「ではみなさんにききます。もし、地図を使って歩いて奥日光まで行くとすると、地図になにが書いてあると良いと思いますか。プリントを配りますので、そこに書き込んでみてください。」
※ここでは、様々な意見が出てくることが予想される。その中から、地図には、方位、距離、土地の高さ、土地のようすが書いてないと不具合であるという結論を導く。ここは子ども達とのやりとりの中で、このことを導き出していく。「○○がなければ困るでしょう。」という形で発問していく。けっこう楽しいひとときである。

展開2　方位を知る。
・「みなさんが地図になくてはいけないものといった中で、まず方位について勉強します。小学校3年

生でもやったと思いますが、覚えていますか。」
- 「ここに八つの方向が書いてある表をみせます。地図で必ず上に来る方位は何ですか。」（北）
- 「北の反対は」（南）
- 「西と東はどっちがどっち。」
- 「そうですね。東北地方が日本のどちらの方にあるのかを考えるとわかりやすいです。」
- 「では、東西南北のあいだにある方位は何と呼びますか。教科書を見て調べて下さい。」
- 「北東、南東、南西、北西と必ず南北が先に来ます。東北地方や西南日本というような言い方もありますので、間違えないでください。もう一度教科書にある方位表をよく見て確かめて下さい。」

|展開3| 距離を調べる

- 「今度は、資料1をみてください。この4枚は、どこが同じで、どこが違っていますか。」（栄中の周りの地図、詳しさが違う、大きさが違う。範囲がちがう。）
- 「よく見つけましたね。では皆さんが言っていた大きさや範囲が違う理由は何ですか。」
 （縮尺が違う）
- 「縮尺という言葉を覚えていますか。小学校で勉強したはずなのですが。誰か説明してください。」
- 「そうですね。実際の長さを地図上に縮めた割合ですね。では実際の長さはどしたらわかりますか。」
- 「そうですね。地図の下に、実際の長さが書いてありますから、そこから測ればいいです。物差しやコンパスがあるとできます。実際に一つやってみてください。栄中学校の正門側の長さを測ってください。」
- 「下の4枚の地図は、黒板に拡大したものを張りましたが、同じ大きさですが、書いてある範囲は違います。上の二枚はインターネットで調べたものです。下の二枚は、国土地理院というところで発行している地形図です。縮尺がそれぞれそれぞれ分数の形で書いてあります。縮尺が倍々になっていますので、その違いで表す範囲がどのくらい違うのか見てください。試しに栄中学校の範囲を塗ってみてください。色は自分の好きな色でいいです。」

|展開4| 地図記号をみる

- 「それから、詳しさが違うといっていた人がいましたが、縮尺が違うと、表す広さが違いますから、細かなところまで書ける程度が違います。だから縮尺が違うと載っていないものがあります。4枚全部に載っているのは何ですか。」（栄中学校）
- 「そうです。学校ですね。一番大きな地図では範囲が広いせいですが、たぶん郵便局ものっていますね。消えたものは何ですか。」（ローソン、丁目）
- 「地形図ですが、記号が決まっています。地図記号といいます。これは、国土地理院発行の地形図だけの話ですが、この地形図は日本全国ありますから、知っておいて損はしません。地図記号は教科書や地図帳に載っていますから、ちょっとみてください。意味不明の地図記号はそこで調べてください。」
- 「地図記号は地形図には説明が書いてありますから、覚える必要はありませんが、基本的なものは知っておくと便利です。形をみればわかりますが、水田、畑、学校、郵便局、交番、工場、神社、お寺、高さと位置を示す三角点、高さを示す水準点などです。確認しておいてください。」

|展開5| 地形図をみる（時間に余裕があれば）

- 「資料1の中で5万分の1と書いてある地形図をみてください。この地形図でいくつかみつけてください。綾瀬川、東武鉄道と駅、外環道をさがしてください。」
- 「だいたいの自分の家の場所もわかりますから、自分の家の位置を探してみてください。」

● 参考資料
本時の展開と直接関係してはいないが、地図についてわかりやすく解説してあるので、ここに紹介する。
田代博・星野朗『地図のことがわかる辞典』日本実業出版　2000年
立正大学マップの会『地図通になる本』オーエス出版　1997年

地図とは (No.1)

年　組　名前

作業1　今この学校から小学校で行った「草加市立奥日光自然の家」まで初めて行く人がいたとします。地図だけを見て、自転車で行くには、地図に何が書いてあればいいですか。

資料①　違う縮尺で見る私たちの母校

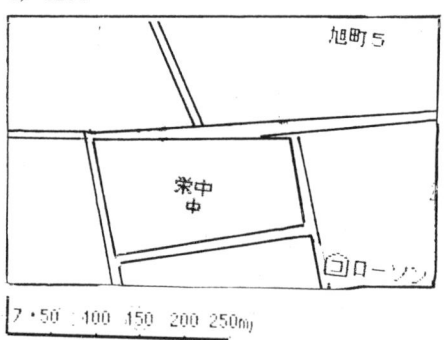

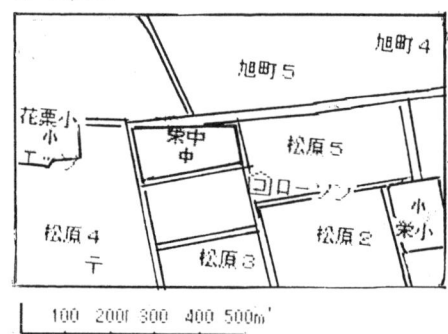

1／6250

1／12,500

1／25,000

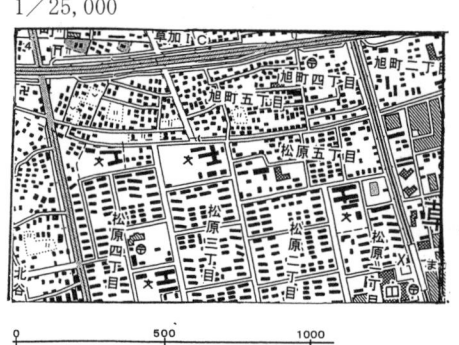

1／50,000

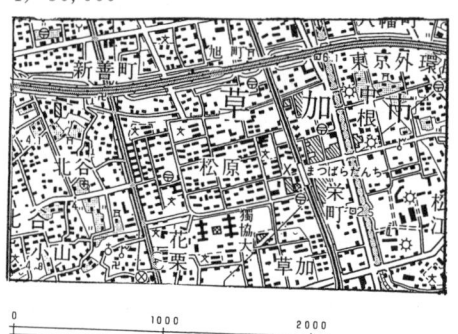

2　いろいろな地図で見る私のふるさと　　地図を学ぶ／第2時

●この授業のねらい
①地図は目的によって表現方法がちがうことを知る。
②目的による地図の利用法を経験する。

　ナビゲーションシステムの発達とともに、多様な地図をみる必要性はますます高まっている。地形図だけが地図ではない。ここでは何種類かの地図をみて、目的による表現の仕方の違いを確かめる。ここでは、もっともたくさんの種類の地図が入手でき、かつ1万分の1の地形図がカバーしている草加駅周辺を取り上げる。この時間も、地図は拡大コピーし黒板に掲示したい。

●この授業で用いる教材・教具
・拡大コピーしたプリントの地図

●授業展開

展開1　1万分の1地形図を読む
・「今日は色々な地図で、草加をみていきます。プリントを配ります。」
・「資料1をみてください。どんな地図でしょうか。地図をみて気づいたことをいってください。いきなりではわからないと思いますので、資料1の地図と同じ範囲の5万分の1地形図を資料2に載せておきますので、比べながら考えてください。」（くわしい、家の形までわかる、建物の名前まで載っている）
・「くわしいですね。ちょっと草加駅を探して駅前の様子を見てください。皆さんも何回か行ったことがあると思います。駅前の二つの大きな建物があります。何と何ですか。」
　（丸井、イトーヨーカドー）
・「皆さんがみた駅前の様子を地図で確かめてください。」
・「この地図の縮尺は1万分の1ですが、この地図はどこで作ったのでしょうか。」（……）
・「皆さんの意見に基づいて三択をします。①草加市　②国土地理院　③地図を作る会社、では、自分のカンで答えてください。」
・「答えは②国土地理院でした。」
・「国土地理院の発行している1万分の1地形図は大都市とその周辺だけ作られていて、草加市は南の方だけしか作られていません。とっても詳しい地図です。何でも載っている地図です。」

展開2　色々な地図でみる草加駅周辺
・「資料3は旅行雑誌の『るるぶ』に載っていた草加市の地図です。松原団地駅まで載っていて、栄中や栄小はわずかにはずれています。この地図と、資料1の地図を比べて違いを見つけてください。」（……）
・「そうですね。いろいろなお店が載っていますね。なんで、こんなにお店が載っているのでしょうか。」（……）
・「そうですね。観光案内だからですね。この地図があれば草加駅周辺の観光ができる地図です。」
・「資料4は『そうか歩きING GUIDE』という草加市が発行したパンフレットに載っていた地図です。歩くためのガイドブックですね。この地図は、資料3と同じくらいの範囲を示していますが、資料4と資料3の地図を比べて違いをいってください。」（……）
・「そうすですね。お店はなく、立ち寄れそうなところが載っていますね。歩くためのガイドブックなので、必要ないところは載せなかったということです。また、草加市がつくるものなので、一部のお店を載せることはできなかったともいえます。」

- 「では、資料5をみてください。この地図はなにを示したものですか。」（……）
- 「そうですね。これはせんべい屋さんの地図ですね。この地図の今までみてきた地図との違いは何ですか。」（……）
- 「今までの地図とはかなり違いますね。まずは、道がまっすぐになっていて、実際と違います。それから、草加市全体がでています。草加駅周辺はせんべいやさんがたくさんあるので、ズームになっています。ほかには、せんべいやさんが名前まで出ています。また、せんべいやさん以外は詳しくありません。」
- 「この地図は、なぜ道が正しくなっていないのでしょうか。」（……）
- 「そうですね。この地図はせんべいやさんがどのあたりにあるかがわかればいいので、ほかの地図からみると正確ではありません。でも、これも地図ですね。」

いろいろな地図で見る私のふるさと　　年　組　名前

資料1

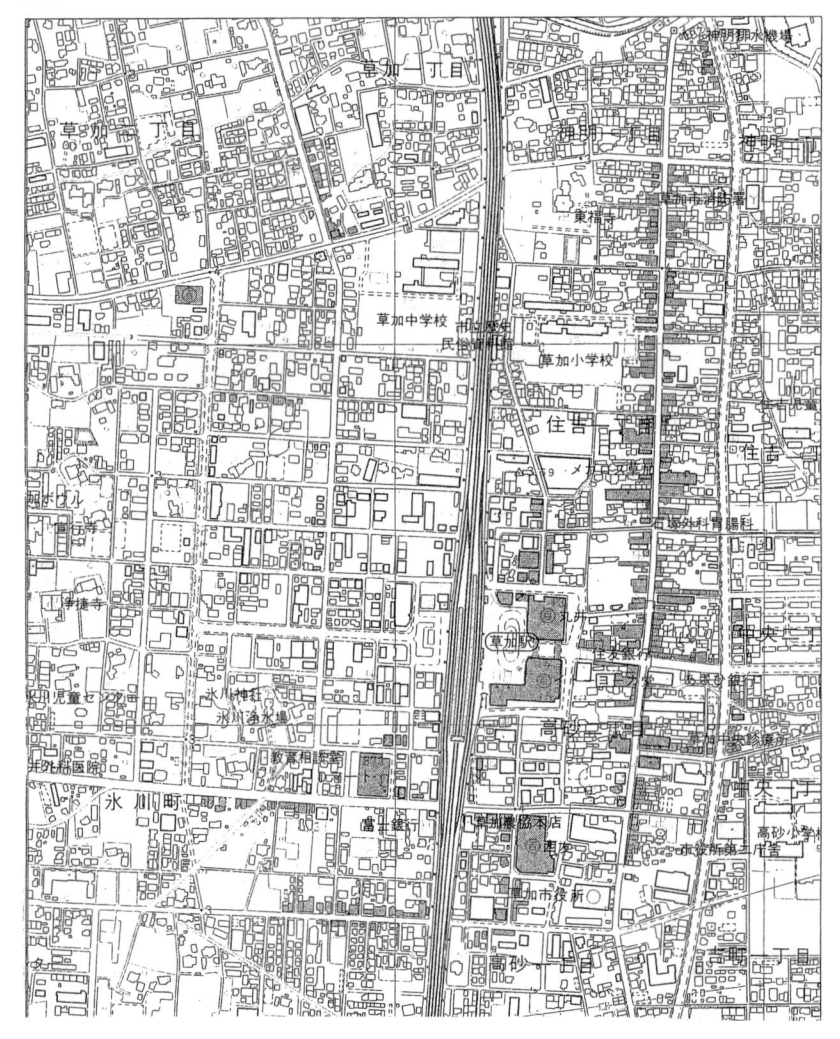

展開3　地図を考える。

・「いろいろな地図がありましたが、資料5のせんべいやさんの地図は、せんべいやさんは詳しいですね。ほかのところはずいぶん省略されています。資料4散歩の地図も散歩に必要なものが中心ですので、道はかなり正しくかかれています。資料3の旅行雑誌の地図は、観光に来る人のために立ち寄れるところは何でも載っています。この違いはどこから来たのでしょうか。」（……）

・「地形図以外の地図は、目的によって作り替えていいのです。使えればいいのですから。場所や距離を正確に知りたいのであれば、国土地理院が作る地形図です。5万分の1と2万5千分の1地形図は、全国どこでもあります。」

資料3

資料2

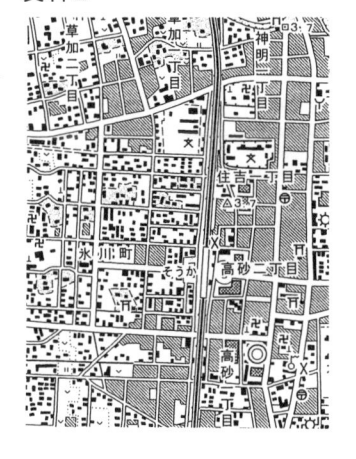

資料4

資料5

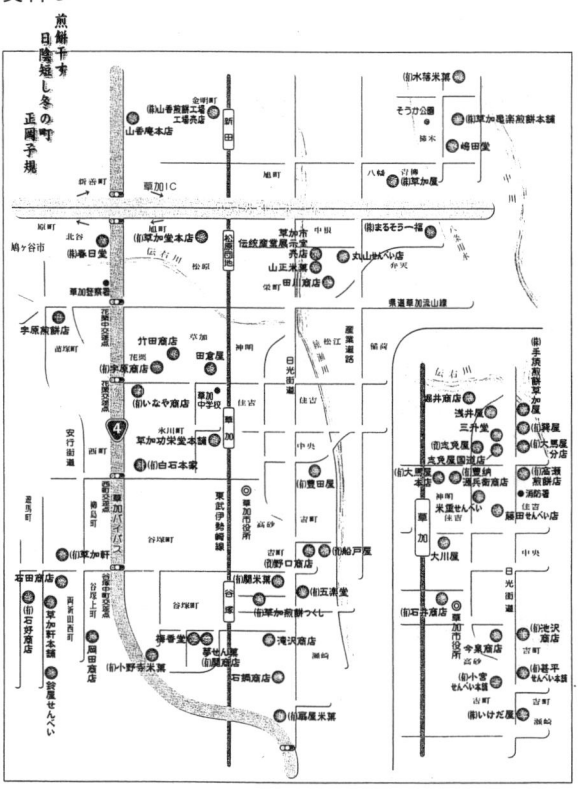

- 65 -

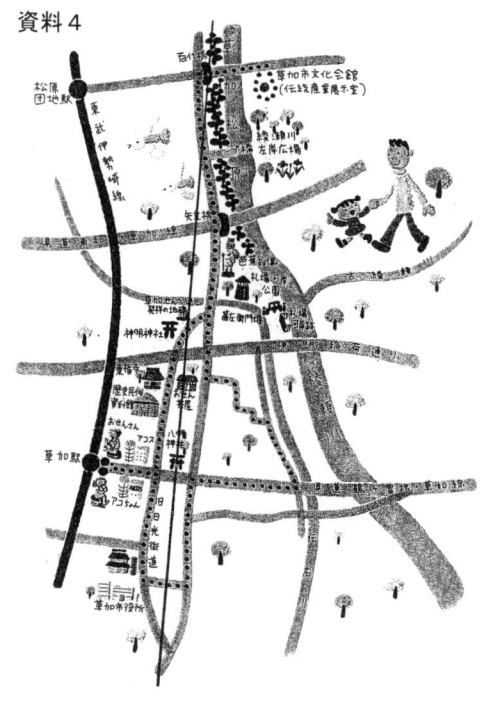

3 地図からわかること

地図を学ぶ／第3時

●この授業のねらい
①地形図で色々な作業を経験する。
②地形図から社会を読みとる。

　前述のように、地形図学習を徹底することには疑問がある。地図は使えればいいというのが基本である。今後ナビゲーションシステムがいっそう発達することが予想されるので、新しい時代に即応した地図学習が求められると考える。その際、必要なのは、地図の知識ではなくて、地図を使う力である。前時に多様な地図を示したのもそのためである。しかし、自分の教材研究でもそうだが、知らない土地を調べる上で、地形図は有効である。かつて、教科書を執筆したときに、指導書で口絵写真の解説を担当した。全く知らない土地の写真を見てきたように解説するのだから、その事象の解説をみても写真の説明は完全ではない。そのとき、有効だったのは地形図である。その写真が撮られたと思われる地域の地形図を購入し、写真と地形図を照応し解説した。知らない地域を知るには地形図は有効である。本書では「ここの地域」の教材化を提起しているが、地域を知るためには、地形図を購入している。このことをあわせて考えると、地形図から、地域の特徴を知る作業を経験することは必要と考え本時を設定した。

　本時で行う作業は、簡単な土地利用図と等高線をなぞる作業である。また、同じ地域の新旧地形図を読み比べ、地域の変化を読み取ることも行う。本時で使用する地形図は、たまたま私が所有していたものであるが、埼玉県の学習でこの地域の教材とするので、その環境の把握も可能である。ここは埼玉県の小川町で里山がゴルフ場となり、駅周辺では宅地化が進行しており、埼玉県の課題を集約したような地域である。取り上げる地域は、ここでは身近な地域である草加に等高線がないことからここにしたが、子どもたちが生活している地域で適切なところがあればその方がいい。ただし、教材として提示する前にいったん課題とする作業をおこない、子どもたちの活動の難易度を確認してから行うようにしたい。あと、縮尺の問題であるが教科書ではほとんど2万5千分の1地形図を取り上げているが、作業の難易度からすると、5万分の1地形図の方が簡単で、地域を把握しやすい。そのため、5万分の1地形図を用いることにした。

●この授業で用いる教材・教具
・拡大コピーしたプリントの地図、等高線を着色した地図、水田を着色した地図。
・埼玉県の地図

●授業展開

[展開1]　場所を概観する
・「今日は、地形図から色々作業をしたり、読み取ったりします。場所は埼玉県の小川町というところです。では、地図帳を開いて、小川町を探してください。」
・「見つかりましたか。わからない人は近くの人に聞いてください。」
・「地図帳でみて、おおよそどんなところですか。」
・「そうですね。平野と山地の中間で、鉄道があるところですね。では、この町の中心部の地形図をみてみましょう。プリントを配ります。」

[展開2]　地形を概観する
・「この二枚の地形図は5万分の1地形図で、1967年と2001年のものです。約35年ちがっています。」
・「いきなりこの地図をみても何がなんだかわかりませんね。ではどうすればいいでしょうか。」（……）
・「皆さんに聞いても、いいやり方はわからないと思いますので、私の方で言いますから、作業をして

ください。」
・「まず、地形図にたくさんの線が書いてあります。これは等高線といって、この線の上は同じ高さを表しています。等高線を見ていくと土地が高いか低いかわかります。」
・「等高線をよく見ると、所々太い線があります。黒板に書くとこんなふうになります。この太い線は計曲線といって、5万分の1地形図で100メートルごとに引いてあります。この細い線は主曲線といって、20メートルごとに引いてあります。ここが100メートルとすると、そこより高いこの線は120メートルになります。」

※ここは黒板に右のような図を書き具体的に示す。等高線の間隔から土地の勾配を読み取ることはできるが、かなり難しいのでここでは行わない。断面図を作るといいと思われるが断面図を書くことはできても、実際の地形を想起することは相当難しいので、このことは取り上げない。

・「まず土地の形を示しますので新しい方の地形図である資料2をみてください。そして、仙元山を探してください。」
・「みつかりましたか。見つからない人は、近くの人に聞きなさい。高さは何メートルありますか。」
・「少しこの地形図になれましたか。では仙元山を囲むように200メートルの等高線がありますので探してください。線の上に200メートルと書いてあります。」
・「みつかりましたか。見つからない人は、近くの人に聞きなさい。では、その200メートルの等高線を赤鉛筆でなぞってください。途中で気をつけてほしいのは、等高線は道路と平行になったり、崖に入った場合は消えます。また、等高線とよく似た線が地形図上に結構ありますから気をつけてください。等高線は、違う高さの線は絶対に交わることはありませんから、そこに気をつけて、なぞってください。必ず色鉛筆でやってください。間違ったとき消えないボールペンや蛍光ペンは使わないでください。迷ったときは、周りをよく見たり、私に聞いたりして作業をしてください。200メートルが終わった人は100メートルをやってください。それでは始めてください。」

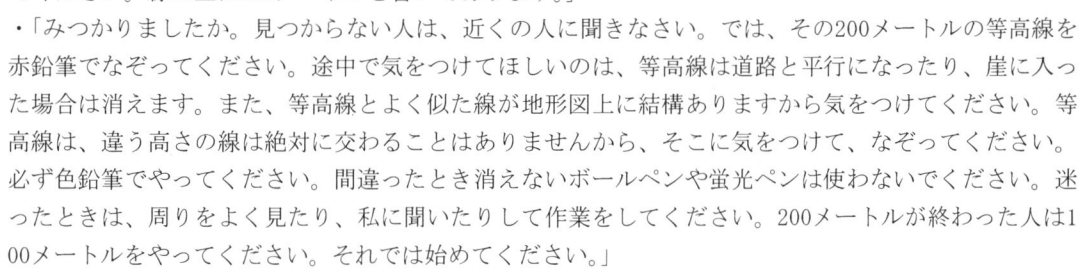

※この作業は、仙元山周辺にとどめる。時間がかかるし、仙元山以外の地域は複雑で判読しにくいので、さけた方がいい。下に示すような図を作成して、拡大コピーをして黒板に掲示するといい。

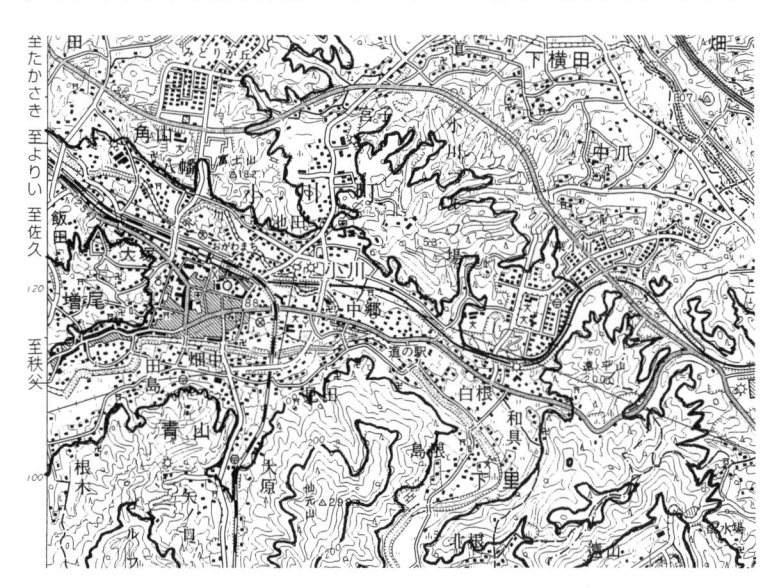

・「ほかのところは複雑なので、私がやりました。それを黒板にはります。」
・「よく見てください。こうすると土地の形が見えやすくなります。およそ150メートルあたりに線を入れてみるともっとよくわかります。こうしてみると小川町の中心部は、南にやや高い山があり、北にも低い山があり、山に囲まれたところであることがわかります。こんなところを盆地といいます。」

展開3　土地利用をみる

・「では、次の作業に移ります。水田の記号はどう書きますか。」
・「はい、そうですね。それではその水田のところを緑色で塗ってください。気をつけてほしいことは、水田の範囲を示す線がありますが、それが道路などで代わりをしていることもあります。まず、周りを濃く塗り、その後中を薄く塗るときれいに仕上がります。わからなかったら聞いてください。では始めてください。」
※右の図を参照。
・「できましたか。では私がやったものを黒板に貼りますのでみてください。」
・「水田はどんなところにありますか。」（川の周り、山のほうにくい込んでいる。）
・「そうですね。水田は川に沿った土地の低いところと、山の中の谷間にあります。水田のあるところは土地の低いところなので、地形がよりはっきりわかりますね。」

展開4　地形図の変化を調べる

・「今度は、この二枚の地図を比べて小川町の社会の変化を調べてみます。いきなり比べてみましょうといっても大変ですから、テーマ別にやっていきます。テーマを出しますから、班で話し合ってください。」
・「テーマは、道路の変化、町の変化、その他新しくできたもの。ということで行ってください。」
・「では班別に発表してください。」
※ここはテーマの別に説明しながら引き出すのもいい。大きな違いは、①町の中心部の北側に大きな道路ができた。②新しい町ができた（みどりが丘、東小川、駅から北のびる道路沿い）③ゴルフ場ができた。（小川ゴルフ場、地図中の南西のすみ）④水田が町に変わった。⑤山をけずり、ゴルフ場や町ができた。
・「新しい町ができたのは、なぜですか。」（東京に通う人のため）
・「そうですね。小川町では、1965年は20,096人だった人口が、2000年に37,301人となり約17,000人の人口増加がありました。」
・「道路ができたのはなぜですか。」（町の中より早く通り抜けられるため）
・「そうですね。この道路は東京から高崎に抜ける主要道です。」
・「ゴルフ場ってなんで作ったのですか。」（東京やその周りに住む人のため）
・「結局、東京に住む人が増えて、そのために小川町に新しい町ができたり、ゴルフ場ができたりしました。そして、水田や山が減っています。」
・「こういうことも地形図を比べると見えてきます。地形図から土地の形がわかったり、町の様子がわかったり、社会の変化もわかります。」
※本時の作業は時間がかかるので、一部省略したり、宿題にするとか、2時間扱いにすることも考えられる。

地図からわかること

　　　　　　　　　　　　　　　　　　　　年　　組　名前

資料①1967年の5万分の1地形図「熊谷」

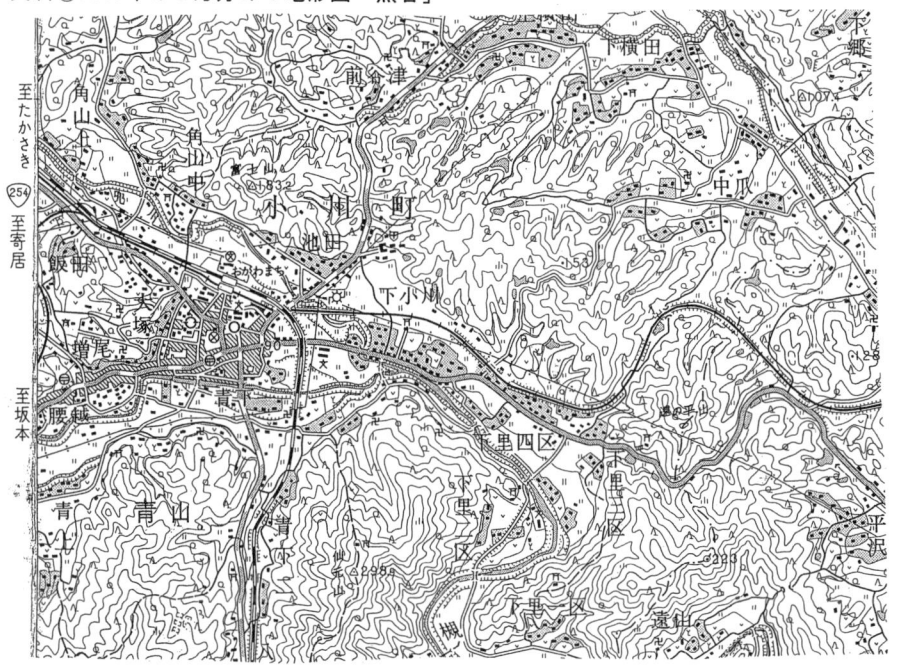

資料②2001年の5万分の1地形図「熊谷」

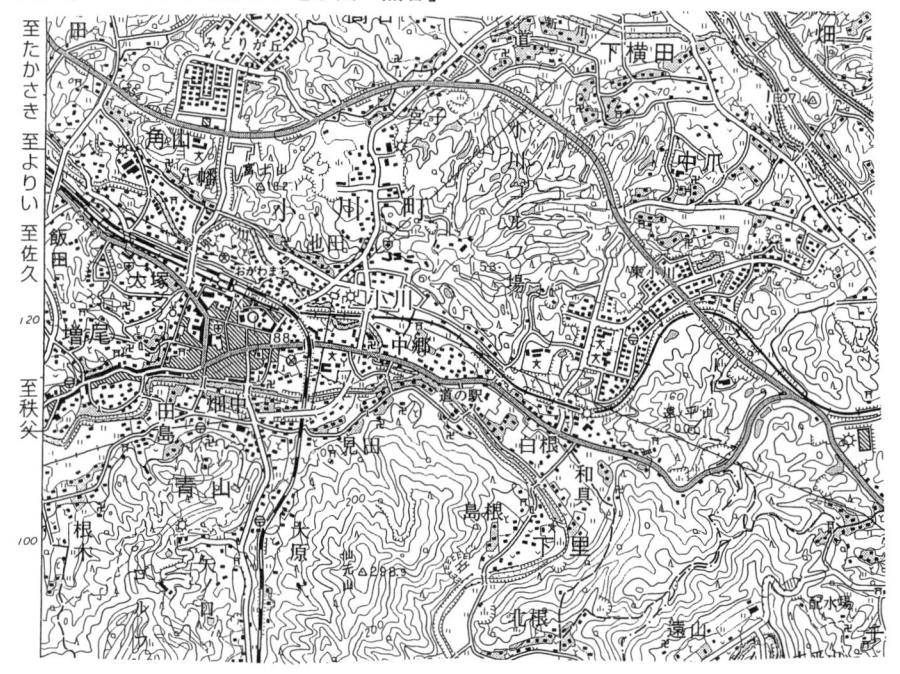

第3章　都道府県を探る

(1)はじめに ── 本来は地誌として学ぶ単元である

　本章の構成は、自主編成プランを学習指導要領の年間プランに置き換えて構成したものである。したがって、本来は、「都道府県を探る」という単元は日本地誌の一部であった。それ故、単元名は学習指導要領を踏まえて「都道府県を探る」としたが、内容的には、日本地誌であり、各地域の内容構成の手法は旧学習指導要領下で実践していた日本地誌を基本としている。

　もともと私は、日本地誌は七地方区分で行っていたが、各地域の内容は事項の羅列を否定し、各地方を代表する事象を取り上げ深く追求する中で、その地域の特徴を浮き彫りにするという形を取っていた。もちろん、入試の関係もあり、教科書から完全に自由になることはできなかったが、教科書の扱いに軽重をつける形でこのことを実現していた。1997年の実践においては、日本地理では次のような教材を重点教材としてきた。九州地方 ──「サンゴの海は泣いている」沖縄・「ウメ栗植えてハワイに行こう」大分県大山町、中四国地方 ──「遊子の海を守る」愛媛県宇和島市、近畿地方 ──「大阪弁」、中部地方 ──「トヨタの秘密」、関東地方 ──「東京一極集中」、東北地方 ──「まほろばの里・高畠」山形県、北海道地方 ──「アイヌとして生きる」「釧路湿原を守る」

　以上のような実践を踏まえて、本単元は、地誌として構成した。ただし、本来地理は「発見する喜び」を原動力として学習を展開する教科であることを踏まえ、学級という学習集団全体で、考え、発見する課程を大切にして授業を構成した。

(2)都道府県を調べる難しさ

　都道府県というスケールは地理学的にみて捉えにくい概念である。地理学の論文をみても、都道府県を対象とした論文は少ない。多くの論文は県内のやや小さな地域を対象としている。今から3～40年くらい前に『日本地誌』(二宮書店)、『日本地誌ゼミナール』(大明堂)という地誌の本が出た。日本地誌」では地方総論、都道府県総論、県内地方、主要都市という形でスケールを小さくする形で記述している。都道府県総論までは一般論に終始している。「日本地誌ゼミナール」は地方ごとに一冊になっているが、地方総論があり、その後は地域別の各論になっていて、そのスケールは市町村、もしくは県内各地方レベルが多く、都道府県の総論はない。最近出た地誌の本(『日本の地誌』古今書院)でも、各地方の総論のあと、地域別の各論になっている。日本地誌の本に都道県別の特徴を述べた本はきわめて少ない。それは、都道府県というスケールが一つの地域として捉えにくい地域であることを示している。私の今までの実践の中でも都道府県スケールを対象とした教材は見あたらない。強いてあげれば、琵琶湖の環境問題に関わる粉石けん利用運動があげられる程度である。

(3)地域に生きる人々を通して都道府県を知る。

　学習指導要領が都道府県を学ぶことを強制したため、都道府県を学ぶ授業が始まったが、都道府県の特徴を描き出すことは相当困難であり、一般的なデータの羅列にとどまらざるを得ない。それは、何の

魅力も感じない社会科地理に陥り、子どもたちの地理離れを極度に加速する行為に他ならない。
　やむなく、都道府県を社会科地理として取り上げるとするならば、都道府県内には魅力あふれる教材がある。その教材を通して都道府県の特徴や課題の一つまたはいくつかに迫ることができる。本書においてその教材とは地域に生き、地域をつくる人たちであり、その人たちの暮らしを通して都道府県の特徴や課題に迫ろうとするのが本書の構成である。そこで、本書では、全体としてのテーマである循環型社会もしくは環境問題に関わり、都道府県の特徴とも関わる教材を選択し構成することにした。その意味で、教材の構成は限定的である。たとえば、いま私がもっとも注目している教材は兵庫県豊岡市のコウノトリの野生復帰のとりくみである。2005年の実践においても、最後に取り組んだ地域調査でコウノトリのことを取り上げる子どもが意外に多かった。しかし、豊岡市は兵庫県にあり、近畿地方になる。近畿地方は大都市圏としてと位置づけており、豊岡のコウノトリから近畿地方の課題に迫ることは難しい。昔のように近畿地方を紀伊半島、京阪神、北部山地のように地域区分した場合には格好の教材になりうるが、それは果たせぬ夢である。時間数の削減と都道府県という縛りがある中での本書の構成であるので、この教材は除外せざるを得ない。
　本単元では、前述のように地域のくらしから循環型社会の問題を考えつつ、地域的特徴や地域の課題を考えていく。ところで、地域の課題は日本全体でみると都道府県の枠を超えて広がっており、各都道府県の課題は各地域でも共通している。それ故、この単元の最後には共通している地域に課題を広げ共有化していくことも行う。

(4) 都道府県の地域的特色をどう捉えるか

　学習指導要領が都道府県の地域的特色を把握することを求めているので、都道府県の全体像の把握に一定程度対応する必要がある。ここは端的にすませる必要があり、地誌的な把握はやるべきではない。都道府県の地域的特色は、地域差のある都道府県内の集合体として捉えることができないので、日本の地域構成の中に対象とする都道府県を位置づけることによって可能である。つまり、都道府県内の地域差をより大きなスケールの中に埋没させ、都道府県を一つにすることによって可能である。そのために、いくつかの統一指標を用いることにする。
　地域的特色は他の都道府県との比較という空間的な関係と、その都道府県の変化という時間的な関係によって把握される。他地域との比較の資料として、農業や工業の指標が考えられるが、産業のソフト化が進み国民総生産にしめる農業と工業の合計の占める割合が2割強という中にあっては、産業の全体像を捉える必要がある。そこで、得やすい資料としては、「データでみる県勢」所収の資料の中から選ぶとすると、「経済活動別県内総生産」や「産業別就業者数」をあげることができる。前者は国民経済の実態を示しているが、表示単位が金額であるため、数字の抽象性が高い。後者は表示単位が人数であるためわかりやすいが、産業によって人数の偏りがある。どちらも一長一短があるが、中学生にわかりやすい数字は、後者である。後者は百分率にした場合、「百人の村だったら農業をしている人が○人」と言い換えやすい。それゆえ、他地域と比較するための資料は「産業別就業者数」を用いることにした。
　次に、時間変化の資料としては、基本的に様々な指標の対全国シェア（全国比、各都道府県が占める百分率）の変化をみることにする。こうすることによって、数字の変化の意味を客観的にみることができる。用いる指標は、産業全体をみる指標として「県民配分所得」（個人の所得と企業の利益の総額）とし、他に農業産出額、製造品出荷額を用いる。また、人口変化も地域の現状を表していると考えられるので用いることにした。また、変化をみる場合には、何時と比較するのかが重要な問題である。日本は1960年代の高度経済成長を通して工業化を進めた。しかし、1990年以降企業の多国籍化が進み、国内産業の再編成と新自由主義に基づく社会の再編成が進行した。そのことの是非はともかく、バブル期を境に社会の再編成が進んでいる。現代を理解するためには、バブル直前の1985年と比較するのが適切であると考える。なお、現時点（2007年10月）で得られる最新の資料は、人口数は2005年の国勢調査報告であるが、その他の指標は2004年の資料が最新のものであるので、その資料を用いることにした。もし本書に収録した資料を利用されるのであれば、その時点で得られる最新の資料に更新されて用いられることをお勧めする。

(5) 何を教材とするのか

　冒頭で述べたように、この授業の核は循環型社会の課題を考えることにある。循環型社会の課題を考えつつ、地域的特徴を把握し日本や世界の地域構造を把握するという二つの課題を追求し、最終的にその二つの課題を関連させて考えるものである。この視点から本単元の教材を選択した。学習順は、身近な地域－自分の住む埼玉県－その他の都道府県となるので、本単元においては埼玉県－東京都（関東地方）－滋賀県（近畿・中国地方）－愛知県（中部地方）－宮城・岩手県（東北・北海道地方）－高知県（四国・九州地方）－沖縄県（四国・九州地方）とする。ここで取り上げた各都県は日本の地域構造の分析によると中心域（東京、埼玉、滋賀）、中間地域（愛知）、周辺域（宮城、山形、高知、沖縄）に属する。

　各都道府県では次のような教材を取り上げた。
・埼玉県　—— 小川町の霜里農場、NPOふうど
　草加の農家の延長として位置づけ、本格的な無農薬農業を実践している霜里農場の金子さんの農業と、有機農業家と地場産業の連携、有機農業家による地域を巻き込んだバイオガスの実践を取り上げ、日本各地の学習への問題提起とする。
・東京都　—— 安全な食べ物をつくって食べる会の取り組み
　安全な食べ物をつくって食べる会は、有機農産物産直の開拓者である。千葉県三芳村の農家との提携を通して、都市住民の生き方を考えたい。
・滋賀県　—— 愛東町の菜の花プロジェクト
　琵琶湖の浄化のための粉せっけん使用運動から、田んぼは油田という菜の花プロジェクトの取り組みを通して、都市住民の生き方を環境問題で考えていく。
・愛知県　—— 長良川河口堰建設をやめさせる市民の会
　長良川河口堰が運用を開始して10年を経過した。反対運動は根強く続いている。川の環境を守る運動としてとは、表面的には敗北しているが、地域ではねばり強い取り組みが続いている。地域住民の取り組みはいつでも勝てるわけではないが、その中でも将来を見据えた運動があり、そこに関わる人たちの生き方を考えていきたい。
・宮城・岩手県——森は海の恋人運動
　宮城県気仙沼湾に住む、カキ養殖漁師畠山重篤氏をリーダーとする漁師が豊かな海をとりもどすために上流の森に木を植える取り組みである。河口の気仙沼が宮城県、木を植えた室根山が岩手県と二県にまたがっているため二県をとりあげた。このとりくみを通して、山間部と海岸部の人々に交流がうまれ、全体として流域の環境を守るとりくみに発展するという、スケールの大きな運動となった。この学習を通して、流域の生態系を守る必要性を考えたい。
・高知県　—— 馬路村の村おこし
　ゆず製品による村おこしで、全国の過疎に悩む自治体に熱いメッセージを送る村として知られている。この村の人々、村に帰ってきた若者、村にやってきた若者の生き方から地域が自立する中での循環型社会のあり方と役割を考えたい。
・沖縄県　—— 恩納村のサンゴを守る取り組み
　日本各地の学習のまとめとして、沖縄の自然保護を取り上げる。サンゴがなぜ死滅したのかを沖縄の戦後史の中から考え、リゾート開発のメッカの恩納村でサンゴの復活に取り組む人たちの生き方に、日本の学習の一つのまとめとしたい。

　なお、本単元においては、最初に地域の事実を取り上げ、次に関連しながら、問題を大きく捉えて、都道府県の内容に入るようにする。

●参考文献
青野寿郎、尾留川正平編『日本地誌』全21巻　二宮書店　1968年～
安藤萬壽男、伊藤菊栄編『新訂現代世界の地域システム』大明堂　2000年
藤岡謙二郎『日本地誌ゼミナール』全10巻　大明堂　1965年～
立正大学地理学教室編『日本の地誌』古今書院　2007年

埼玉県を探る

埼玉県の現状と循環型農業の取り組みに迫る

　前節で述べたように都道府県を一つの地域として学んだり調べたりすることの地理学的意義は小さい。しかし、取り上げざるを得ない中で、何を目指して授業するのか目的を明らかにする必要がある。子どもたちが住んでいる埼玉県の授業は、身近な地域の学習の延長として位置づける。具体的には、草加市と埼玉県の学習を通して、循環型農業と持続可能な社会という学習課題を確認する。同時に埼玉県の現状を捉えることをねらいとし、教材を選択し授業を構成する。自分の住む都道府県の授業は、本書の構成としては第3章に位置づけたが、実質的には身近な地域に含まれる内容である。

　埼玉県は、秩父地域や北部地域に一部農山村を残すが、全体として都市化が進んだ地域である。都市化の進行度は地域によって異なり、大都市近郊の住宅地域から東京から移転した工場が主となる工業地域、ゴルフ場などのレジャー施設からなるリゾート地域（農山村地域）から構成されるが、いずれも大都市東京の影響によって変化した地域である。埼玉県の特徴をこの3地域で表現するなら、この三要素を含む地域で、循環型農業が営まれている地域が妥当である。こうした視点で教材を見ていくと、三芳町の有機農業の農産物の裏作で栽培された大麦を原料としてつくる川越の小江戸ビールと有機農産物、所沢のトトロの森の保全運動と所沢の都市化、小川町の有機農業研究会の取り組みをあげることができる。小江戸ビールの取り組みは農産物の販路として東京の消費者を巻き込んでいて、都市住民の暮らしに迫れるが、ビールが中学生の教材として適切かどうか議論の余地がある。トトロの森の保全運動は小学校の教科書に取り上げられており、新鮮味に欠ける。小川町の有機農業は、「思ひでポロポロ」の舞台山形県高畠町上和田の農民詩人星寛治氏や東京世田谷区の大平博四氏と並ぶ日本の有機農業の草分けの一人である、金子美登氏が営む霜里農場が核になり多様な展開がある。また、小川町は里山と住宅地・ゴルフ場が混在する地域であり、埼玉県を構成する要素をすべて含む地域である。以上のような理由から小川町を取り上げることにした。

　授業は、草加の農家の学習（下巻に収録予定）の延長として、点としての霜里農場の学習から始めて、地域に広げて小川町有機農業研究会とNPOふうどの取り組みを学び、埼玉県の学習につなげていく形で以下のように構成した。なお、都道府県の地域特色は統一指標によって把握することにしたが、ここで、資料の見方や意味を丁寧にみるようにした。そのためにやや時間を多めにとっている。

　第1時　霜里農場・金子さんの農業
　第2時　地域に広がる有機農業
　第3時　小川町の変化と金子さんたち
　第4時　埼玉県の変化
　第5時　埼玉県の特徴

1　霜里農場・金子さんの農業　　　　　　埼玉県を探る／第１時

●この授業のねらい
①霜里農場・金子美登さんの無農薬農業実現への手段について知る。
②金子さんと消費者との関係を知る。

　金子さんは、東京の大平農園の故大平博四氏や山形県高畠町の農村詩人関寛治さんとともに、日本の有機農業の草分けの一人であり、カリスマ農業家といわれている。無農薬農業を実現するためにはハードルが高く、苦労も多い。殻潰しとさえ言われる。簡単に無農薬とは言えない。本来ならばその過程を検証したいところだが、それは道徳の教材としたい。ここでは、現時点でどのようにして無農薬農業を実現しているのかを検証する。

●本時で用いる資料
　・プリント３まい　・霜里農場の写真（ＨＰから教材化）　・埼玉県の掛地図

●本時の展開

展開1　小川町を探す
・「今日は草加の農家の勉強（下巻に収録予定）の続きとして、埼玉県内の農家を勉強します。」
・「地図をみてください。埼玉県は東京の隣なので南の方は町がいっぱいありますが、北の方にいくと緑のところが結構ありますね。埼玉には農家が結構あります。」
・「草加の伊藤さんは農薬は必要なら少しは使うといっていましたが、埼玉県内には完全無農薬で農業をしている人がいます。今日はその人の農業を勉強します。」
・「その人がどこにいるかというと、小川町というところにいます。金子さんといいます。地図帳を開いて、埼玉県の載っているページあけてください。」
・「関東地方の地図は二枚のっていますので、埼玉県が全部載っている方を開いてください。」
※２社の地図帳をみると、首都圏の拡大図で小川町をクリアできているものとそうでないものがあるので、要注意。
・「地図帳で小川町を探してください。」
・「わからない人は、見つけた人に聞きなさい。」
・「小川町は大きくみると小さな盆地で周りを山に囲まれています。その盆地の真ん中に街があり、川が流れています。」
・「何という川ですか。」（槻川）
・「この槻川のほとりに金子さんが営む霜里農場があります。ここです。」
※霜里農場は69ページの地形図上の下里地区にある学校区のとなりにある。

展開2　霜里農場を探る
・「霜里農場をみていきましょう。プリント１を配ります」
・「資料１は霜里農場の絵です。この絵を見て、わからないところを言ってください」（ＶＤＦ、アイガモ、バイオガス、納屋、）
・「納屋はいろんなものをしまっておくところです。他の言葉は、調べているうちに少しずつわかってきます。」
・「わからない言葉は無視して、わかる言葉だけをみて、霜里農場には何がありますか。班で確かめ合ってください。」
・「ではまとまった班で発表してください。」（畑、水田、果樹園、ニワトリ、ウシ、シイタケ、堆肥、）
※出てきたものをあらかじめ作っておいた写真を示す。

・「霜里農場は特に広いわけではありません。昔からあるふつうの農家の広さぐらいです。」
・「ここで金子さんはどうやって作物の病気や害虫と戦っているのでしょうか。資料2を読んでください何が大切だといっていますか。」（天敵、強い品種、堆肥）
・「天敵と堆肥は伊藤さんも言っていました。強品種というのは、自分のところで栽培した作物から代々種を取り、その土地にあった品種にしていくということだそうです。」
・「ここでみんなで考えてください。霜里農場では、何を使って堆肥をつくっているのでしょうか。」
※ここは、個人で自由に言わせて、板書する。自分が支持するものに三回だけ手を挙げさせる。
・「では、確かめたいと思います。プリント2を配ります。資料1をみて確かめてください。」
・「ではみんなが予想しなかったものをあげてください。」
※板書するときに、家畜の糞、野菜の加工過程からでるもの、自然のなかから得たものに分けて書く。
・「黒板に分けて書きましたがこのに三つのグループはどう違いますか。考えてください。」
・「家畜の排泄物、ゴミ、山や畑にあるものに分けられます。」
・「それではもう一回資料1をみてください。そこに、発酵すると70度くらいになると書いてあります。発酵とは微生物がものを分解することですが、この場合は何が微生物を持っていると思いますか。」
・「三択です。①家畜の糞、②加工ゴミ、③自然のもの、ですが、さて何だと思いますか。」
・「自分がこれだと思うものに手を挙げてください。」
・「では確認します。みんなフンだと思った人が多いと思います。大正解と言いたいところですが、大はずれ。…発酵は自然の力です。答えは③です。自然の中に普通にいる微生物が分解するのです。自然は偉大ですね。」※ここはもったいぶって、くだけた言葉で迫るとよい。
・「でも、フンの力は偉大です。資料2を読んでください。山と畑を家畜がつないでいるのです。」
・「あと、病気が出ない栽培には、輪作と多品目栽培が必要です。このことの意味は資料の3、4に書いてありますので読んでおいてください。」
・「プリント4を配りますので、どんな作物を作っているのか資料1をみてください。また、輪作の具体的なやり方も資料2にありますのでみてください。」
・「金子さんの農業のやり方の反対にあるのが今の日本の多くの農家です。キャベツとか大根とかをたくさん作り、土がやせるから化学肥料をまき、害虫を防ぐために農薬をかけると言うやり方です。畑の微生物は死にますね。」

|展開3| 野菜の行方

・「こうして丹精込めて作った作物ですが、買ってもらわなくては、金子さんは生活できません。野菜はどうやって売っているのでしょうか。ちょっと考えてください。班で話し合ってください。」
※ここでは、庭先販売、通信販売、店の一角にコーナーを作る、などの意見が出てくる。たくさんの意見を出させて、その理由も言わせるとよい。話の流れから、子どもたちが三択をやろうというのならそれでいい。
・「実際に金子さんがどうしたか次のプリントをみてください。では配ります。」
・「どんな方法でしたか。」（直接届ける。お店を出す。）
・「直接届けるやり方をどう思いますか。」
・「後お店は一人で出しましたか。」（仲間と出した。）
・「金子さんのところに勉強しに来る人はたくさんいて、その中の15人くらいは小川町で農業をするようになりました。それでその人たちと小川町有機農業研究会という団体を作りました。その人たちとお店を出しました。」
・「小川町まで日曜日に行けば金子さんの野菜も買えます。」
・まとめ「金子さんの農業は自然の力による農業で、だから農薬も必要なくなります。そしてその作物を直接食べてくれる人に届けます。そして仲間を増やしてきました。」

●参考文献
金子美登『絵とき金子さんちの有機家庭菜園』家の光協会 2003年

霜里農場・金子さんの農業 (No.1)　年　組　名前

資料1　霜里農場のようす

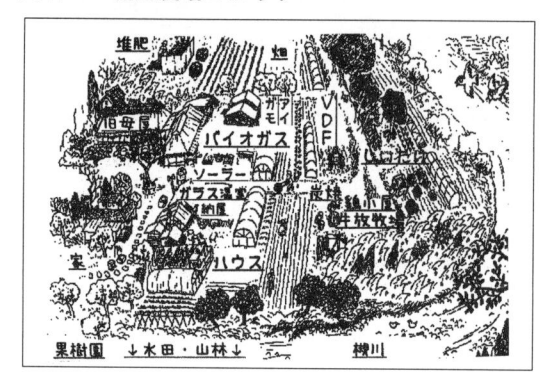

資料2　病虫害対策

　農薬を使えば使うほど、害虫は抵抗性を高め、退治できません。農薬を使わない畑にナナホシテントウムシ、クサカゲロウなど、たくさんの天敵がいて害虫をバリバリ食べてくれる。病虫害の発生をおさえるには、病虫害にやられにくい丈夫な作物をつくること、天敵が住みやすい環境を整えることなどが必要です。

　丈夫な作物をつくるにはまず強い品種選びです。できれば自家採取してその土地にあった品種を見つけましょう。そして、輪作、多品目栽培、よい土づくり、堆肥づくりをしていくこと、自然に天敵が住みよい畑になり、病害虫がおさえられます。（金子美登『絵とき金子さんちの有機家庭菜園』家の光協会）

(No.2)

資料1　堆肥づくり（金子美登『絵とき金子さんちの有機家庭菜園』家の光協会）

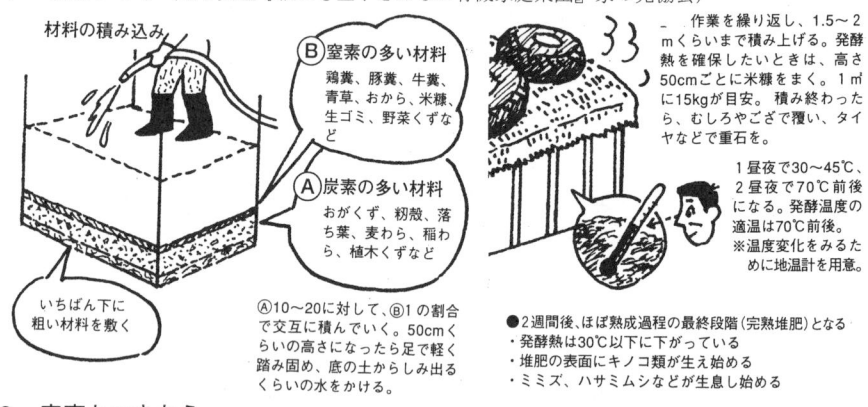

材料の積み込み

- Ⓑ 窒素の多い材料
  鶏糞、豚糞、牛糞、青草、おから、米糠、生ゴミ、野菜くずなど
- Ⓐ 炭素の多い材料
  おがくず、籾殻、落ち葉、麦わら、稲わら、植木くずなど

いちばん下に粗い材料を敷く

Ⓐ10〜20に対して、Ⓑ1の割合で交互に積んでいく。50cmくらいの高さになったら足で軽く踏み固め、底の土からしみ出るくらいの水をかける。

作業を繰り返し、1.5〜2mくらいまで積み上げる。発酵熱を確保したいときは、高さ50cmごとに米糠をまく。1㎡に15kgが目安。積み終わったら、むしろやござで覆い、タイヤなどで重石をする。

1昼夜で30〜45℃、2昼夜で70℃前後になる。発酵温度の適温は70℃前後。
※温度変化をみるために地温計を用意。

- 2週間後、ほぼ熟成過程の最終段階（完熟堆肥）となる
- 発酵熱は30℃以下に下がっている
- 堆肥の表面にキノコ類が生え始める
- ミミズ、ハサミムシなどが生息し始める

資料2　家畜とつきあう

　「家畜と田畑・山林の循環」、つまりこれらの有機的つながりがあるからこそ、有機農業であり、作物がうまくできるかどうかは、堆肥がうまくできるかにかかっていると言っていいくらいです。重要なことは少頭羽数にするということで、田畑の循環に見合うだけの家畜を飼うことが基本です。私のところではウシ3頭、ニワトリ200羽、他にウサギとカモがいます。（金子美登『絵とき金子さんちの有機家庭菜園』家の光協会）

資料3　輪作の効用

　輪作には、病害虫をおさえる、土のバランスを崩さない。などの効用があります。同じ畑に同じ野菜、あるいは同じ科の野菜ばかり植えているとそれを好物とする病害虫が繁殖し、土もその野菜が吸収する養分が少なくなってしまいます。一般の農業では、農薬を使い足りない養分を補うために、化学肥料を施すことになります。（金子美登『絵とき金子さんちの有機家庭菜園』家の光協会）

資料4　多品目栽培

　有機農業では多品目栽培も大きな特徴です。わたしの家の畑はいつも、四季折々、多くの種類の野菜が植えられています。多品目栽培にすれば、作りまわしがしやすく、輪作が可能です。そして、その年の気候によってある野菜の収量が落ちても元気な野菜もありますから、気候に左右されず、ある程度の収穫を確保できるのです。また、わたしたちは多くの種類の野菜を食べたいわけですから、家族や消費者の「食」を豊かにまかなうためにも必要です。（金子美登『絵とき金子さんちの有機家庭菜園』家の光協会）

霜里農場・金子さんの農業 (No.3)　　年　組　名前

資料1　ある年の金子さんの畑の作物

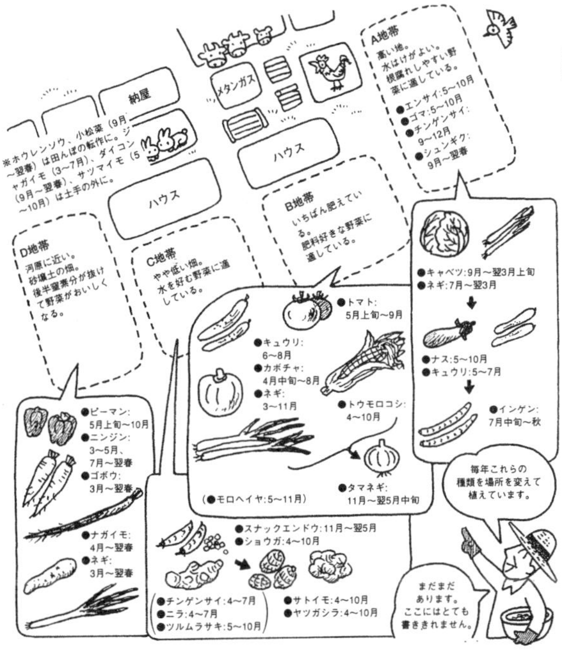

資料2　輪作の例

(資料1と2はともに金子美登『絵とき金子さんちの有機家庭菜園』家の光協会)

(No.4)

資料1　とれた野菜の行方（NPOふうどオープンデー配付資料より）

消費者とともに

●40軒の消費者と
20～40軒の消費者と連携することで、食料の自給を果たし、生産者の生活を支えてもらう。わたしの場合は40軒の消費者と連携している。

●仕分けと荷造り
ジャガイモ
ニンジン　旬の野菜
タマネギ

米、小麦粉、ジャガイモ、ニンジン、タマネギなどの保存がきく基本となる野菜、旬の野菜10～15品目、卵を仕分けして荷造りする。40軒のうち10軒はこれらの主食から野菜まですべてを、残りの30軒には野菜と卵を配る。

●配達
地元の消費者には1週間～10日に1回（月1～2回の人もある）、東京など遠方の人には、月1回、保存のきく野菜を中心に配達。

●消費者の手へ
お茶やときには軽食をいただいて談笑。商売というより、人と人とのふれあい、信頼関係で成り立っている。有機農業は有機的人間関係がだいじ。

●小川町有機農業生産グループの店
有機農業の仲間が増えてきたこともあり、仲間とともに、3年ほど前から、ホームセンターの一角を借りて、毎週日曜日の午後に、有機農産物の販売を行っている。

●小川町の有機農業生産者と消費者
自給を基本とする有機農業生産者の延長上に、直接提携する消費者があり、まち全体の自給を進める。生産者同士も連携して、技術や情報交換し、助け合っている。

2　地域に広がる有機農業

埼玉県を探る／第2時

●この授業のねらい
①小川町有機農業研究会の町づくりの活動を知る。
②バイオガスとその効用を知る。

　金子さんは、更に広い活動をしている。前時であつかった小川町有機農業研究会もその一つであるが、バブル時代には後で扱うゴルフ場反対運動を立ち上げ、3カ所のゴルフ場の開発を阻止した。また、小川町有機農業研究会を通して地場産業との提携を考え、独自のブランドを開発している。また、エネルギーの自給を目指して、バイオガスを通した町内の資源の循環を行い、小川町はバイオガス発生装置が全国一多い町となっている。ここでは、金子さん個人－小川町有機農業研究会－住民を巻き込んだバイオガスづくり。などを取り上げる。1時間の時間配分を考えると、展開1をなるべく簡単に終わらせて、展開2、3の時間を確保する必要がある。

●本時で用いる資料
・プリント　・醬油「夢の山里」「小川の自然酒」の空き瓶（ネット販売している）　・バイオガス装置の写真（NPOふうどHPより作成）

●本時の展開

|展開1|　地場産業との提携

・「前の時間にみたように金子さんたちは、自分で作物を届けたりお店を出したりしています。」
・「それ以外に野菜を利用する方法はありませんか。考えてください。」
※自由に言わせる。寄付などが出てくるが、お金儲けになることと条件を付ける。いろんな意見を言わせ、まとめて自分の支持するところに挙手させる。ここは、子どもたちの心を上手にもてあそび正しい答えに注目させる。ここで加工品を作るということ、もしくはそれに類した答えを引きだす。
・「何か加工しているんです。前の時間に配ったプリントで作物がでていますので、参考にして考えてください。そのほかに水田がありますから米や大豆や小麦を作っています。班で話し合ってください。」
・「まとまったら配った紙に書いて持ってきてください。」
※ここでは、模造紙の半分くらいの紙とマジックを配り、書かせて発表させる。授業の中でも中でも中々出てこないし、社会科教師相手に模擬授業をしたときにも、同様であるので、話し合いの中に入り、適切な支援が必要と考える。
・「ここまででいいですから、書いたものを出してください。黒板に張りますからみてください。同じ意見もありますし、色々奇抜なものもありますね。どのくらい当たっているのでしょうか。」
・「ここに実物があります残念ですが、とってもおいしかったので、中身は私が飲んだり食べたりしましたが。これは何ですか。」（醬油、お酒）
・「他にもあります。プリントを配りますので確かめてください。」
・「どうですか。どれくらい当たっていましたか。プリントから加工品をあげてみてください。」
・「こうして金子さんたちはプリントにあるようにともに栄える町づくりを目指して活動しているのです。」

|展開2|　バイオガスを知る

・「では資料2をみてください。なんの図の一部でしょうか。単なる野つぼのようですが、何のために、こんなものを入れているのでしょうか。考えてください。」
※この発問は、自分のキャラを存分に生かして演技する。
・「色々でしたが、まとめてみるとこんなふうになりますね。さて、答えは二つです。どれでしょうか。自分がそうだと思うところに手を挙げてください。」

※時間があれば、ここは子どもたちに討論させるのがおもしろい。クラスを3派程度に分けて、それぞれ支持する意見を述べ、相手の意見を攻撃させる。この討論はつきないと思う。
・「では、この図が全部載ったプリントを配りますので、確かめてください。」
・「ここから何がきていますか。」（肥料または液肥、ガス）
・「金子さんたちはエネルギーの自給と安全な肥料を求めてこの取り組みをしています。」
・「他にも資料2にあるようなさまざまなとりくみをしています。こうしてなるべく石油資源を使わない生活をしています。」

展開3 バイオガスで地域を結ぶ
・「金子さんや小川町有機農業研究会ではこの取り組みをもっとたくさんの人に参加してもらえるようにしました。さて、どうしたでしょうか。」
※ここは意見が出にくいので無理そうなら、すぐにプリントを配る。
・「では、資料を配りますので、それを読み、何をしているのかまとめてください。」
・「どうですか。まとまった人はいってください。」
・「そうですね。町の人に協力してもらい、大きくバイオガス作りをしています。」
・「生ゴミはしっかり分別しないとバイオガスにはなりません。それだけ手間をかけた家庭には何が渡されますか。」（野菜）
・「野菜を引き替えるために、地域通貨 Food を発行しています。」
・「このことは、町と住んでいる人とNPOふうどの三者の協力で進んでいます。」
・まとめ「有機農業の農家がエネルギーの自給を目指して始めたバイオガスでしたが、町の中に大きく広がってきていて、環境を考えながら新しい生き方を探す人たちが生まれています。ゴミは資源ですね。」

●参考文献
金子美登『絵とき金子さんちの有機家庭菜園』家の光協会 2003年

地域に広がる有機農業（No.1）　　年　組　名前

資料1　ともに栄える町づくり（NPOふうどオープンデー配付資料より）

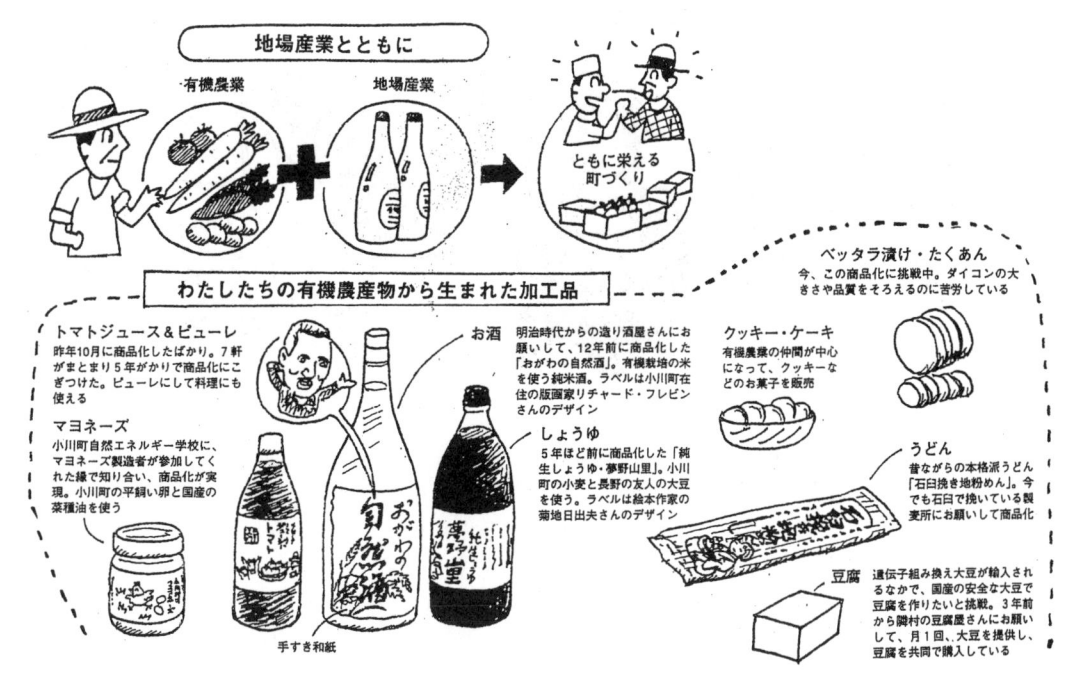

- 79 -

資料2　これから何が生まれるんだろう？（ＮＰＯふうどオープンデー配付資料より）

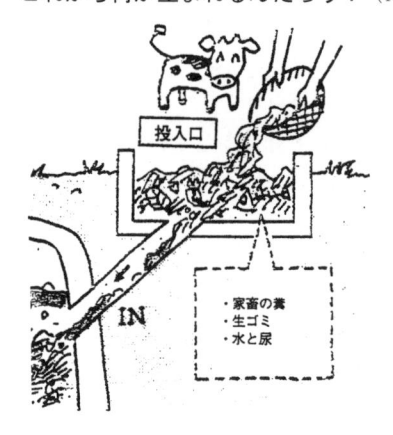

(No.2)

資料1　バイオガス（ＮＰＯふうどオープンデー配付資料より）

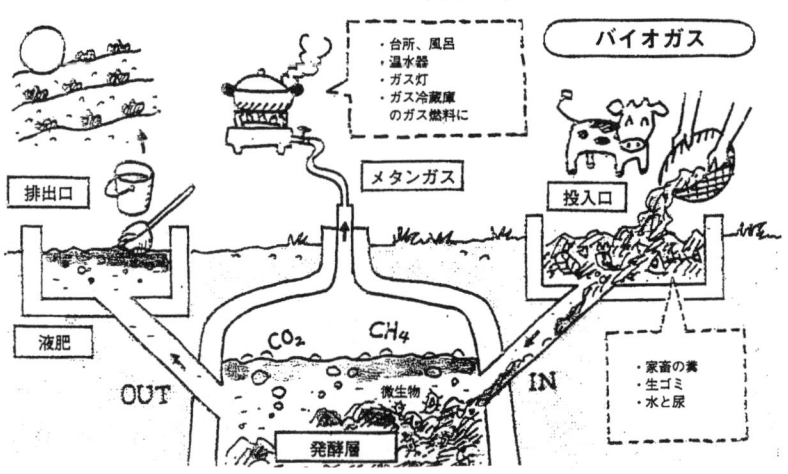

資料2　その他の自然エネルギー（ＮＰＯふうどオープンデー配付資料より）

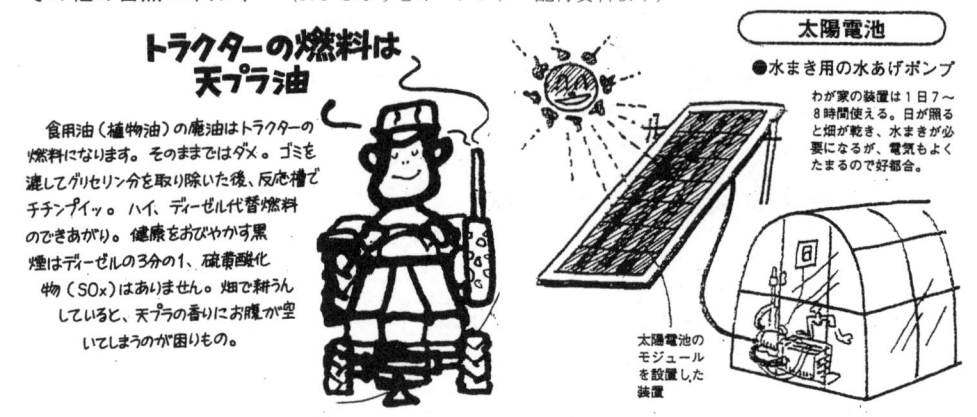

資料3　「ＮＰＯふうど」とは
　1996年小川町やその近くに住む住民有志が「小川町自然エネルギー研究会」をつくりました。太陽の光や風、水。自然エネルギーという地域の資源を自分たちの日々の暮らしに取り入れていこう。その技術を自分たちでつくっていこう。皆の熱意が「自然エネルギー学校」をつくりました。2002年7月、非特定営利活動法人「小川町風土活用センター」（ＮＰＯふうど）が発足し、それまでの活動を引き継ぐとともに、地域社会に対して積極的に働きかけてゆくことになりました。（ＮＰＯふうどＨＰより）

地域に広がる有機農業 (No.3)　　年　組　名前

資料1　生ゴミの回収と資源化の取り組みについて（埼玉県小川町　平成16年7月1日）

　小川町では環境基本計画の策定に取り組み、公募による委員が討議を重ねて参りました。その中で、一般家庭から出る生ゴミも分別すればバイオガスプラントでバイオガスと液肥に変えられ、有効利用できるのではないかという話が持ち上がり、始めてみることになりました。委員の中にバイオガスプラントに非常に明るい方（有機農業家）生ゴミの収集効率の良い集合団地にすむ主婦の方が参加されていた事が大きなきっかけとなりました。

資料2　各主体の役割（資料1と同じ）

主体の別	役割の概要	具体的な作業
町民（協力世帯）の役割	家庭から生ごみの分別排出	・各家庭で水切りペール付き貯留用ポリバケツに生ごみを分別貯留する。（当該ポリバケツは町が購入配布） ・収集日の当日の朝または前日の夜に運搬用ポリバケツに移す。 ・各家庭で使用している貯留用ポリバケツは各家庭で洗浄等管理を行う。
町の役割	回収と運搬	・町職員が普通貨物自動車によって収集。収集日の午後、1時間半程度の時間で回収し、プラントのある場所まで運搬する。
NPOふうどの役割	プラントへの生ごみ投入と維持管理 バイオガス・液肥の利用	・生ごみのプラントへの投入作業は、「NPOふうど」の会員が当番で行っている。主に手の空いた夕方に実施。 　※　現在は、町が業務委託としてお願いしている。 ・生ごみの入った回収用ポリバケツと、空のポリバケツを交換。 ・メタンガスは、ゴムホースにより家庭のガスコンロに接続して利用。 　※　また現在は大学によるメタンハイドレードの研究にも提供している。 ・液肥は、主に畑の肥料として利用。（水稲栽培への利用も試験中）

資料3　生ゴミ資源化による資源とサービスの流れ（資料1と同じ）

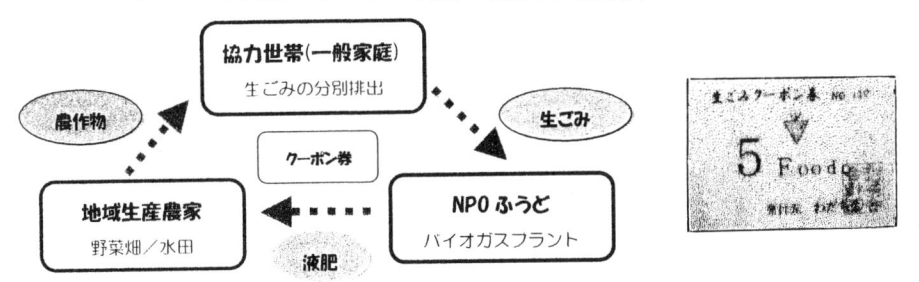

```
        協力世帯（一般家庭）
        生ごみの分別排出
   農作物 ↑              ↓ 生ごみ
        │  クーポン券   │
   地域生産農家  ←────  NPOふうど
   野菜畑／水田   液肥    バイオガスプラント
```

生ごみクーポン券 No.110
5 Foodo

3　小川町の変化と金子さんたち　　埼玉県を探る／第3時

●この授業のねらい
①小川町がどんな町なのかわかる。
②小川町がどのように変化してきたのかわかる。
③小川町の変化と小川町の有機農業とバイオガスの取り組みを関連して考えられる。

　小川町の地域的特徴を明らかにしつつ、その変化を統計的にたどる。そして、その変化の中で、金子さんたちはどのように関わり、どのような地域をつくろうとしてのかを考える。なお、本時には、データ処理をする時間を設定しているが、時間の関係もあり、計算したデータを示すのも一つの手段である。ただし、結果を印刷しないで、書き込ませる方がいい。書き込むという作業を通して、数字を考えるからである。また、流れに任せると内容的に時間をとるので、班で話し合う場面と、個人に意見を聞く場面と、教師の側で説明する場面を組み合わせて、時間内に終わる工夫が必要である。以下の展開例の中では、資料になれるため、最初に班で話し合う時間をとるようにした。

●本時で用いる資料
・プリント　・地形図（国土地理院発行 1/50,000 熊谷）地形図の学習で利用した資料。できれば、拡大コピーをすると効果的である。　・埼玉県の掛図　・電卓

●本時の展開

展開1　小川町の農業の変化をみる
・「有機農業が盛んな小川町ですが、今日は小川町がどんな町なのかみてみます。まずは農業は町全体としてどうなっているのか調べてみます。プリントを配ります。」
・「まず、資料1をみてください。ここには、小川町全体の農家の変化を表にしたものです。ここで、専業農家という項目がありますが、専業農家とは、農業だけで生活している農家のことです。農家というのは、農地を持ち、家族の誰かがそこを耕していれば農家になります。たとえば、お父さんが会社に勤め、お母さんが畑を耕していれば、農家になります。農家人口というのは、農業をしている人口ではないんです。」
※ここは、板書して図に書くとわかりやすい。気をつけておかなければならないのは、専業農家に新たな傾向があることである。定年後の年金生活者が自分の農地を耕した場合、専業農家にカウントされることである。小川町でも、草加市でも1990年代に専業農が増加しているのはそのためである。もし可能なら、この点はフォローしておきたい。
・「この表をみても、なんだかよくわかりません。それで、少し作業をしてもらいます。1990年のところから、5年前との差を計算してください。計算が終わったら、班の中で確かめ合い、気がついたことをまとめてください。」
・「気がついたことを発表してください。」（「全部減っている。」「1990年と1995年の間に専業農家と農家人口が大きく減っている。」）
・「そうですね。全体として減っていますが、1990年と1995年の間の変化に気づいたのは立派ですね。専業農家や農家数はその後あまり減っていませんので、小川町でバイオガスの取り組みが始まった頃、小川の農家は大きく変化しています。」
・「では、資料2で同じことをやってください。」
※ここの計算は、時間がかかるようなら、計算結果を示すのも一案である。
・「気づいたことを発表してください。」（「果樹園がほとんどなくなっている。」「田んぼが半分になった。」「畑はあまり減っていなかったが、2000年と2005年の間で大きく減った。」「田んぼも2000年と2005年の間で大きく減っている。」）

- 「はい、色々出てきましたね。よく読み込みました。この二つの資料をみて、色々考えてください。」
- 「まず、果樹園ですが、小川町では、梅や栗が多かったようですが、果樹園はどうなったのでしょうか。」（「原野に戻すか、一部は畑になる。」）
- 「そうですね。それで畑はあまり減らないできました。それと、東京に近いので、野菜は売れました。だから畑は残りました。」
- 「減り方で、1990年と1995年の間に農家人口や専業農家数が減り、2000年と2005年の間に田んぼや畑が大きく減っている。同じ時期に減っていたらわかりやすいのですか、統計もうまくいかないことがあります。専門家は色々考えるでしょうが、まあ、私たちは、このころ農家は大きく減ったと言うことをおさえておきましょう。もっと他のことを考えてみないと、何ともいえません。」
- 「小川町の農家は減り続けていますが、特に、1990年頃から激しく減っていることがわかりました。その小川町の農業を周りの町や村と比べてみます。表3をみてください。」
- 「表3に載せている町と村を地図帳で確かめてください。」
- 「そこでこの表の言葉を説明します。販売農家とは、主に農作物を出荷して生計を立てている農家のことで、以下、その割合が少なくなっていて、副業的農家とは、自分の家で食べるものだけを栽培している農家のことです。」
- 「ここで大切なのは、販売農家数です。この農家は、農業をがんばっている農家だからです。販売農家の割合と戸数を比べてみてください。」
  （「どちらも小川町が一番多い。」）
- 「そうです。周りの町や村と比べて、小川町のでがんばっている農家は多いといえます。この３５戸の農家の中に、17戸の金子さんたちのグループがあり、このグループが小川町の農業を支えていると言っていいと思います。」

展開2　小川町の変化を考える。

- 「こんどは町全体がどう変化したのかを調べてみます。プリント２をくばります。資料１は、草加でもみた土地利用の変化で、資料には、人口の変化です。また、計算してみてください。計算が終わったら、資料をみて気がついたことをまとめてください。」
- 「何か気がついたことはありますか。」（「土地利用は田畑が減って宅地が増えた。」「人口は1985年から1995年の間大きく増えた。」「その後、人口は減っている。」）
- 「土地利用の変化は農家のところでわかりますね。その他というのが多いのですが、ゴルフ場や公園はその他になりますのは。その他が多いのゴルフ場があるためです。」
- ※ここで、地形図学習に利用した地形図を利用するのも一案である。特に、ここには新旧の地形図が示してあるので、この比較から宅地の増加を確認できる。
- 「人口はが増えた時期は前の資料で何かありませんでしたか。そうですね。農家数が減った時期です。人口が増えて、農地が宅地になり、農家が減ったと言うことです。」
- 「ただし農地が減ったのは2000年と2005年の間ですから、このことの説明には使えません。この時期になると、野菜も輸入され、農産物の価格が下がり、やっていけなくなったことと、農業をやる人がお年寄りになり、農業をやめた人が多かったといえます。」
- 「その中で、新しくやってきた人たちと、生ゴミリサイクルで手を結び、農業を続けている金子さんたちのやっていることの意味は大きいと思います。」

展開3　ゴルフ場と金子さんたち

- 「金子さんたちのもう一つの活動をみましょう。資料３を読んでください。何が始まりましたか。」
  （ゴルフ場をつくる）
- 「そのゴルフ場ですが金子さんたちは大きな問題があることに気づきました。資料４をみてください。何が問題ですか。」（農薬）
- 「有機農業を無農薬でやっている農家にとって、たくさんの農薬がまかれることは大きな痛手です。農薬は、川に流れ込み、用水となって畑や田んぼにやってきます。天敵の動物が死ぬから、害虫がおお

くなります。何とかしなければならないと思った金子さんたちはどうしたのでしょうか。」
- 「色々意見が出ましたが、では、プリント3を配ります。」
- 「会を作り反対運動をしました。結果は」（やめさせた）
- 「この会はあと2箇所のゴルフ場計画も止めました。」
- 「資料2をみてください。この図は、小川町周辺のゴルフ場の分布図です。ちょっと汚いのは、私の手書きだからです。」
- 「この図を見てどう思いますか。」（ゴルフ場だらけ）
- 「小川町も金子さんたちが計3箇所のゴルフ場計画をやめさせましたが、できていれば、すごいことになっていたと思います。」
- 「まとめとして、小川町は、人口が増えて農家は農地を失い宅地が増加しました。また、山林がゴルフ場に変わってきました。人口が増えたのも、ゴルフ場ができたのも小川町が東京から電車で1時間のところにあるからです。その中で、金子さんたちは、あたらしくやってきた人たちとも手を結び、町の産業とも手を結び、有機農業とバイオガスを手がかり新しい町づくりを目指して活動しています。」

● 参考文献
金子美登『いのちを守る農場から』家の光協会 1992年

小川町の変化と金子さんたち（No.1）　年　組　名前

資料1　小川町の農家数と農家人口の変化

年／項目	農家数	専業農家数	農家人口	5年前との差 農家数	5年前との差 専業農家数	5年前との差 農家人口
1985年	1,437	92	1,845			
1990年	1,216	77	1,608			
1995年	1,062	82	1,475			
2000年	952	58	879			
2005年	882	54	651			

（小川町HPより）

資料2　小川町の耕地面積の変化（ha）

年／項目	田	果樹園	畑	5年前との差 田	5年前との差 果樹園	5年前との差 畑
1985年	340	191	214			
1990年	283	100	209			
1995年	252	33	222			
2000年	234	26	198			
2005年	168	13	118			

資料3　小川町と周辺の町村との比較（農産物を販売している農家の数と構成比）

項目／町村	小川町	滑川町	嵐山町	都幾川村	玉川村
販売農家数	35 (8.8)	33 (6.4)	23 (7.1)	3 (3.6)	8 (11.4)
主業農家	98 (24.7)	144 (27.9)	50 (15.3)	14 (16.7)	16 (22.9)
準主業農家	264 (66.5)	340 (65.8)	253 (77.6)	67 (80.0)	46 (65.7)
副業的農家	397	517	326	84	70

（埼玉県HPより）

小川町の変化と金子さんたち（No.2）　年　組　名前

資料1　小川町の土地利用面積の変化（km²）

年／項目	田	畑	宅地	山林	雑種地	その他
1975年	4.43	5.79	3.93	21.08	1.55	22.33
2006年	3.63	5.26	5.48	22.49	3.23	20.07
2006年と1975年の差						

※統計方法が違うため、田畑の面積が社会科プリントNo.1の資料2と異なる。（小川町HP、埼玉年鑑より）

資料2　小川町の人口変化（国勢調査）

年	人口	5年前との差
1975	26,084	
1980	27,045	
1985	29,232	
1990	33,709	
1995	37,822	
2000	37,301	
2005	35,401	

資料4　金子さんの山にゴルフ場が

1988年1月末、「こんばんは」という声とともに玄関のガラス戸が開く音がしました。応対した父に、割谷というところにある山林をゴルフ場用地として売ってほしいと。父は「いや売るつもりはありません」とやんわり断って引き取ってもらいました。（金子美登『命を守る農場から』）

資料5　ゴルフ場のグリーンキーパーの話

芝生をキープするために使用する農薬代に年間500万円くらいかかるという、その量の多さ。その他、ミミズがいるともぐらが穴を掘って荒らされるために、現役に近い濃度の液を散布すると、ほんどのミミズが土からはい出してのたうち回って死ぬ。（金子美登『命を守る農場から』）

（No.3）

資料1　小川町・緑と水と命を考える会の活動

まず、チラシをつくって町民に事実を知らせることにしました。
①小川町のゴルフ場計画が7カ所目であるということ。②農薬の使用量について。③自然破壊について。④芝生化されると保水力が4分の1以下に低下すること。

1988年8月14日、「小川町・緑と水と命を考える会」の発足を世間に知らせるチラシが全町に配布されました。地元の新聞記者が取材に来ました。徐々に、徐々に、町で、全国で小さな運動と思っている一つ一つがポツリ、ポツリと新聞、雑誌、テレビに登場し始めたのが、この1988年のことでした。

8月25日、農水省の通達がでました。「ゴルフ場における農薬の安全使用について」という指導です。埼玉県の総量規制とともに、各市町村（ゴルフ場の開発は）一カ所までという開発規制を盛り込む県指導要綱ができました。我が山林が引っかかった開発計画は、幻のゴルフ場と化することになりました。（金子美登『命を守る農場から』）
※この会を中心とした活動は、その後も二つのゴルフ場開発計画を中止させた。

資料2　小川町とその周辺のゴルフ場の分布
（「るるぶ埼玉」より作成）

4　埼玉県の変化

埼玉県を探る／第4時

● この授業のねらい
①小川町と草加市の変化を手がかりに、埼玉県の変化を捉える。
②最近の埼玉県の変化を人口面から考える。

　さて、都道府県の特徴の把握の時間である。2時間扱いの1時間目ということで、変化を中心にみていく。すでに、小川町や草加市の状況から、埼玉県の変化はある程度想像できるが、このことを県全体のデータを使って調べていきたい。また、長いスパンの変化と、近年の変化をあわせてみるため、直近の国勢調査結果を用いることにした。ここで、県内の自治体別の地図を利用した作業を行う。他の地域でもにた作業があるが、ここでは時間をとり、その方法を身につけることを大切にしたい。

● 本時で用いる資料
　・埼玉県の掛け図　・プリント　・埼玉県の白地図（白地図を拡大）　・電卓

● 本時の展開

展開1　埼玉県の変化を調べる
・「今日は、小川町や草加市を含む埼玉県全体の変化をみてみます。まずは、よく見ていると思いますが、埼玉県の地図をみてください。草加市はここ、小川町はここです。さいたま市はどこですか。真ん中を流れる川は。」（荒川）
・「資料1と2に10年ごとの人口変化を整理していますので、10年前との差を計算してください。」
・「一番人口が増えているのはどの時期ですか。」（埼玉県は1965-1975年、草加市は1965-1975年、小川町は1985-1995年）
・「草加市と小川町で増加する時期がずれているのはなぜでしょうか。地図をみて考えてください。」（東京からの距離の違い）
・「そうですね。埼玉県の人口は、東京に近い方から増加してきました。」
・「今度は土地利用を見てください。資料3をみて、気がついたことをまとめてください。」（「田畑が減って宅地が増えた。」「宅地の割合は草加の方が多い。」「その他の割合が高い。」）
・「宅地は東京に近い草加の方が割合が高くなっています。その他が多いのは、公園もありますが、なんといってもゴルフ場ですね。」

展開2　最近の埼玉県の変化を調べる
・「最近の埼玉県の変化を人口からみてみたいと思います。国政調査の結果が出ています。ここから2000年と2005年の間の人口の変化がわかります。まず、それをみてください。プリント2と3を配ります。」
「プリント2は埼玉県内の2005年の市町村別の人口数と人口密度、2000年と2005年の間の人口の数の変化と増減率を示しています。減少したところには▲がついています。」
・「ここでは、人口密度と人口増減率を用いますので、その欄を確かめてください。」
・「では、プリント3をみてください。この地図は、埼玉県の市町村を示しています。」
・「これからやることは、プリント3の作業1、2、3に書いてありますが、今から言う順に沿って進めてください。」
・「まず、プリント2の表に順位をつけてください。人口増減率のところは同じ欄に増加と減少を書かなければなりませんので、色を変えて書いてください。できたら、班の中で確かめ合ってください。」
・「できましたか。それではプリント3に書き込んでください。人口密度と人口増加率の高いところはかなり重なると思いますので、色は薄く塗りましょう。上手な方法はまず境界線を濃く塗り、中の方を薄く塗りましょう。完成したら、班で話し合い気がついたことをまとめて、配った紙に書いてください。」

・「では、気がついたことを黒板に貼り発表してください。」（「人口密度の高いところは東京に近いところに多い。」「人口増が率が高いところは東京に近いところに多い。」「人口増加率の高いところは東京から離れた町にもある。」「人口減少が多いところは北の方や秩父に多い。」）
・「人口増加は、東京に近いところに多いということですが、これはなぜでしょうか。草加と小川町の人口増加の時期からみると東京に遠いところの方が人口が増える時期が後になっていましたが。」
・「前に、東京の都心部の人口について調べましたが、それも併せて考えてください。」
・「東京の都心では、いったん減っていた人口が増えています。都心にマンションがたくさん建つようになったからです。その影響で、埼玉県でも東京に近いところで人口が増えています。
・「それと、滑川町や栗橋町などの東京から離れた町で人口増加が多いのは大きな住宅開発が進んでいるからです。」
・「狭いところにたくさんの人が住む、埼玉県の南部では、ゴミ問題や住宅問題などさまざまな問題が起きるようになりました。」
・「人口減少が激しいのは北の方の町や村です。ここでは、農業の衰えとともに、人口が減っています。それから、今、東京に近いところで人口が増えていますので、東京から離れた地域では、人口が増えていません。若者が町の方に出て行くのと、新しく移ってくる人が少ないためと考えられます。このような地域では、不必要になった山がゴルフ場に変わり、環境問題が深刻になりました。」
・まとめ「埼玉県は東京に近いため、人口はどんどん増えました。増え方は、南の東京に近いところに始まり、かなり北の方まで増えていきました。その結果、田んぼや畑は少なくなり、農業人口は少なくなりました。そして、ゴミ問題をはじめとしてさまざまな環境問題が起こりました。しかし解決のための取り組みもあり、それが、小川町の金子さんたちの取り組みや、草加の松原団地の自治会や伊藤さんのように、まず自分たちで行動する人たちがいます。その力は小川町でみたように町を動かしています。待っていて何かしてもらうのではなく、自分たちで動く人たちに埼玉の未来を託せるのではないかと思います。」

埼玉県の変化 (No.1)　　　　　年　組　名前

資料1　埼玉県の人口の変化（10月1日、単位は万人）

年	1955	1965	1975	1985	1995	2005
人口	226	301	482	586	675	705
5年前差						

資料2　草加市と小川町の人口の変化（10月1日）

年	1955	1965	1975	1985	1995	2005
草加市の人口	32,536	80,707	167,177	194,205	217,930	236,268
5年前差						
小川町の人口	25,483	24,769	25,641	29,232	37,822	35,401
5年前差						

資料3　土地利用面積の変化（%）

埼玉県

年／項目	田	畑	宅地	山林	雑種地	その他
1975年	15.8	20.1	11.8	22.0	1.9	27.7
2003年	11.5	14.5	17.5	19.8	6.5	29.0

草加市

年／項目	田	畑	宅地	山林	雑種地	その他
1975年	27.1	10.0	33.9	0.2	4.6	24.1
2003年	4.4	6.8	51.4	0.1	8.7	28.6

小川町

年／項目	田	畑	宅地	山林	雑種地	その他
1975年	7.3	9.7	6.6	35.2	2.5	37.2
2003年	5.9	8.7	9.1	34.9	5.7	35.2

埼玉県の変化 (No.2)　　　　年　組　名前

資料1　埼玉県の人口の変化、2000年と2005年の比較

市町村名	人口 総数	人口密度 (人／km²)	2000～05年の増減 (▲は減少) 人口	率(%)
さいたま市	1 176 269	5 408	42 969	3.8
川　越　市	333 765	3 058	2 999	0.9
熊　谷　市	191 109	1 395	▲1 418	▲0.7
川　口　市	479 986	8 609	19 959	4.3
行　田　市	84 720	1 376	▲1 588	▲1.8
秩　父　市	70 556	122	▲3 319	▲4.5
所　沢　市	336 081	4 668	5 981	1.8
飯　能　市	84 860	439	▲1 026	▲1.2
加　須　市	67 662	1 139	▲783	▲1.1
本　庄　市	60 803	1 656	▲658	▲1.1
東松山市	91 300	1 398	▲1 629	▲1.8
春日部市	238 499	3 615	▲2 316	▲1.0
狭　山　市	158 096	3 224	▲3 364	▲2.1
羽　生　市	56 708	969	▲791	▲1.4
鴻　巣　市	119 588	1 772	▲683	▲0.6
深　谷　市	103 510	1 492	▲24	▲0.0
上　尾　市	220 223	4 835	7 276	3.4
草　加　市	236 268	8 617	11 250	5.0
越　谷　市	315 782	5 236	7 366	2.4
蕨　　　市	69 995	13 725	▲1 068	▲1.5
戸　田　市	116 645	6 420	8 606	8.0
入　間　市	148 576	3 321	667	0.5
鳩ヶ谷市	58 350	9 381	3 832	7.0
朝　霞　市	124 298	6 763	4 586	3.8
志　木　市	67 438	7 444	2 362	3.6
和　光　市	76 676	6 945	6 506	9.3
新　座　市	153 305	6 724	3 794	2.5
桶　川　市	73 675	2 917	▲292	▲0.4
久　喜　市	72 525	2 861	▲129	▲0.2
北　本　市	70 110	3 534	586	0.8
八　潮　市	75 477	4 186	523	0.7
富士見市	104 752	5 317	1 505	1.5
三　郷　市	128 261	4 246	▲2 786	▲2.1
蓮　田　市	63 473	2 328	▲913	▲1.4
坂　戸　市	98 957	2 415	1 576	1.6
幸　手　市	53 987	1 590	▲2 426	▲4.3
鶴ヶ島市	69 788	3 936	2 150	3.2
日　高　市	53 620	1 129	▲138	▲0.3
吉　川　市	60 282	1 907	3 609	6.4
ふじみ野市	101 962	6 950	1 844	1.8
伊　奈　町	36 532	2 468	4 316	13.4
三　芳　町	37 071	2 423	1 319	3.7
毛呂山町	39 123	1 150	▲588	▲1.5
越　生　町	13 358	330	▲360	▲2.6
滑　川　町	15 432	519	2 596	20.2
嵐　山　町	19 481	653	▲335	▲1.7
小　川　町	35 394	586	▲1 907	▲5.1
都幾川村	7 768	188	▲526	▲6.3
玉　川　村	5 494	382	▲178	▲3.1
川　島　町	22 911	549	▲411	▲1.8
吉　見　町	22 219	575	▲27	▲0.1
鳩　山　町	15 986	622	▲1 022	▲6.0
横　瀬　町	9 686	196	▲96	▲1.0
皆　野　町	11 518	181	▲681	▲5.6
長　瀞　町	8 355	275	▲205	▲2.4
小鹿野町	14 480	85	▲581	▲3.9
東秩父村	3 795	102	▲324	▲7.9
美　里　町	11 962	357	▲145	▲1.2
児　玉　町	21 149	399	▲60	▲0.3
神　川　町	13 812	596	▲11	▲0.1
神　泉　村	1 243	51	▲131	▲9.5
上　里　町	30 854	1 056	728	2.4
江　南　町	13 567	594	▲352	▲2.5
岡　部　町	18 307	599	▲187	▲1.0
川　本　町	11 992	551	106	0.9
花　園　町	12 638	799	▲10	▲0.1
寄　居　町	37 059	578	▲665	▲1.8
騎　西　町	20 009	700	▲373	▲1.8
南河原村	4 095	704	▲127	▲3.0
北川辺町	13 306	634	▲477	▲3.5
大利根町	14 526	594	▲641	▲4.2
宮　代　町	34 618	2 170	▲575	▲1.6
白　岡　町	48 394	1 945	1 395	3.0
菖　蒲　町	21 419	783	▲991	▲4.4
栗　橋　町	26 670	1 690	1 491	5.9
鷲　宮　町	34 063	2 451	14	0.0
杉　戸　町	46 645	1 555	▲691	▲1.5
松　伏　町	30 821	1 900	1 800	6.2

(No.3)

作業1　人口増減率の多い方から10位までの市町村を赤くぬろう。

作業2　人口増減率の少ない方から10位までの市町村を青くぬろう。

作業3　人口密度の高い方から10位までの市町村に黒い斜線の模様をつけよう。

5　埼玉県の特徴

埼玉県を探る／第5時

●この授業のねらい
①埼玉県の地域的特徴を捉える。
②都道府県の地域的特徴を知るための基本的知識と方法を知る。

　本小単元は、地域の変化や地域的特徴の把握を丁寧に行ってきた。地域における人々の営みも、その自治体の把握と自治体スケールの地域の中での人々の営みの意義を丁寧に把握してきた。都道府県の特徴も地域内の変化と他地域との比較によって行うが、変化の部分を前時にある程度とるようにした。ここで丁寧に地域を把握し、その方法を身につける。特に、変化の部分は前時におこなっているので、この部分は簡単に行う。

●本時で用いる資料
・埼玉県の掛図　・プリント

●本時の展開

展開1　どうやって調べるのか
・「今日は埼玉県の特徴を整理します。この授業はどの都道府県でも行いますので、その方法をしっかり身につけてください。」
・「埼玉県の特徴はどうしたら見えてくると思いますか。例えば、あなたの特徴はどうしたらわかりますか。考えてみてください。」
・「比べてみるのが一番だと思います。まずは、全国平均と比べてみます。それから、これから各都道府県を勉強しますので、前に勉強したと都道府県とも比べてみるといいと思います。」
・「では、何を比べたらいいでしょうか。色々考えられますね。」（人口、面積、産業）
・「比べる場合に、多いか少ないか、広いか狭いかは、単に数字だけを比べてもあまり意味がありません。比較するには、同じ基準にしなければなりません。どうしたらいいでしょうか。」
・「そこで、ここでは、比べる単位を次のようにしました。まず、人口に関しては1平方キロあたりの人口、つまり人口密度をつかいます。あと、その都道府県に山が多いのか平野が多いのかを簡単にみる方法として、可住地面積割合というものを使います。これは、全体の面積に対して、森林面積と河川、湖の面積を加えたものの割合です。」
・「その上で、産業ですが、農産物や工業製品だけで表すのは難しくなっています。農業と工業の占める割合がかなり下がっているからです。」
・「統計で、産業別の生産額と産業別の働く人はわかります。わかりやすいのは、働く人の数だと思いますので、産業別に働くことの割合を比べてみることにします。」
・「次に変化ですが、これも単純に増えた減ったではよくわかりません。全体が増えていれば、いくら増えたといっても単純に増えたと言いにくいからです。それで、ここでは全国に対する割合の変化で増えた減ったをみていきたいと思います。人口と県民所得、それに農業産出額と工業出荷額を使います。ここで、農業と工業を用いるのは、産業としてわかりやすいし、農業と工業の変化が他の産業に与える影響が大きいからです。」

展開2　全国と比べた埼玉県
・「プリントを配ります。プリントの下の方にある資料1をみてください。そこに人口密度と可住地割合を書き込んでください。今から言いますから、書いてください。人口密度は2005年現在1,174人、可住地割合は、62.1%です。全国平均と比べてどうですか。」
　（人はたくさんいて、平野も広い。）

- 「そうですね。平野も広く、住める所もたくさんありますが、人もたくさんいるのが埼玉県ですね。」
- 「次に、産業別人口をみてみます。作業１に産業が書いてありますが、どんな仕事かわかりますか。」
- 「その下の表に説明がありますので、みてください。ちなみに、農業や漁業、林業のような自然を収穫する産業を第一次産業、製造業や建設業のような資源をつくりかえてものをつくる産業を第二次産業、製品は作らず富を生み出す産業を第三次産業といいます。」
- 「表の空欄に埼玉県の数値を書き込んでください。」

※この作業には、以下に示す３通りの方法がある。
①巻末の統計表を利用して、子どもたち自身に計算させて表に記入する。
②巻末の統計表で、計算済みの表を利用して数値を記入させる。
③巻末の統計表から、数値を読み上げ書き取らせる。

　今までの実践の中で、たとえ電卓を使用しても、数値を計算して書き込むと相当時間がかかる。時間短縮の工夫は必要である。しかし、基本的にあえてそうしたのは、自分で計算して書き込むことを通して、その数値の意味が認識でき、計算－読み取り－書き込み、を経ることにより、数値の意味がわかり、書き込みながら分析が進むからである。現在ではさまざまな表計算機能により、瞬時に数値を得ることは可能であるが、その数値を読み取り、分析するのに時間がかかる。それ故、あえて①の方法をお勧めする。また、分析を経験されていない方は、一度行われることをお勧めする。

- 「では、記入した数値をみていきます。まず、埼玉の数値が全国をかなり上回っているものをあげてください。といってもどのくらいの数がかなりの数値になるのかということになりますので、おおむね１前後ということでやってみてください。ただし、小さい数値のものはやや加減してください。」（製造業、情報通信、運輸業、金融保険業）
- 「反対に全国をかなり下回っているものをあげてください。」（農業、医療福祉業）
- 「製造業はぎりぎりですから、それを除いて考えると、どんな共通点がありますか。」
- 「第三次産業でともに生産活動に関わる産業に関わる方が多く、第三次産業で生活に関わる産業に関わる方が少ないということになりますね。まあ、農業が低いのは、大都市圏の特徴といえます。製造業がやや高いのは、埼玉県が都心より少し離れているためです。医療福祉業が少ないのは、埼玉県が東京に通勤する人が多く、東京の産業の特徴を表していると思われます。運輸業は東京近辺にある県の特徴で広い倉庫を必要とする産業が発達したといえます。反対に、生活関連の産業がやや低くなっているのは、東京へのに通勤者が多いのと、新しい町が多く、町づくりや生活関連の産業の整備が遅れていたり、東京に依存するためといえます。」

|展開3| 変化をみる

- 「次に資料２に表から数値を調べて記入してください。」
※表は巻末の統計表を利用、時間によっては、数値の読み上げでもよい。
- 「結果を見ていきます。のびているのは何ですか。」（人口、県民所得）
- 「反対に減っているのは」（農業、工業）
- 「県民所得というのは、働いている人の賃金と会社のもうけの合計額です。だから、人口が増えると、県民所得も増えます。人口の伸びよりも低いので、会社の活動はやや不活発ですね。農業の落ち込みは予想通りですが、工業はの表をみると1995年まではのびていますので、工場の移転があったのですが、宅地が増えて、埼玉県からも工場が出て行く時代になったということです。表をみると群馬県や栃木県それに福島県あたりの工業はのびています。」
- 「そういうことで、埼玉県は東京の影響を受けての人口増加が埼玉県の特徴をつくっていると思います。ここで、次のプリントを配りますので、資料１をみて、関東各県の人口変化をみてください。」
- 「人口増加が一番多い期間をチェックしてください。」
- 「1955年と1965年の間は」（東京都）
- 「1965年と1975年の間は」（神奈川県、埼玉県、千葉県、群馬県）
- 「1975年と1985年の間は」（栃木県、茨城県）
- 「東京から外に向かって人口が増えているのがわかります。」

展開4 埼玉の自然をみる。

・「資料2をみてください。この図は埼玉県の地形区分図です。どの都道府県の学習でも、この地図がでますので、見方を覚えてください。」
・「この図では、地形を山地、丘陵、台地、低地とわけてありますが、その言葉の意味を下の説明からみてください。あと、図に八王子構造線というのがありますが、構造線というのは断層のことです。断層とは、この線を境にして、土地が縦横にずれるその分かれ目です。だから、この線が山地の境になっています。」
・「埼玉県は秩父山地があり、平地は荒川と利根川という大きな川が南北に流れ広い低地があります。利根川と荒川の間が台地になり、荒川と秩父山地の間は徐々に土地が高くなっているのがわかります。台地や丘陵が多いので、埼玉県では畑が作りやすく、その畑でとれた作物が東京や県南部の都市で売れるので、野菜作りが盛んになったといえます。農業がそれほど落ち込んでいないのはそのためです。」
・「まとめとしては、埼玉県は平地が多く、農業が盛んな県でした。そこに東京の拡大によって人口が増え、工場も増えました。都市が広がり、ゴルフ場などのレジャー施設がたくさんできました。働く人の多くは東京に通勤しているので、県内の生活関連の産業の整備が遅れました。」

埼玉県の特徴 (No.1)　　　　　年　　組　名前

作業1　埼玉県の産業の特徴を調べてみよう。

産業別就業者数の割合を全国合計と比べる。
計算方法　各産業就業者数÷総数×100（％）

産業	農業	建設業	製造業	情報通信	運輸業	卸売小売業
埼玉						
全国	4.6	10.1	19.0	2.5	5.0	18.6
産業	金融保険業	不動産業	飲食宿泊業	医療福祉業	教育学習業	サービス業
埼玉						
全国	2.8	1.3	5.5	6.8	4.2	12.8

産業分類表

産業分類	説明と企業の例　（　）内は企業
農　業	農業、農園、牧場、（小岩井農牧）
建設業	総合工事、設備工業（鹿島建設、パナホーム）
製造業	工業、（新日本製鐵、トヨタ自動車）
情報通信業	新聞、出版、放送、通信（NTTドコモ、日テレ、ホリプロ、ヤフー）
運輸業	鉄道、バス、貨物運送、倉庫業（小田急、成田空港、クロネコ、ＪＲ）
卸小売業	問屋、総合商社、デパート、スーパー、コンビニ、商店、
金融保険業	銀行、クレジットカード業、生命保険、（VISA、ニッセイ、みずほ）
不動産業	土地・建物売買、（三菱地所、大京）
飲食宿泊業	飲食店、ホテル（スカイラーク、マクドナルド）
医療福祉業	病院、保育所、老人介護施設
教育学習業	学校、公民館、図書館、学習塾、
サービス業	広告業、レンタルリース、美容、理容、警備、修理業、等分類不能

資料Ⅰ 人口・面積を比べる。

人口密度（人）

埼玉県	
全 国	343

可住地割合（％）

埼玉県	
全 国	31.1

資料2 昔と今を比べよう

	1985年	2004年
人口の対全国比		
県民所得の対全国比		
農業産出額の対全国比		
工業出荷額対全国比		

※全国比　埼玉県÷全国×100　単位は％

埼玉県の特徴（No.2）　　　　年　組　名前

資料1　埼玉県とその周辺の都県の人口変化の比較　（単位は万人）

都県＼年	1955	1965	1975	1985	1995	2005
埼玉県	226	301	482	586	675	705
東京都	803	1086	1167	1182	1177	1257
神奈川県	291	443	638	743	824	879
千葉県	220	270	414	514	579	605
群馬県	161	160	175	192	200	202
栃木県	154	152	169	186	198	201
茨城県	206	205	234	272	295	297

資料2　埼玉県の地形（青野寿郎、尾留川正平編『日本地誌6』二宮書店）

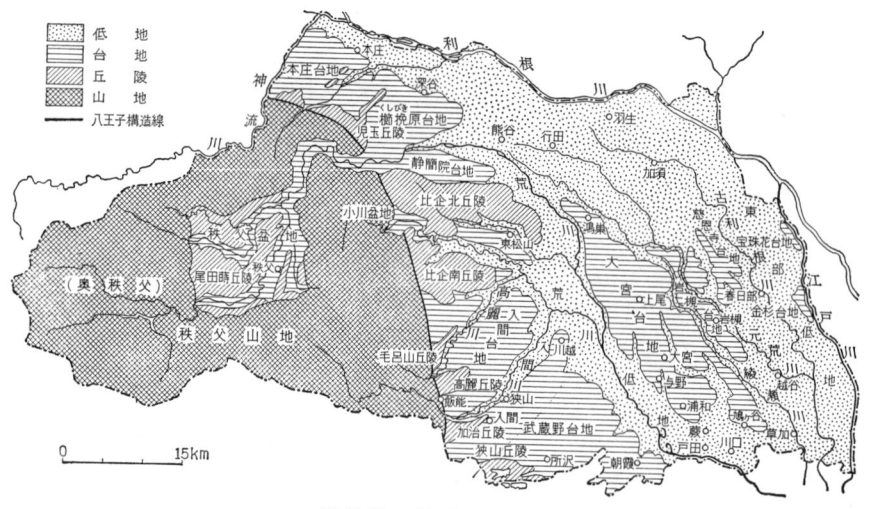

埼玉県の地形区分（村本達郎原図）

※地形の分類について（米倉伸之他編『日本の地形Ⅰ』東京大学出版会）
・低地は河川や海面からの高さが小さく、河川や海岸沿いに分布する低平な地形。
・台地は河川や海面より高く、崖や急斜面により取り囲まれた階段状の高まりで、上面は平坦。
・（丘陵）海抜高度が数百メートル以下で、主として斜面からなる地形を丘陵という。
・（山地）ある程度のひろがりをもち、複数の山々から構成されている地表面を山地という。
・（山脈）細長く網状にのびる場合、大規模な山地には山脈を用いる

東京を探る

循環型社会に向けた都市住民の取り組みから

　東京都を環境問題の視点から見ていくとさまざまな問題に行きあたる。その問題を取り上げ追求していくことはよく行われている。しかし、それは仕組みの追求に向かいがちである。東京という巨大な大都市の仕組みの中で考えていくと、中々住民の姿が出てこない。また、住民運動は数あるが、告発型、問題対処型が多く、循環型社会との関わりで考えると、不勉強のせいかこれというものに行き着かない。

　そうした状況にあって、本書のテーマに近いと考えられるのが、多摩地区の主婦たちによって始められた、有機野菜の産直のはしりで、「安全な食べ物をつくって食べる会」の取り組みである。この会は、①安全な食品を求める人たちが自主的に立ち上げ、②千葉県三芳村山名地区の農民が呼応してつくった有機野菜を、③消費者と生産者が流通をになう形で産直を行い、④当初100名ほどで始めた取り組みが1,000世帯を超える規模で東京・神奈川を中心に南関東各地に拡大した。ということを1970年代半ばより実践してきたという点で、大都市の中でも、循環型社会を住民と生産者が主体的に担い地域をつくる可能性を示している実践である。この会の取り組みを追いながら、東京の課題に迫っていきたい。

　東京は、狭い都心部に極端に機能が集中するという世界的にみてもきわめて珍しい都市である。中心機能の分散ができないのは、日本的特徴による東京一極集中のためであり、そのための極度の過密化により、住民の生活の中での循環型社会への移行は困難を極める。過密化を鍵にしながら、生活から東京の問題に迫りたい。

　授業は次のように構成した。
第1時　本物の野菜が食べたい
第2時　三多摩地区の変化とつくって食べる会
第3時　なぜ東京に集まるのか
第4時　東京都の特徴

1　本物の野菜が食べたい　　　　　　　　東京を探る／第1時

●この授業のねらい
①安全な食品をつくって食べる会と三芳村安全食料生産グループとの提携の仕組みを知る。
②大都市の消費者と農村の生産者の提携の意義を考える。

　本時は、提携が生産者と消費者の双方向のやりとりの中から生まれたことと、双方向の関係で成り立っていることの理解を中心に展開する。一面的には都市の消費者のわがまま（うがった見方をすれば「都会の奥さんたちのわがまま」）といわれそうであるが、そうでないことをおさえたい。また、この提携が始まった1970年代は、宅配便もなく、有機野菜も知られず、今と違い「消費は美徳」の時代で、その中で食の安全を見直そうとした人たちがいたという時代背景を踏まえる必要がある。また、展開の中に、討論と予想クイズを入れたが、身近な地域の学習は教材が近くにあるということと教材の新鮮さで授業は維持できるが、他地域の学習はある程度ゲーム性のある展開や、内容を深める討論を取り入れ、授業に変化を持たせて、授業への興味を引きつける工夫が必要である。

●本時で用いる資料
・関東地方の掛図　・プリント　・三芳村山名地区の写真（HPより）　・受け渡し場所の拡大図

●本時の展開

|展開1|　大都市のくらしを考える
・「今日から東京都の勉強をします。東京というと何を思い浮かべますか。」
・「色々出てきますね。東京都は人口1,200万人を超す日本で最大の都市で、日本の首都ですね。皆さんの知っている東京も色々ありますね。これから勉強するのは東京という大都市で人々が自分の生活をよくするためにどんなことをしているのかということです。」
・「それでは、プリントを配りますので、資料1をみてください。」
・「資料にある田無市や武蔵野市や三鷹市、それに千葉県の三芳村はどこにあるでしょうか。地図帳を見て調べてください。ただし、田無市と三芳村は今は合併していますが地名は黒丸で示してあります。」
・「ここに写真がありますが、三芳村とはこんな所です。東京の主婦は何をしにこんなに離れているところに行ったんでしょうか。」（安全な食べ物がほしい）
・「今から40年以上前のことですので、そのころがどんな時代だったのかがわからないと、その理由はよくわかりません。そこで、資料2を読んでください。それで想像してみてください。」
・「公害が問題になり、食べ物の安全も心配だったんですね。まして、大都市東京では、近くに畑もないし、自分で野菜を作れる人はそんなにいませんでした。なぜ三芳村になったかと言うことは資料3をみてください。」

|展開2|　提携を討論する
・「この話を聞いた農民はどう思ったでしょうか。資料4をみてください。」
・「今では無農薬野菜というのはよく見かけますが、そのころはみんな夢物語だと思っていたんですね。この前勉強した小川町の金子さんが農業を始めて数年目という頃ですから。」
・「それで、この話の結末はどうなったのでしょうか。まあ、うまくいっていなければ、ここでは資料にしませんから、何とかなったのだと思いますが、どうやったら、農家の人はつくってくれたのでしょうか。」
・「難しいですね。では三択をします。①スーパーの二倍の値段で買うといった。②値段は農家が決めることにした。③一部の野菜をスーパーで高く売ってもらうように話をした。さて、どれでしょうか。

自分でこれだと思うところに手を挙げてください。」
・「結構分かれましたね。それでは今から突然ですが、自分がそうだと思う意見についてその理由を説明してください。みんなで考えて、話し合って納得できる結論を探したいと思います。」
・「ではすこし考える時間をあげますから自分の考えを整理してください。」
・「では自分の意見を言ってください。それで、そのことの意見がおかしいと思ったら質問したり文句を言ってください。」

※一人の意見にケチをつける形で話を進める。教師は意見が出るようにあおる。「いえなきゃ負けかな」「ここでつっこめよ」など。なおこの討論は、意見が言える子どもは限られてくる。ならば、全員参加の授業にならないという意見があるかもしれないが、この形の授業は意見が言えない生徒もよく話を聞いている。途中で、何度かそれぞれどの意見を支持するか挙手させることもあり、決して一部の授業になることはない。ただし、今の子どもたちなので、相手に対する過剰な攻撃は抑制していく必要がある。

・「結論は難しいですね。では、次のプリントを配りますので、資料1をみて確かめてください。」
・「生産者が納得できる値段で引き取ることにしたんです。それから、今と違って宅配便はありませんから、生産者が届けるようにしました。それから不作の場合は生産者の収入を保証するためにお金を積み立てました。食パン一山が50円くらいの時代ですから、1万円というのは結構大きい額です。」
・「それで生産者の側もグループを作り資料2のような決まりを作りました。村の全員が参加したのではなく、できる人で始めたんです。」
・「ある農民は後で参加した理由を資料3で述べています。この文を読んでどう思いますか。」

[展開3] 提携の意義を考える

・「こうして始まった取り組みですが、一番多かったときは何人くらいの参加者がいたと思いますか。予想してみてください。」
※子どもからでた数字をどんどん黒板に書いていく。「ピタリがあります。」「近い数字があります。」などと雰囲気をつくる。
・「では、これと思う所に手をあげてください。一番近いところを正解とします。」
※たくさんの意見が出た場合は、一回目の挙手で絞り込んでみる。
・「では、ただしい答えは次に配るプリントにありますから、見て確かめてください。」
・「正解は1,370名でした。一番近い意見は○○でした。ここに手を挙げた人は立ってください。みんなで拍手しましょう。その後参加者が減っているのは、次の時間に考えます。」
・「どのあたりで行われているのかは地図を見てください。いくつかの固まりがありますが、消費者のつながりで広がっていったことがわかります。大都市の中で、人々が食べることで手を取り合い、自分たちの食卓を豊かにしていったんですね。」
・「会の方で、消費者と農民両方にアンケートを採りました。その結果が資料4と5にあります。その結果を見てどう思いますか。」
・「消費者と農民がお互いに信頼しあっていることがわかります。消費者と農民は深い関係をつくり、消費者は援農と言って三芳村に手伝いに行く。そのために、三芳村にみんなの家という宿泊所をつくりました。生産方法についても質問や意見を言います。農民はそれに率直に答え、できることできないことを言いながら、一緒に考えていきます。農民たちが三芳村で始めたゴルフ場反対運動を始めると協力しました。」
・「なんか消費者が農民に一方的につくらせているように見えますが、お互いの理解の上で進んでいることがわかり、農家が減る中で、こうしていけば農家もしっかり続けていけることを証明しています。」

●参考文献
安全な食べ物をつくって食べる会編『都市と村を結ぶ三芳野菜』ボランテ　2005年
天野慶之他『有機農業の辞典』三省堂　1985年

本物の野菜が食べたい （No.1）　　　年　組　名前

資料1　主婦たち、三芳村に押しかける（安全な食べ物をつくって食べる会『村と都市とを結ぶ三芳野菜』ボランテ）
　1973年10月のことである。房総半島南端にある千葉県安房郡三芳村山名地区にに東京の主婦たちが訪れた。安全な野菜や卵を生産してもらいたいと、話し合いにやってきたのである。彼女たちの多くが田無市、武蔵野市、三鷹市などの三多摩地区の小中学生や幼稚園児を持つ30代の女性たちで、ＰＴＡ活動で知り合い、一年前から北海道直送の牛乳の共同購入を始めていたグループであった。

資料2　「食べるものがない」（安全な食べ物をつくって食べる会『村と都市とを結ぶ三芳野菜』ボランテ）
　当時は「公害列島ニッポン」の現状がつぎつぎと暴き出されており、化学物質の健康への影響の恐ろしさを実感させられる出来事が相ついだ。殺虫剤のホリドール（有機リン剤）、ＢＨＣ（有機塩素剤）、殺菌剤として田んぼに大量にまかれていたセレサン石灰（有機水銀剤）の使用制限に報道に農薬の恐ろしさを知らされて、残留農薬の心配が高まった。そればかりか、ゆでめん、パン、豆腐、カマボコ、ハム・ソーセージなどごくありふれた食品には防腐剤、酸化防止剤、漂白剤、着色料など食品添加物がいっぱいで、発ガン性の物質も含まれているという研究も発表された。鶏肉は狭いゲージで人工的に育てられている薬づけのブロイラー。配合飼料で多頭飼育されている豚や牛の奇病がテレビで映し出された。海の魚も人工的に養殖されており、ハマチなどには抗生物質が多投されていた。日本近海の魚介類は国の基準を超えるＰＣＢ（ポリ塩化ビフェニール）に汚染されていると水産庁が発表した。
　少しでも安全そうな市販品を選んで買いながら「食べるものがない」という気持ちが大きくなっていくばかりの時代であった。せめて、子どもたちに安全なものを食べさせたい。そんな思いを持つ母親たちが、この運動を組織した。

資料3　和田博之さんの話（安全な食べ物をつくって食べる会『村と都市とを結ぶ三芳野菜』ボランテ）
　1973年のことですが、叔父の和田金次から電話がありまして、千葉県農村青年養成所時代に講師としてこられた知人が、東京で牛乳の共同購入のリーダーをしている。その人が、安心して勧められる農産物を探している。君の夏みかん（無農薬栽培）なら、私もよく知っているのでやってみないかというのです。

資料4　農民の反応（安全な食べ物をつくって食べる会『村と都市とを結ぶ三芳野菜』ボランテ）
　いくら話しても、なかなかわかってもらえない。「農薬や肥料なしで作物が育つと思うかね」「理想論だよ」「本当に虫食いでも買ってくれるんかね」と農民から返ってくるのは、反発ばかりである。

（No.2）

資料1　私の自慢の提携（三芳村から）　（天野慶之他『有機農業の辞典』三省堂）
　それから半年間、東京都三芳村を交互に往復し、1974年2月正式に発足した。生産者側は「三芳村安全食料生産グループ」と称し18名の生産者で、東京側は111名の消費者であった。発足に当たってつくられた「趣意書」には次のように書かれている。
　①生産上の損失を消費者も負うべく保証金を1万円拠出する。
　②生産物の価格は生産者が決定する。
　③生産された生産物は全量取引制とする。
　④生産物は生産者が配達する。
　10名以上を荷受けの単位としてポストをつくった。

資料2　三芳村安全食料生産グループの会の定款
一、この会は、農薬を使用しないで、有機物を元として野菜・果樹を生産向上させ、無公害養鶏による卵を生産し、消費者に直売し、農業経営を福利増進させるのを目的とする。（『村と都市とを結ぶ三芳野菜』）

資料3　参加した農民の声（鈴木昇46歳）
　このまわりの農家は、どこも面積は狭い。私のような専業農家は、大規模化する一方の現代農業では、結局は兼業しなければならないところに追いつめられているのが現状です。私は百姓が好きだし子どもにも専業農家として跡を継がせたい。ところが私たちの規模の農家は、専業では生き残れなくなってしまった。そんな時に話があって、これならひょっとすると、専業のまま生きられるのではないか、そんな気持ちで始めたのです。（安全な食べ物をつくって食べる会『村と都市とを結ぶ三芳野菜』ボランテ）

資料4　三芳村山名地区

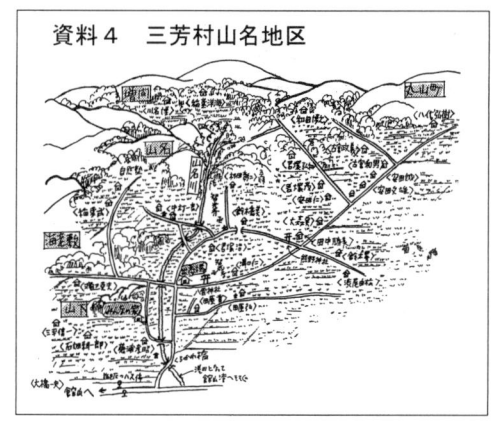

（『村と都市とを結ぶ三芳野菜』）

(No.3)

資料1　1985年頃の参加者数
　現在、生産者は34名となり、消費者は1,370名ほどになる。（天野慶之他『有機農業の辞典』三省堂）

資料2　最近の参加者数
　1995年、会員数　1,072人
　2003年、会員数　　847人
　　　　生産者　　　29名
（安全な食べ物をつくって食べる会『村と都市とを結ぶ三芳野菜』ボランテ）

資料3　荷受け場所の所在地
（食べる会ＨＰより作成）

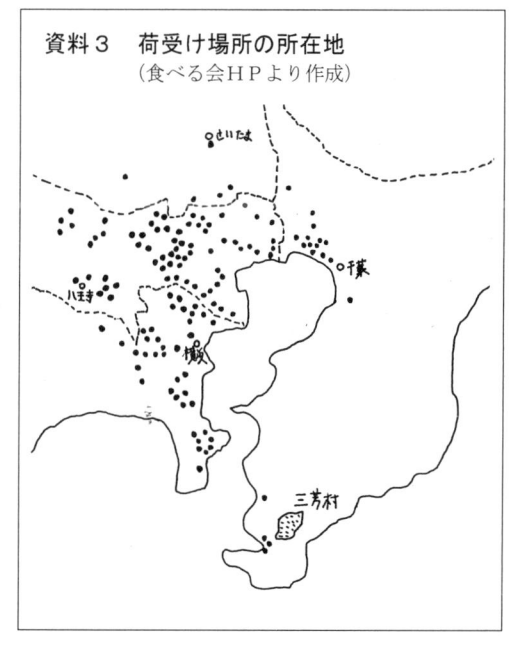

資料4「入会してよかったこと」（会員アンケートより）
・安全性に信頼をおける食べ物を手に入れられる。　　　　　　　　　　　　　　　　　　　96%
・野菜を充分摂る食生活ができ、家族の健康に役立っている。　　　　　　　　　　　　　　77%
・食・農・環境について深く考えるようになった。　59%
・生産の現場を知り、農への理解が深まった。　　　42%
・日々の暮らし方、考え方を見直すようになった。　41%
・会員との交友関係ができた。　　　　　　　　　　41%
・生産者と交流できること。　　　　　　　　　　　39%
　　　（安全な食べ物をつくって食べる会『村と都市とを結ぶ三芳野菜』ボランテ）

資料5　「生産グループに入ってよかったこと」（生産グループアンケートより）
・生産者と消費者の交流があり理解し合える。　　　　　　22人
・消費者の理解が得られ、手応えとやりがいがある。　　　20人
・安全な農業と食生活で家族の健康が維持できる。　　　　20人
・グループでやるので、張り合いがあり仲間意識がもてる。18人
・有機農業の生産者として誇りが持てる。　　　　　　　　17人
・環境やくらしを見直し、人としての生き方を学んだ。　　17人
・安定した収入が得られるようになった。　　　　　　　　15人
　　　（安全な食べ物をつくって食べる会『村と都市とを結ぶ三芳野菜』ボランテ）

2　三多摩地区の変化とつくって食べる会　　東京を探る／第2時

●この授業のねらい
①つくって食べる会の現状から三多摩・東京の現状を考える。
②東京に起こる新しい産業を知る。

　ここは、少し難しい展開となる。会の現状は、新しいライフスタイルにあわなかったり、専業主婦が減少し共働き家庭が多くなったり、宅急便などの流通手段の発展もあり、衰退気味である。しかし、便利さと裏腹に、失うものもあり、この点を押さえておきたい。また、後段付け足し的に、アニメーション産業を取り上げ東京一極集中の学習につないでいきたい。

●本時で用いる資料
・三多摩地域の拡大図（白地図を拡大コピー）　・プリント　・アニメのキャラクター（東映アニメの作品なら「銀河鉄道999」「ドラゴンボール」「ワンピース」など）

●本時の展開

展開1　三多摩地域の変化
・「消費者と農民の提携が生まれた背景を考えるため、その当時の地域の様子を見てみます。」
・「資料1には最初に三芳村を訪ねた東京の消費者の皆さんが生活していた三鷹市、保谷市、武蔵野市の人口の変化を表にしました。ただし、保谷市は合併して西東京市になっています。」
・「その三市は人口増加が激しいのはいつ頃ですか。」（1965年、1960年）
・「1960年から65年ごろに人口増加のピークがあり1970年までは人口増が激しいですね。1960年からの10年間で人口はほぼ倍になっていますね。だからこの運動を始めた人たちの多くは、新しく移り住んだ人たちだろうと思います。」
・「最近人口が増えているのは、前に勉強した都心部の人口増加の影響ですね。どんな年代の人口が増えているのか見るために、年齢別の人口を比べてみました。ただし、10年間の比較ができないのであまり正確ではありませんが、5年前の一つ下の年代と比べてみますと、人口増加が激しい年代はどこですか。」（20歳代）
・「若い人が増えていることがわかります。」

展開2　つくって食べる会の変化
・「つくって食べる会の年齢はどうなっていますか。資料3を見てください。多いのはどの年代ですか。」（50歳代、60歳代）
・「50歳以上の人はかなり前からこの会に参加していた人たちですかね。40歳以下の人たちは少ないです。ということは、新しく会員になる人は少ないと言うことです。それが会員数減少の理由ですね。」
・「若い人は増えているのに、なぜ会員は増えなかったのでしょうか。この会のやり方で大変なのは何でしょうか。考えてみてください。」
・「いくつか理由が挙がりましたが、皆さんはどう考えますか。これと思うところに手を挙げてください。」
・「ではプリントを配りますので、資料1で確かめてください。」
・「年齢が上がってきたので、家族の数が減り大変になってきたことが多いようです。つくって食べる会が自分たちで野菜を分ける方法をとっていますが、このことの負担も多いようです。若い人は働いている人も多く、活動できないですね。後、宅急便で野菜の産地直送ができるようになり、有機野菜の産地直送もできます。若い人はといっても皆さんのお母さんの世代ですが、人同士の関わりで野菜を手に入れなくても、安全な野菜が手にはいるようになりました。皆さんはどう思いますか。」
・「でも、会の方もがんばっていて、このやり方の良さがわかる人たちもいます。資料2を見てください。決してだめになっているわけではありません。大切なのは人と人のつながりであり、それがうまくいっていない人が多く、大都市では大きな問題になっています。」

展開3 三多摩に展開する新しい産業

・「武蔵野市を見てわかるように20代の人が増えています。その人たちについて考えてみます。資料3を見てください。ある産業の会社の数の地域別割合です。東京が圧倒的に多く、杉並、練馬、新宿、多摩地域つまり東京の西部郊外で全体の約75％を占めています。さて、この会社は何をする会社でしょうか。自分の考えをいってみてください。」
・「では、これと思う所に手をあげてください。」
・「正解はこれをつくっている会社です。資料を配りますので見てください。」
※アニメの絵を示す。
・「皆さんの知っているプロダクションもたくさんありますね。しかも、アニメ業界は新しい働き方ができるんです。資料2と3を見てください。」
・「要するに自宅とかその近くに小さい事務所を構えて仕事をすることができると言うことです。若い人がこのような選択をすることが多いです。三鷹市や武蔵野市の若い人の増加と関係しているんですね。」
・「東京に、それも西部一帯にたくさんの産業が集中するようになりました。このように東京に集中する産業はかなりあります。次の時間はそれを見ていきます。」

●参考文献
安全な食べ物をつくって食べる会編『村と都市を結ぶ三芳野菜』ボランテ 2005年
東京都『東京都市白書2002』2002年

三多摩地区の変化とつくって食べる会（No.1） 組　名前

資料1 三鷹市、保谷市（合併により西東京市）、武蔵野市の人口変化（各市HPより）

都市	三鷹市		西東京市		武蔵野市	
年＼項目	人口	増減数	人口	増減数	人口	増減数
1955	67,308		42,777		94,948	
1960	92,090	24,782	78,094	35,313	120,337	25,389
1965	125,200	33,110	120,416	42,325	133,516	13,179
1970	149,113	23,919	144,660	24,244	136,959	3,443
1975	158,354	9,241	158,979	14,319	139,508	2,549
1980	160,058	1,704	158,235	－744	136,910	－2,598
1985	161,409	1,351	162,899	4,644	138,783	1,873
1990	161,814	405	170,290	7,391	139,077	294
1995	160,535	－1,279	175,073	4,783	135,051	－4,026
2000	163,809	3,274	180,885	5,812	135,746	695
2005	170,327	6,518	189,735	8,850	137,525	1,779

資料2 武蔵野市の年齢別人口の変化（武蔵野市HPより）

年齢層＼年	2000年	2006年
0～9	9,537	9,450
10～19	11,386	10,200
20～29	25,561	22,877
30～39	21,637	23,678
40～49	16,548	17,629

年齢層＼年	2000年	2006年
50～59	17,543	17,058
60～69	13,526	13,067
70～79	9,784	11,263
80～89	4,313	5,353
90～	830	1,132

資料3 安全な食べ物をつくって食べる会の変化（安全な食べ物をつくって食べる会『村と都市とを結ぶ三芳野菜』ボランテ）

　2004年の会員数は10年前に比べておよそ3分の2になった。会員構成は70代が7％、60代が40％、50代が42％を占め、40代は10％以下で、会員の高齢化が顕著である。

三多摩地区の変化とつくって食べる会 (No.2)　　組　名前

資料1　安全な食べ物をつくって食べる会の大変さ（安全な食べ物をつくって食べる会『村と都市とを結ぶ三芳野菜』ボランテ）

　アンケート調査によれば、会員が困っていることは、「量が多くて食べきれない。」44％、「会の運営・活動が大変」29％、「急に休めない」23％、「荷受け・仕分けが大変」19％、「金額が負担」16％となっている。こうした事情は退会の理由とも重なりあっている。退会理由はかつては「転居のため」が最も多かったが、近年は「量が多くて食べきれない。」がトップになった。他には「病気」「仕事」「親の介護や家庭の事情」「荷受け・仕分けの負担」「高齢のためポストまで取りに行けなくなった」などである。

資料2　新しい会員（安全な食べ物をつくって食べる会『村と都市とを結ぶ三芳野菜』ボランテ）

　会は2000年以降「会員を増やし未来につなげていこう」を最優先課題に掲げ、会員拡大のキャンペーンに取り組んできた。こうした努力もあって、微量ながら入会者は増加している。ブロックの料理講習会がきっかけで、若い母親たちのポストが生まれた。ポストの二世会員は「若い世代は食に関心を持っています。アトピーの子どもがいて、食べ物に気を遣っている人や生協に参加している人など、食べ物の本当の味に敏感です。そんな人たちに呼びかけて、今度私自身の家で荷受けする新しいポストをつくりたいです。」と語っている。

　生産グループは、消費者会員に対して「量についてのアンケート調査」を行い、一箱の単位量の引き下げなど、会員の要望をくんだ量の調整を行っている。

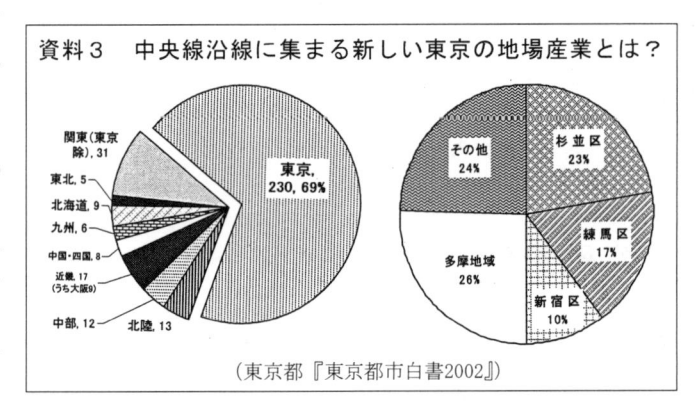

資料3　中央線沿線に集まる新しい東京の地場産業とは？

（左円グラフ）東京、230、69％／関東（東京除）、31／東北、5／北海道、9／九州、6／中国・四国、8／近畿、17（うち大阪9）／中部、12／北陸、13

（右円グラフ）杉並区 23％／練馬区 17％／新宿区 10％／多摩地域 26％／その他 24％

（東京都『東京都市白書2002』）

(No.3)

資料1　東京に集積するアニメーション産業（東京都「東京都市白書2002」より）

　東京都はアニメーション産業を東京の地場産業と位置づけ、支援・育成に乗り出している。制作会社の約7割が東京に立地している。全国2位の大阪が9社であることから、東京の集積は圧倒的といえる。

　都内における分布をみると杉並区、練馬区、新宿区で半数を占めている。また、多摩地域の立地もかなりみられる。もともとこれらの区にはアニメ創世記を支えた大手プロダクションが存在していた。たとえば、東映アニメーション（練馬区）手塚プロダクション（新宿区）などが立地し、これが核になって多くのアニメーション制作会社が同じ地域に集積している。これにウォルトディズニーの進出（杉並区）が加わり、いっそう集積が進んだ。多摩地域では竜の子プロダクション（国分寺市）スタジオジブリ（小金井市）、ジブリ美術館（三鷹市）が立地している。

資料2　新しい勤務形態としてのSOHO（スモールオフィス、ホームオフィス）（東京都『東京都市白書2002』）

　SOHOが注目されている。情報化による高い通信機能をを活かして、オフィス賃料の低い郊外に立地して、充実した生活環境とビジネスの両立を進める。都の調査では①映画・ビデオ制作業、②情報サービス業、③出版印刷業、④広告業、⑤専門サービス業、をSOHOの対象にしている。

資料3　職住接近とアニメーション産業（東京都『東京都市白書2002』）

　杉並区、練馬区、三鷹市の地域については、人口は増加傾向を示している。アニメーションの制作現場の産業動向にあわせて、良好な居住環境を整備し、職住接近を進めていくことで、創造性を発揮してよりよい作品を生み出すアニメーション産業の集積を、居住地としての魅力向上につなげていく。

3　なぜ東京に集まるのか

東京を探る／第3時

●この授業のねらい
①東京一極集中の状況を知る。
②東京一極集中の仕組みがわかる。
③東京の再開発計画がわかる。

　本時は東京一極集中の仕組みを明らかにすることを中心に展開する。そのため、展開2を中心に行い、展開1や3は軽く扱う。また、話し合いや討論の時間は余りもうけず、内容の把握に努める。

●本時で用いる資料
・東京都心部の地図（白地図の拡大コピー）

●本時の展開

展開1　東京を概観する

・「この前見たように東京にいろいろなものが集中しています。そのことを今日は勉強します。まずは東京の地理を概観してみます。」
・「東京は昔なんと言いましたか。」（江戸）
・「江戸の町をつくったのは」（徳川家康）
・「江戸幕府を開いた徳川家康が豊臣秀吉によって関東地方に移されて江戸に城を造り、町づくりをはじめました。」
・「ちょっと地図帳で東京都心部の地図を見てください。江戸城は今は皇居となっていますが、場所を探してください。」
・「銀座と浅草を捜してください。」
・「江戸城の南の銀座から浅草のあたりが当時の江戸の町でした。大正になっても、渋谷村や新宿村でした。」
・「資料1を見てください。東京は台地と低地にまたがってできました。台地を山の手、低地で川が流れているあたりを下町といいます。」
・「資料1の地図で、東京駅、上野、池袋、新宿、渋谷をチェックしてください。」
・「これらの駅を通って一回りしている線が山手線です。」
・「資料2を見てください。東京の私鉄の路線が書いてあります。新宿と渋谷と池袋をもう一回チェックしてください。」
・「この三つの駅は私鉄の起点になってるのがわかりますか。」
・「東京駅周辺を都心、新宿や渋谷や池袋を副都心といいます。」
・「東京は23ある区とそれ以外の市町村から成り立っています。今まで見てきた三多摩地域は23区の外になりますね。あと大島や三宅島、それに小笠原諸島も東京都です。」

展開2　東京都心部への集中状況を見る

・「東京への集中状況を示した表を資料3に示しています。東京の人口が1,200万人程度ですから人口に占める割合は10％程度です。表の中でわかりにくい言葉は手形交換高ですが、まあお金の取引額だと思ってください。」
・「表の中で50％を超えているものをあげてください。」（手形交換額、大企業の本社、銀行貸出高、外国会社数、外国銀行従業者数）
・「大きく数値が伸びているのは何ですか。」（手形交換額、外国銀行従業者数、情報サービス、広告業従事者数）

・「特に集中しているのはお金の取引の部分と外国の会社ですね。それに関係して、日本の大会社の本社も集まってきています。日本の経済の中心ですね。」
・「これだけの仕事をするにはそれだけの場所が必要ですね。ここに東京23区の地図がありますが、さてどのあたりに仕事場所は集まっていると思いますか。」
・「では三択をやります。①都庁のある新宿区、②東京駅のある千代田区、③お台場のある港区、これだと思うところに手を挙げてください。少しみんなと相談してから聞きます。」
・「では手を挙げてください。」
・「仕事場所を示す資料は、ビルの数では表せませんので、その延べ床面積で表します。プリントを配りますので資料1を見て確かめてください。資料1は多い順になっていませんから気をつけてください。」

・「正解は港区でした。正解の人に拍手。」
・「港区と千代田区で競っていますね。多い順に6位までを挙げてください。」（港区、千代田区、中央区、新宿区、渋谷区、品川区、）
※黒板に貼った23区の地図に以上の6区をマグネットで示す。千代田、港、中央の三区と他の区は色を別にする。
・「この様子を見て、気づいたことをいってください。」（都心に集中）
・「千代田、港、中央の三つの区を都心3区と呼び、新宿、渋谷を加えた地域を都心5区と呼びます。都心3区にかなり集まっていますね。」
・「大企業の本社の区別の数を資料2示しますが、資料1と同じく都心3区に集中していることがわかります。それを地図にしたのが資料3です。」
・「都心3区といいますが、区別というよりは一つに固まっていますね。東京の特徴はこの狭い地域に色々なものが集まっているということです。テレビ局だってみんなこのあたりです。」
・「ではなぜこんな狭いところに集中するのでしょうか。予想してみてください。」
・「自分の考えるところに手を挙げてください。」
・「では会社へのアンケート結果を次のプリントの資料1に載せていますので、見てください。」
・「メリットの方の上位三つをいってください。」（情報収集に便利、国との接触に便利、取引に有利）
・「要するに仕事がしやすいのですが、日本の特殊事象があります。日本の場合、取引をするには直接あって話し合うことから始まりますので、情報収集や取引に便利ということになります。これがアメリカやヨーロッパでは書類で確認するので、直接あう必要があまりありません。その上、日本は政府の力が強く、仕事をするにも政府との連絡が必要です。そうすると、仕事をするには都心に居た方が仕事がしやすくなります。だから、狭い都心にたくさんの仕事場が集中します。」
・「こうなると、何をするにも東京中心になりますので、いろいろなものが東京に集まります。このことを東京一極集中といいます。」
・「資料2を見てください。この図は飛行機に乗る人のがいくところで一番多いところを示していますが、大阪の役割が下がっていることがよくわかります。」

|展開3| 世界の大都市と比べた東京
・「資料3は昼間仕事などで居る人と夜居る人の比較です。」
※昼間人口＝（流入人口数－流出人口数）＋夜間人口
　夜間人口はその地域の居住者
・「東京は世界の他の大都市と比べて中心の人が集まっていることがわかります。」
・「そして、資料4にあるように都心に仕事場が増えるとともに、都心に近くから通っている人が減っています。」
・「東京の都心の異常さは専門家が言っています。次のプリントの資料1を見てください。」。
・「これではいけないと言うことで都心の役割を広げて、いろいろな中心をつくろうとしています。それが資料2でこれは東京都の計画ですが、臨海副都心や横浜のみなとみらい21や幕張新都心やさいたま新都心をつくり分散できるものは分散していこうという計画です。それでも、政府が強い権限を持って

いる限り難しいですね。」
・「まとめとして、東京都心には狭いところに、あらゆるものが集中しています。これは世界の大都市と比べても異常で、そうなったのは、顔を合わせて仕事をする日本の習慣がそうさせています。」

●参考文献
豊田薫『東京の地理再発見』地歴社 1994年
松原宏『東京一極集中・その2』地理40巻8号 1995年
藤田直晴編『東京：巨大空間の諸相』大明堂 2000年
中藤康俊編『現代の地理学』大明堂 1990年
阿部和俊他『変貌する日本の姿』古今書院 2004年
東京都『東京構想2000』2000年
柴田徳衛『世界の大都市から見た東京』地理教育12号 1983年

なぜ東京に集まるのか（No.1）　　年　組　名前

資料1　山の手と下町

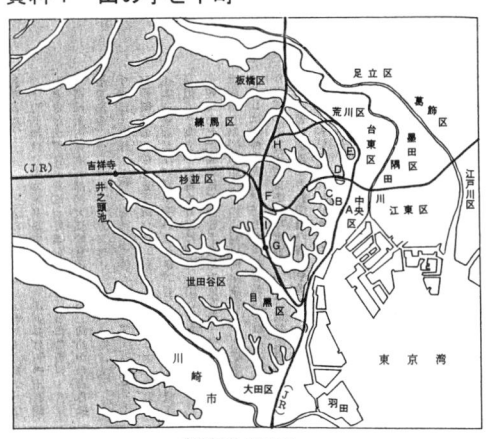

資料2　東京の鉄道網

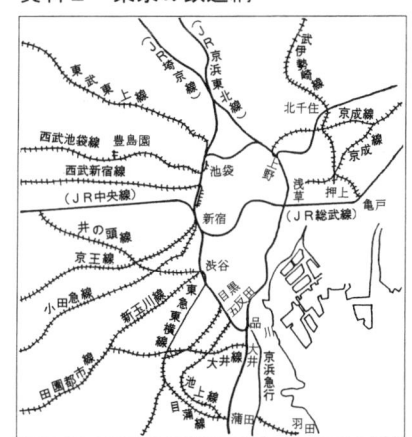

（資料1、2とも豊田薫『東京の地理再発見』地歴社）

A＝東京駅、B＝丸の内、C＝皇居、D＝御茶ノ水駅、E＝上野公園
F＝新宿駅、G＝渋谷駅、H＝池袋駅、I＝原宿駅、J＝田園調布

資料3　東京圏への集中状況　（単位は％）（松原宏「東京一極集中・その2」地理40巻8号）

項目＼年	1970	1990
工業出荷額	29.7	24.8
大学生数	50.6	42.6
手形交換高	53.2	84.5
大企業の本社数	59.5	58.2
銀行貸出高	47.6	53.3

項目＼年	1969	1991
研究機関従事者数	47.4	41.6
外国会社数	58.1	60.6
外国銀行従業者数	66.9	91.7
情報サービス・広告業従事者数	27.8	35.2
卸売販売額	38.9	41.2

なぜ東京に集まるのか (No.2)　　年　組　名前

資料1　東京都区部の事務所、店舗の床面積（2006年、単位は万㎡）（東京都HPより）

区	面積	区	面積	区	面積
千代田区	1,600	品川区	532	北区	104
中央区	1,372	目黒区	154	荒川区	58
港区	1,775	大田区	356	板橋区	143
新宿区	888	世田谷区	210	練馬区	128
文京区	246	渋谷区	694	足立区	147
台東区	311	中野区	108	葛飾区	87
墨田区	170	杉並区	129	江戸川区	167
江東区	466	豊島区	374		

資料2　東京区部の大企業（資本金50億円以上）の数（2004年）（東京都HPより）

区	数（％）	区	数（％）	区	数（％）
千代田区	235 (21.2)	品川区	63 (5.7)	北区	6 (0.5)
中央区	207 (18.7)	目黒区	18 (1.6)	荒川区	3 (0.3)
港区	240 (21.7)	大田区	18 (1.6)	板橋区	6 (0.5)
新宿区	87 (7.9)	世田谷区	5 (0.4)	練馬区	5 (0.4)
文京区	16 (1.4)	渋谷区	72 (6.5)	足立区	2 (0.2)
台東区	11 (1.0)	中野区	6 (0.5)	葛飾区	2 (0.2)
墨田区	11 (1.0)	杉並区	6 (0.5)	江戸川区	1 (0.1)
江東区	31 (2.8)	豊島区	19 (1.7)		

資料3　東京区部の大企業の本社の分布（藤田直晴編『東京：巨大空間の諸相』）

図3-7　区分における上場企業分布（1999年）
注）・印は上場企業の本社1社を示す。

(No.3)

資料1　本社や事務所を東京に置くメリット（中藤康俊編『現代の地理学』）

国土庁（当時）が行った、都心の企業に対するアンケート調査より（単位は％）

①他社や業界の情報収集に便利である。(58.7)　②国などの行政機関との接触に便利である。(48.7)
③仕入れ、販売などの取引に便利である。(41.7)　④国際取引に便利である。(24.3)
⑤企業イメージを高める。(21.3)　⑥優れた人材を得やすい。(19.6)
⑦金融取引が有利である。(17.8)　⑧技術情報が入手しやすい(17.0)

資料2　航空旅客の動きからみた東京の位置（阿部和俊他編「変貌する日本の姿」より）
　　　　航空旅客の多さの東京と大阪の比較（多い方を線で結ぶ）

1970年

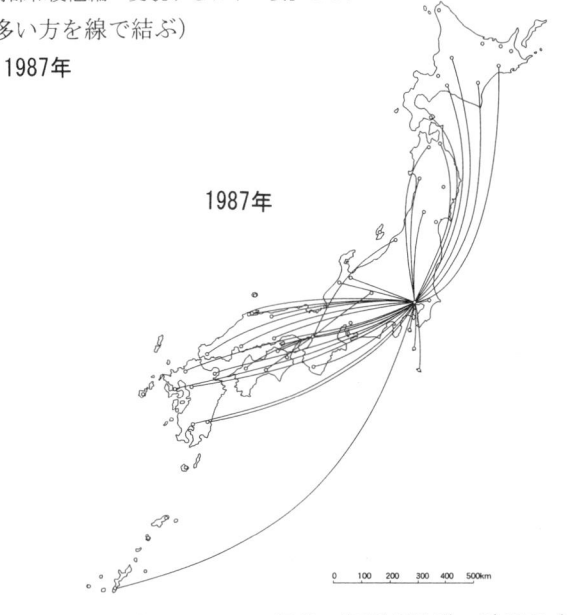

1987年

資料3　職住比（昼間人口と夜間人口の比）の比較（東京都「東京構想」2000より）
・昼間人口（通勤通学でその地域にいる人口数）
・夜間人口（常住人口）

都市名及び区域名（区域面積）	職住比
東京　都心10区　　　　　　　(163km²)	2.36
ニューヨーク　マンハッタン区　(61km²)	1.41
ロンドン　中心6区　　　　　　(104km²)	1.38
パリ市　　　　　　　　　　　　(105km²)	0.76

資料4　都心3区への通勤・通学が片道1時間以内の人の割合（東京都「東京構想」2000より）

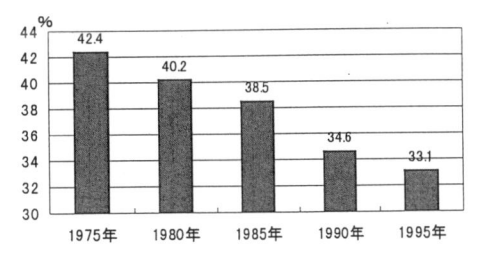

1975年　42.4%
1980年　40.2%
1985年　38.5%
1990年　34.6%
1995年　33.1%

(No.4)

資料1　東京を世界と比べると（柴田徳衛「世界の大都市からみた東京」地理教育12号より1981年の講演）

　通勤時間を聞くと、ロンドンでだいたい20分から25分。ニューヨークで聞くと30分。北京で聞くと15分。それが東京では1時間以内というと大変幸運な方ですね。これをロンドンで話したら、東京の人はみんな鉄道愛好会に属しているんですか、となる。
　東京の地下鉄はほとんど例外なく、日比谷と銀座、ま、申せば、東銀座と日本橋、大手町に全部集まってきている。それを距離でみると1キロちょっと。1.5平方キロぐらいのところに全部の地下鉄が集まってきている。これを外国で比べてみると、ロンドンではだいたい15平方キロのところに機能が集まってきている。バッキンガム宮殿とシティ・オブ・ロンドンという二つの機能があってそれが対抗している。パリの場合は一本の線の上に機能が広がっている。モスクワの場合も同様です。ニューヨークの場合は、基本的に霞ヶ関に当たる機能はワシントンと離れています。

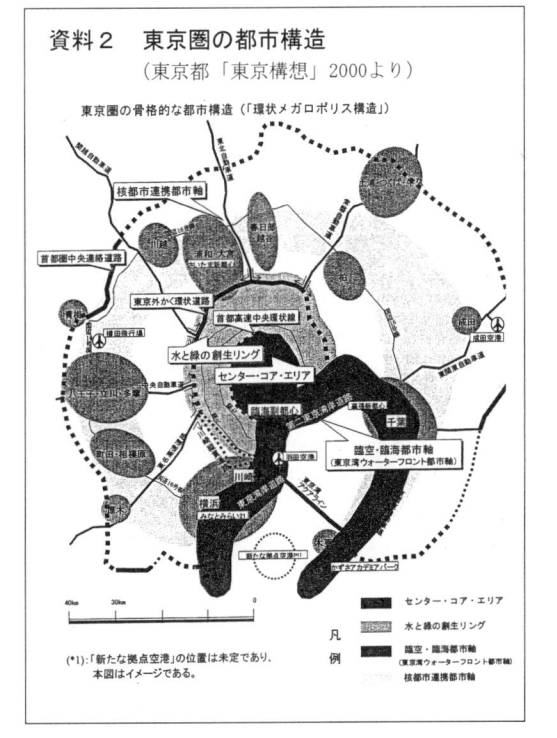

資料2　東京圏の都市構造（東京都「東京構想」2000より）

東京圏の骨格的な都市構造（「環状メガロポリス構造」）

(*1):「新たな拠点空港」の位置は未定であり、本図はイメージである。

凡例
■ センター・コア・エリア
▨ 水と緑の創生リング
■ 臨空・臨海都市軸（東京湾ウォーターフロント都市軸）
■ 核都市連携都市軸

4　東京都の特徴

東京を探る／第4時

●この授業のねらい
①東京の特徴を把握する。
②日本の大都市を把握する。

　埼玉県の学習にひき続きこの学習を設定する。統計資料の見方がある程度わかっているので、ややゆとりを持ってすすめ、日本の大都市を把握する作業を行う。また、前時の残りがある場合は、その補充に当てることも考えられる。

●本時で用いる資料
・日本全図の掛図　・プリント

●本時の展開

|展開1|　全国から見た東京都の特徴を捉える
・「今日は全国から見た東京の特徴を見ていきます。この前埼玉県でやったのと同じ資料を使いますので、思い出して読んでいってください。」
・「まず資料1に人口密度と可居住地割合を記入します。人口密度は5751人で、可居住地割合は62.8%です。」
・「書けましたか。人口密度は日本で最高ですね。平地も多いですね。」
・「次に、産業別人口をみてみます。資料を見て数値を書き込んでください。」
・「では、記入した数値をみていきます。まず、東京の数値が全国をかなり上回っているものをあげてください。」（情報通信業、不動産業、飲食宿泊業、医療福祉業、サービス業）
・「反対に全国をかなり下回っているものをあげてください。」（農業、建設業、製造業）
・「全国を上回っているものと、下回っているものを見て、何か気がつくことはありませんか。」（第三次産業が高く、第一次、第二次産業が少ない）
・「そうですね。東京はものを生産する産業があまり多くはありませんね。」
・「とくに高いのは何でしょうか。」（情報通信業、不動産業、サービス業）
・「東京は、ものをつくると言うより、さまざまな日本の中心地ということで、世の中を動かす産業や、人々が集まることよって必要になるいろいろな仕事をする人がたくさんいるといえますね。」

|展開2|　東京都の変化を全国から見る。
・「今度は、作業2で今と昔を比べてみましょう。資料から調べて数字を記入してください。」
・「数値が上がっているのは。」（人口、県民所得）
・「下がっているのは」（工業出荷額）
・「県民所得の変化は、どの県もわずかですから、この数値の上がり方は相当大きいです。この間下げている県の数字を吸い取っているように見えます。人、物、金が東京に集まっているといえます。」
・「反対に工業は相当衰えています。東京の工業の内訳を資料3にしめしていますので、全国と比べてみてください。」（印刷業と情報通信機械がたかい）
・「そうですね。東京の工業はあまり大きなスペースを必要としないものと、情報の中心と言うことで印刷物も多く、印刷業が多くなっています。」

|展開3|　東京都の自然
・「次のプリントを配ります。資料1の東京の自然を見てください。西に山地、東に低地で、徐々に低くなっています。西の低地を流れている川はいろいろな名前が付いていますが、荒川です。東は多摩川が流れています。」
・「広い台地がありますがこの名前は。」（武蔵野台地）

- 「この台地には、富士山や箱根火山の火山灰がつもっています。」
- 「このほか、東京都は伊豆諸島や小笠原諸島という火山の島々も含まれています。」
- 「東京のまとめとしては、東京は日本の首都で日本の中心地です。その中心を担う役割をする政府や大会社の本社、テレビ局や新聞社などはせまい東京都心部に集中していて、これは世界の大都市の中では異常なことです。そのため、東京で働く人は遠くから通勤している人が多くなっています。最近都心部に新しいマンションが建ち始め、東京の人口は増えていますが、それは、ごく一部のことで大多数の人は遠くから時間を掛けて通勤しています。郊外では新しい町ができていますが、その人たちが結びつく機会が少なく、安全な食品をつくて食べる会のような活動がもっと必要になっています。」

展開4 日本の大都市を見る

- 「最後に、日本の大都市を資料2に示しましたので、地図で調べてその位置を書き込んでください。」
- 「全体を眺めて、大都市はどんなところに集まっていますか。」
- 「東京から神戸にかけての太平洋側ですね。このあたりを大都市の集まりという意味で日本のメガロポリスといったり、また、北九州や福岡までつなげて太平洋ベルト地帯といったりします。」
- 「東京、名古屋、大阪は三大都市圏といい、福岡、広島、仙台、札幌はそれぞれの地方の中心なので、地方中枢都市と言います。」

●参考文献

青野寿郎他編『日本地誌7』二宮書店　1967年

東京都の特徴 (No.1)　　　年　組　名前＿＿＿＿＿

作業1　東京都の産業の特徴を調べてみよう。

産業別就業者数の割合を全国合計と比べる。
計算方法　各産業就業者数÷総数×100（％）

産業	農業	建設業	製造業	情報通信	運輸業	卸売小売業
東京						
全国	4.6	10.1	19.0	2.5	5.0	18.6
産業	金融保険業	不動産業	飲食宿泊業	医療福祉業	教育学習業	サービス業
東京						
全国	2.8	1.3	5.5	6.8	4.2	12.8

資料1　人口・面積を比べる。

人口密度（人）

東京都	
全　国	343

可住地割合（％）

東京都	
全　国	31.1

資料2　昔と今を比べよう

	1985年	2004年
人口の対全国比		
県民所得の対全国比		
農業産出額の対全国比		
工業出荷額対全国比		

※全国比　東京都÷全国×100　単位は％

資料3　東京の工業出荷額割合の全国との比較（2004年、単位は％）（「データでみる県勢」より作成）

	印　刷	輸送用機械	情報通信機械	電子部品	一般機械器具	電気機械器具
東　京	15.7	12.4	10.2	8.3	7.8	7.4
全　国	2.5	17.7	4.5	6.5	10.2	6.4

東京都の特徴（No.2）　　　　　　年　　組　　名前

資料1　東京の地形（青野寿郎、尾留川正平編『日本地誌1』）

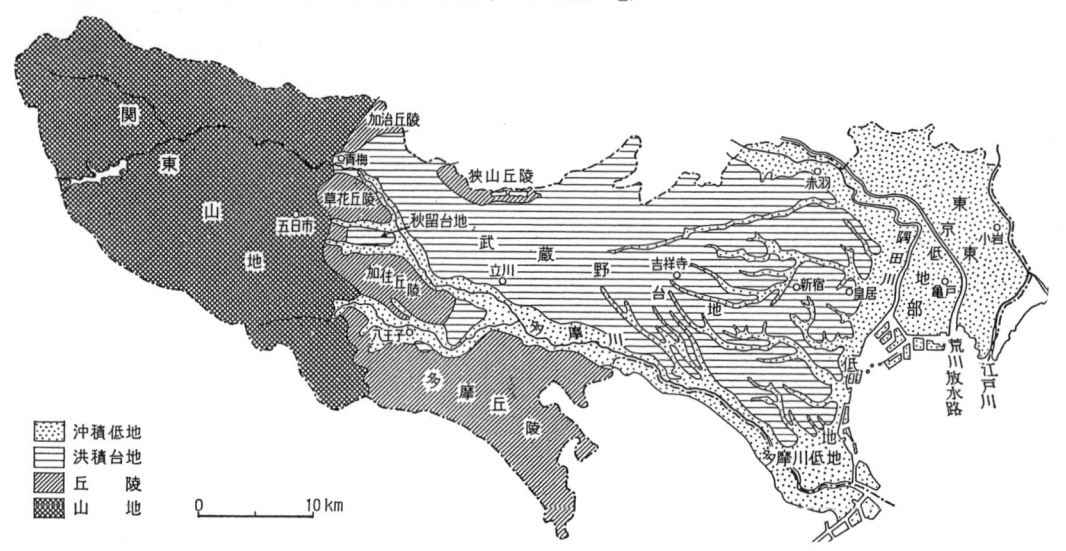

凡例：
- 沖積低地
- 洪積台地
- 丘　陵
- 山　地

0　　10km

資料2　人口70万以上
　　　の都市の人口
（単位は万人）

都　市	人　口
札　幌	186
仙　台	99
さいたま	117
千　葉	90
東京区部	827
川　崎	129
横　浜	354
静　岡	71
名古屋	214
京　都	139
大　阪	250
神　戸	149
広　島	114
北九州	98
福　岡	135

作業1　70万人以上の大都市の位置を書き込もう。

滋賀県を探る

琵琶湖の浄化に取り組む人々

　滋賀県は地形的に琵琶湖を中心に成り立っている県であり、滋賀県のほぼ全体が、琵琶湖の集水域となっている。また、阪神大都市圏の周辺に位置し、人口増加が続き、工業出荷額のシェアも伸び続けている。そのよう地域の変化の中で、琵琶湖の汚染が進み、琵琶湖対策が住民と自治体の大きな課題となってきた。その中で、琵琶湖浄化の住民運動が活発になり、石けん運動は滋賀県にリンを含む合成洗剤の使用を禁止する条例の制定をみるという住民運動として輝かしい成果をあげた。この運動は継続され、ここで取り上げる菜の花プロジェクトへとつながる。滋賀県はこうした住民運動が根付いた地域であり、草の根型の嘉田知事誕生の背景にもなっていると思われる。

　菜の花プロジェクトは、①住民主体の運動であり、②琵琶湖浄化のためにさまざまな試行錯誤を繰り返してきた末に行き着いた一つの到達点であり、③運動は行政を巻き込み、④菜の花プロジェクトネットワークという全国組織を生み出したという広がりがある。また、近年注目されている代替（新）エネルギーの草分けであり、休耕田で菜種を栽培しようという提案である。今はやりの新エネルギーの一環であるが、バイオエタノールの大規模生産のような、トウモロコシ価格を高騰させて畜産農家を苦しめる利潤第一の経済活動とは異なり、資源の地域内循環をめざす取り組みである。この運動の原点である琵琶湖の汚染が滋賀県の人口増加と工業化、琵琶湖のリゾート開発や生活様式の変化にあり、大都市圏周辺に起きる問題としても捉えることができ、滋賀県の地域を見る上でも大きな視点を与えてくれる。

　以上のような理由から、菜の花プロジェクトの運動を通して滋賀県を見ることにした。授業の構成では、滋賀県の理解がないと琵琶湖の石けん運動がわからないので、ここでは、滋賀県の特徴を学ぶ部分を授業の前半に必要に応じて持ってきて、後半に菜の花プロジェクトを取り上げることにした。

　授業は以下のように構成した。
　第1時　琵琶湖が危ない
　第2時　滋賀県と琵琶湖の変化
　第3時　琵琶湖を守る
　第4時　菜の花プロジェクト

1　琵琶湖が危ない

滋賀県を探る／第1時

●この授業のねらい
①琵琶湖の特性と汚染の状況を知る。
②石けん運動とその主体について知る。
③琵琶湖周辺の生活文化を知る。
　滋賀県の授業は長い住民運動の歴史をたどりながら行う。最初は1970年代に取り組まれた「石けん運動」であり、そのためには、琵琶湖の自然をある程度理解する必要がある。かつてはこの学習で2時間程度とっていたが、今回は「菜の花プロジェクト」の前座であり、状況把握に努める展開とする。時間的にどうしても不足した場合は、プリント3の資料3を次時にまわし、次時の資料提示を短縮する（データの読み上げ）などの対応策が考えられる。

●本時で用いる教材
・近畿地方の掛図
・粉石けん（廃食油にこだわらなければどの店でも購入できる。）
・廃食油（家庭で確保）

●本時の展開

展開1　琵琶湖に関心を持つ。
・「日本一広い湖を知っていますか。」（琵琶湖）
・「今日からその琵琶湖についてみていきます。まずは琵琶湖についての○×クイズをします。問題を読みますから、これだと思うところに○をつけてください。それでは読みます。」
・「答えを言います。1－○、2－×、3－○、4－○です。全部できた人はいますか。全部できた人に拍手。」
・「琵琶湖は最初は三重県の方にありましたが少しずつ場所を変えて今の形になりました。そのため琵琶湖にしかいない魚は11種類もいます。琵琶湖の鮎は全国の川に放されていますし、琵琶湖の水は1300万人の人たちが飲み水として飲んでいます。」
・「今度は、琵琶湖の自然を見てみたいと思います。資料1の琵琶湖の地形を見てください。琵琶湖は周りが山地で盆地になっています。湖の西側は山地がせまっていますが、東側は平野が広がっています。滋賀県のほとんどの川は琵琶湖に流れ込み、一番南の瀬田川から流れ出します。野洲川の河口の一つをたどると琵琶湖が細くなっていますが、ここに琵琶湖大橋がかかっていて、ここから南側を南湖、北側を北湖といいます。」
・「地図を見ると琵琶湖の東半分を取り囲むように東海道線と北陸本線が走っていますが、一番北の近江塩津から一番南の大津まで電車で行くとどのくらいかかると思いますか。予想してみてください。」
・「色々出ましたね。では、自分でこれだと思うところに手を挙げてください。」
・「答えは最新の時刻表によりますと、近江塩津を朝5時28分発の電車は大津に7時29分につきますので、2時間1分となります。一番近い人が正解です。その人に拍手。」
・「ちなみに大津駅から一つ先の山科まで行き、そのまま湖西線に乗り換え近江塩津に戻ることができますが、その場合は8時56分につきます。琵琶湖一周は3時間28分かかります。広いですね。」
※ここを丁寧にやると相当時間をとるので、クイズで素早くやることが肝心。琵琶湖の広さを実感させればいいので、半周、一周に要する時間を、近くの所を例にして、どこまで行けるかやってみるといい。

展開2　琵琶湖の汚染を見る。
・「その琵琶湖ですが、大変なことが起きています。資料2を見てください。どんなことが起きていますか。」（水道水が臭い。富栄養化。ルンペンスが増えた。）

- 「そうです。プランクトンの名前はどうでもいいですが、水が汚れて、微生物がたくさん増えて、水道の水が臭くなったのです。その原因は何ですか。」（合成洗剤）
- 「正確には合成洗剤に含まれるリンが問題だということです。そこで、琵琶湖の周りに住む人たちはどう思ったのでしょうか。」（自分たちが琵琶湖を汚している。）

※ここは、子どもたちから出てこなさそうならば、教師の方で補足して次に進む。

- 「そこで琵琶湖に住む人たちは何をしたでしょうか。三択をやります。①国に法律で合成洗剤を禁止してくれるよう頼んだ。②洗剤メーカーに生産をやめるように頼んだ。③下水道を造り、直接琵琶湖に水が流れないようにするよう県に頼んだ。さてどれでしょうか。班で相談してください。」
- 「では、自分でこれだと思うところに手を挙げてください。」
- 「答えは、次のプリントの資料1を見てください。」
- 「正解は②でした。その上で、合成洗剤を使わない運動をするといっていますが、ではどうやって洗濯をするのでしょうか。」
- 「石けんでするのです。石けんは動物や植物の油からできていますので、リンは含んでいませんし、自然の中で完全に分解します。ちなみに、石油からつくられた合成洗剤は中々分解しません。この頃、滋賀県ではこの問題に関心のある主婦を中心に、石けんを使う運動が広がりました。これが、天ぷら油の残りの廃食油で、これが粉石けんです。」
- 「滋賀県もこの動きを無視できず、洗剤メーカーの反対を押し切り、資料2にあるような条例を作りました。こうして、滋賀に住む人たちは県と一緒になって合成洗剤をやめる取り組みをしたのです。ただし、この条例は合成洗剤を禁止するのではなく、合成洗剤にリンを含ませることを禁止したものです。合成洗剤にはリン以外にも危険な物質がたくさんありますが、当時、リン以外の物資については科学的な根拠がなくて合成洗剤を全面的に禁止することはできなかったのです。」
- 「そのころこの問題に関心を持っていた人が、湖南生協で活動していました。藤井さんといいます。これから時々藤井さんの書いた本を使いますので、知っておいてください。その湖南生協に石けんを売り込みにきた人がいます。資料3を見てください。」
- 「石けんは何からつくるといっていますか。」（廃食油）
- 「廃食油とは、要するに天ぷらやフライを揚げた後の油です。この仕組みをどう思いますか。」
- 「油も水を汚します。それを石けんとしてリサイクルすれば、無駄がないですね。滋賀県では、そのころ約7割の人が石けんを使いました。」

展開3 それでも琵琶湖は汚れた

- 「ところが、資料7を見てください。CODとBODは説明がありますが難しいので、数値が高いと汚染が進んだと見てください。どの資料を見ても1979年を境に数値は激減しています。特に、リンの減り方はすごいですね。1979年はリンを禁止する条例ができた年ですから、条例の効果がはっきりしています。」
- 「ところが、1983年を境にCODと窒素は少しずつあがっています。その後、琵琶湖の水質が改善できなかったということになります。これはなぜでしょうか。理由を考えて言ってください。」
- 「いろんな意見がでましたね。では自分の信じる意見に手を挙げてください。」
- 「次のプリントを配ります。資料を見て理由を考えてみます。」
- 「まず資料1を見てください。ここから考えられることは何ですか。」
- 「洗剤と家庭排水を合わせても、半分になりません。他のものにも規制がありますが、特に農業排水は難しいですね。」
- 「次に、資料2に石けんの使用割合の変化が出ていますが、石けんだけを使う家庭が減り、合成洗剤を使う家庭が増えています。それでも、石けんを使う家庭は半分を超えていて、すごいと思います。」
- 「それで、なぜ合成洗剤を使う家庭が増えたのでしょうか。滋賀県の条例違反ではないでしょうか。」
- 「そこにこの条例の落とし穴があります。この条例はリンを含む合成洗剤の使用を禁止したのであって、合成洗剤そのものの使用を禁止したのではありません。それで、洗剤メーカーは、リンを含まない、つまり無リンの洗剤を発売したのです。琵琶湖の汚染のもとはリンだけと思っていた人が多かったので、合成洗剤を使う人が多くなりました。」

- 「それと、資料3をよく見てください。これは今から40年くらい前の水の使い方を示した図です。家庭排水はどこにいっていますか。」
- 「町から集めてきた下肥、つまり人間の糞尿と混ぜてためておきます。そして肥料として畑に行きます。もちろん農家からで下肥も肥料となります。ところが、今はぜんぶ下水として流れていきます。下水道があれば、下水の水はきれいになるといいますが洗剤に含まれる化学物質をすべて除去することはできません。また、下肥の代わりに化学肥料を使います。化学肥料の成分も川に流れ出します。農薬も流れ出します。」
- 「原因は色々ありそうです。もう少し地域の変化を調べる必要がありそうです。」

●参考文献

青野寿郎他編『日本地誌13』二宮書店　1976年
日本地域社会研究所編『日本洗剤公害レポート』現代ジャーナリズム出版会　1982年
兼子仁他編『湖沼水質保全条例』北樹出版　1984年
藤井絢子『菜の花エコ革命』創森社　2004年
山本佳世子『琵琶湖とその集水域における環境保全』地理47巻2号2002年
滋賀大学教育学部附属環境教育湖沼実習センター編『びわ湖から学ぶ』大学教育出版　1999年
嘉田由紀子『自然と生活の距離』科学72巻1号　2002年

琵琶湖が危ない (No.1)　　　年　　組　　名前

琵琶湖の〇×クイズ

1、琵琶湖は、500万年以上前からある。　　　　　　　　　　　（　）
2、琵琶湖には、琵琶湖にしかいない魚はいない。　　　　　　　（　）
3、琵琶湖にいる鮎は、全国各地の川に放されている。　　　　　（　）
4、琵琶湖の水を京都や大阪の人は飲み水として利用している。　（　）

資料1　滋賀県の地形

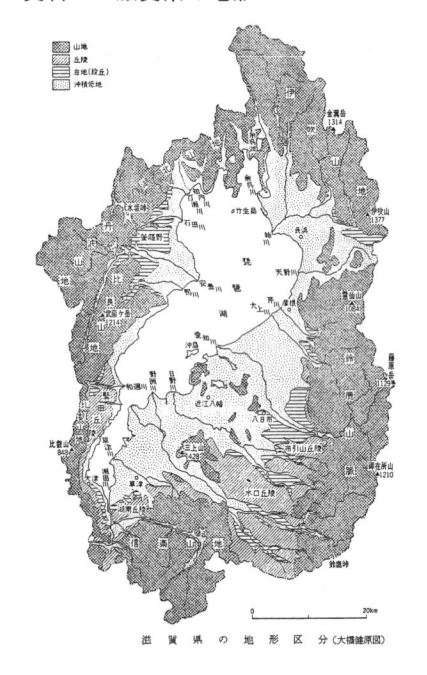

資料2　異臭を放つ近畿の水道水（日本地域社会研究所編「日本洗剤公害レポート」現代ジャーナリズム出版会より）

　1969年夏ごろから琵琶湖の水を水道水の原水としている京都市や大津市で「水道水がかび臭い」と問題になり、京都大学の根来助教授が「かび臭い水の原因は植物性プランクトンケイ藻シネドラ・ルンペンスで、その異常繁殖は琵琶湖の富栄養化によるもので、これを進めているのが家庭排水に含まれている合成洗剤に含まれているリンである。」と発表した。

琵琶湖が危ない（No.2）

年　組　名前

資料1　合成洗剤追放運動

「もうこれ以上、合成洗剤で琵琶湖が汚されるのはたくさんです。合成洗剤にリンを使うことは今すぐやめてください。」1970年秋大津市内に住む消費者代表は洗剤業代表に鋭く詰め寄った。だが、テレビで盛んに宣伝している「新ザブ」「新ニュービーズ」の中身には今よりも多量のリンが配合されていた。「メーカーがそんなに消費者をあまくみているなら、滋賀県で一個も売れなくなるまで合成洗剤使わぬ運動を広めて見せますよ。」と、主婦たちは猛運動を始めた。

（日本地域社会研究所編『日本洗剤公害レポート』現代ジャーナリズム出版会）

資料2　滋賀県琵琶湖の富栄養化の防止に関する条例

第17条　何人も県内においてリンを含む家庭用合成洗剤を使用してはならない。
第18条　県内においてリンを含む家庭用合成洗剤を販売してはならない。（1979年制定）

（兼子仁編『湖沼水質保全条例』北樹出版）

資料3　廃油回収と石けんづくり

湖南生活協同組合に石けんを営業にきた人がいました。その石けんの原料は家庭からでる「廃食油」だというのです。廃食油は下水道などで処理されずそのまま琵琶湖に流れ込むと、環境汚染を引き起こす原因となってしまいます。しかし、これを集めれば、合成洗剤にかえて使用を呼びかけている石けんの材料にできるというのです。合成洗剤に代えて石けんを買って、それを使う、というだけの運動ではなく、ゴミとして捨てていたものから琵琶湖に負荷の少ない粉石けんを作り出し、それをもう一度自分たちで使う。

廃食油回収に協力する家庭は1979年には1万世帯だったのが、数年後には6万世帯間で拡大しました。琵琶湖条例施行後に、市町村が積極的に協力するようになり廃食油回収のポリタンクの配置や広報での呼びかけをやってくれるようになりました。

（藤井絢子編『菜の花エコ革命』創森社）

資料4　琵琶湖の水質の変化　(山本佳世子「琵琶湖とその集水域における環境保全」地理47巻7号)

※COD　化学的酸素要求量、水中の有機物を酸化剤で分解するときに必要な酸素量。
　BOD　生物化学的酸素要求量　水中の有機物を微生物で分解するとき必要な酸素量。

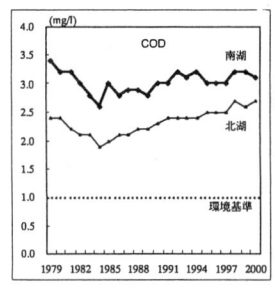

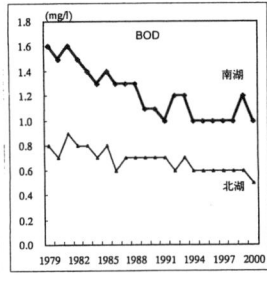

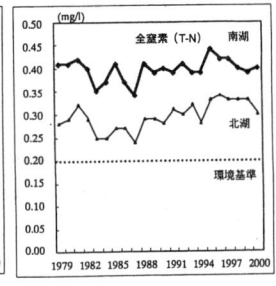

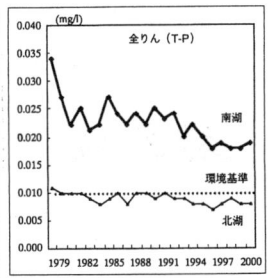

琵琶湖が危ない (No.3)   年　組　名前

資料1　リンはどこから

　1977年琵琶湖全域に赤潮が発生しました。赤潮の原因は琵琶湖の富栄養化とわかりました。県の試算では、琵琶湖に流入するリンは、洗剤が18.2%、家庭排水が29.8%、工場排水が29.3%、農畜産排水13.9%、その他雨水8.8%でした。現在では日本の合成洗剤の無リン化はほぼ100%達成されています。

（滋賀大学環境教育湖沼実習センター『びわ湖から学ぶ』大学教育出版）

資料2　石けんと合成洗剤使用割合の変化（山本佳世子「琵琶湖とその集水域における環境保全」地理47巻7号）

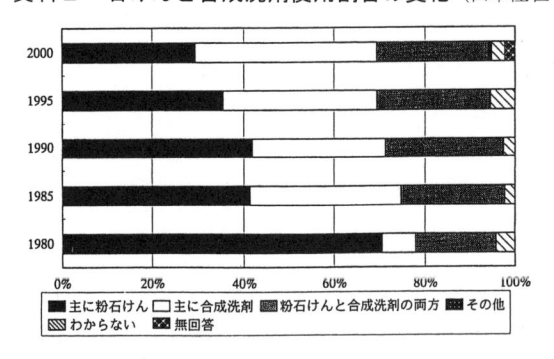

［積み上げ横棒グラフ：2000, 1995, 1990, 1985, 1980　凡例：■主に粉石けん　□主に合成洗剤　■粉石けんと合成洗剤の両方　■その他　▨わからない　▩無回答］

資料3　使い回し文化（嘉田由紀子「自然と生活の距離」科学72巻1号）

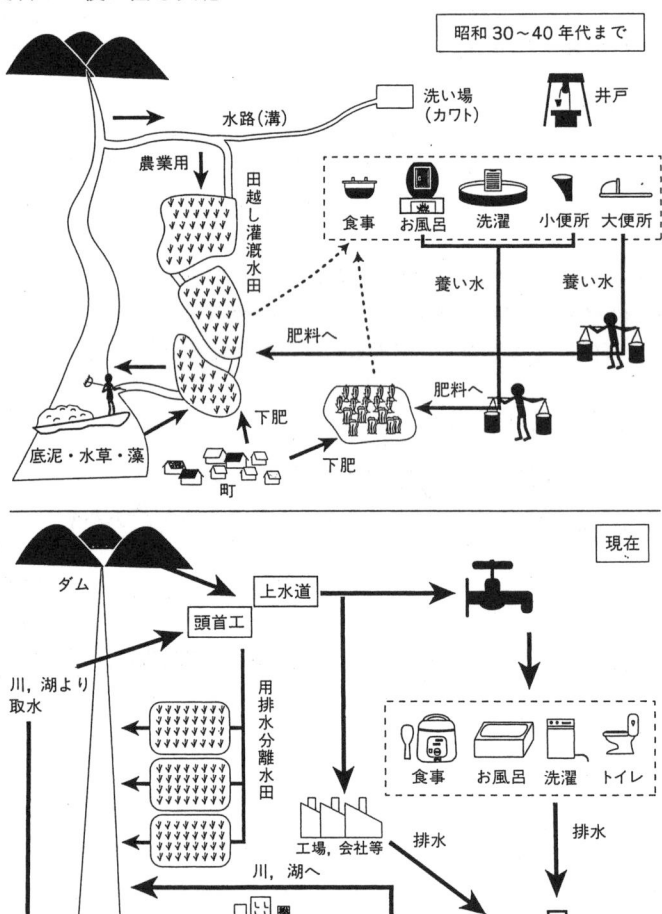

［図：昭和30〜40年代まで／現在の水の使い方の対比図］

- 114 -

2 滋賀県と琵琶湖の変化

滋賀県を探る／第2時

●この授業のねらい
①滋賀県の特徴と変化を知る。
②滋賀県の変化から、琵琶湖の汚染の原因を探る。

　前時で明らかになったように、石けん運動の問題点は汚染源の「リン唯一化」につながってしまい、流域の全体像を描けなかったことにある。そこで、本時では、琵琶湖流域、つまり滋賀県の全体的な変化を捉え、そこから琵琶湖の汚染の原因に迫っていく。

●本時で用いる教材
・近畿地方の掛図　・内湖の地図の拡大図（プリント2の資料4を拡大コピー）

●本時の展開

展開1　滋賀県の変化を探る

・「前の時間に引き続いて琵琶湖の汚れの原因を探るため、琵琶湖にほとんどの川が流れ込んでいる滋賀県の変化を調べてみます。」
・「まず、人口の変化を見ます。滋賀県と周りの県、それに前に勉強した東京都と埼玉県を比較するため入れた表が資料1です。この表を見て、人口増加が一番大きい時期を調べてください。」
・「人口増加の時期を見て、気がついたことをいってください。」（大阪府の人口増加が早く、その後京都府と兵庫県の人口が増加した。滋賀県と奈良県はもっと遅れて人口が増加した。大阪府と京都府はほとんど人口が増えていない。滋賀県は人口増加が続いている。）
・「そうですね。滋賀県の人口は他の県と違い増え続けています。京都・大阪・神戸の都市圏は阪神大都市圏と呼んでいますが、ここも東京都と同じく、中心から周辺に向かって人口増加の時期がずれています。最近の大阪の人口増がほとんど止まっていることが、東京都との大きな違いです。」
・「では資料2の滋賀県の人口密度と可住地割合を記入してください。人口密度は人、可住地割合は％です。人口密度は全国平均くらいですね。ただし、滋賀県は山地と琵琶湖のせいで可住地割合が低いので、人口密度はやや高いといえます。」
・「次に、資料3に数値をを記入してください。」
・「一番大きく数値が変わっているのは何ですか。」（工業が増え、農業が減った）
・「人口は全国的に見ても増えていて、県民所得もそれに応じて増えています。」
・「結局人口が増えて、宅地と工業用地が増えて、田畑が減っています。」
・「あと、ついでに、作業1に数値を記入してください。終わったら、全国と比べて、多いところ少ないところを探してください。」
・「大きく目立つところは何ですか。」（製造業が多い）
・「そうですね。滋賀県は工業の伸びが大きく、工場で働く人が多いのが特徴ですね。」
・「このことから、人口は増え続けていますが、人数的にそんなに多くはありません。人口密度もそんなに高くありません。工業の伸びは著しく工場排水が琵琶湖の汚れと大きく関係していると思われます。」

展開2　琵琶湖を取り巻く環境の変化を考える

・「滋賀県に工場が増えて、宅地化が進み、阪神大都市圏に住む人たちにとっては観光地や宅地になっていますが、そうなると琵琶湖の周囲はどう変わったと思いますか。班で話し合い、みんなで考えたことを紙に書いてください。」
・「貼り終わりましたね。ではプリントを配りますので、資料1を見て確認してください。」

・「プリントにある五つのことは、簡単に言うと、岸辺が人工化したということですね。自然の湖岸が失われました。」

展開3 内湖とヨシ原の役割を考える

・「失われたのは、湖岸にある湿原であるヨシ原と、内湖と呼ばれる湖岸の沼です。ヨシ原と内湖の役割を見てみます。」
・「資料2を見てください。ヨシ原の役割は何ですか。」（水をきれいにする）
・「資料3を見てください。内湖は、要するに何なのですか。生活排水がたまっているような所はどんなところですか。」（ドブ）
・「要するに、ドブですね。ドブの底にはいろいろなものがたまりますが、それは普通ヘドロといわれている臭い泥です。」
・「でもドブ化した内湖のおかげで、きれいな水が琵琶湖に流れます。」
・「内湖にもヨシ原はありますが、ヨシ原と内湖の役割は何ですか。」（水をきれいにする。）
・「その上で、内湖のヘドロは何になりますか。」（肥料）
・「ここでも、家庭から出たものをうまく使っていますね。」
・「内湖の変化の様子を資料4で昭和31年の方を見てください。木浜の集落の南側には三つほど池がありますが、これが内湖です。では、同じ場所の平成9年の方を見てください。内湖のあったあたりは何になっていますか。」（ゴルフ場）
・「それから湖岸に道路が走っていますね。こうやって自然の岸辺がなくなり、ヨシ原も消えました。」
・「前の時間に見たように、農家では、家庭から出た水や排泄物を肥料として再利用していました。湖岸の農家は、内湖をうまく使っていました。こうして、家庭から出た水をきれいにして琵琶湖に流していました。昔から琵琶湖の周りに住んでいた人たちは、自然をうまく使い回す生活をしており、結果として、琵琶湖は汚れませんでした。」
・「それが、人口が増えただけでなく、昔のくらし方が変わり、家庭排水が直接琵琶湖に流れ、化学物質を一部含んだ下水が琵琶湖に流れ込んだため、琵琶湖の汚れが一気に進みました。要するに、琵琶湖を取り巻く地域全体が変わり、琵琶湖は汚れました。」

●**参考文献**

中島拓男『湖沼沿岸域の意義と現状』環境と公害23巻2号　1993年
京都滋賀自然な観察会編『総合ガイド7　琵琶湖／竹生島』京都新聞社　1994年
滋賀大学教育学部附属環境教育湖沼実習センター編『びわ湖から学ぶ』大学教育出版　1999年

滋賀県と琵琶湖の変化 (No.1)   年　組　名前

資料1　滋賀県とその周辺の府県の人口変化の比較　（単位は万人）

都県＼年	1955	1965	1975	1985	1995	2005
滋賀県	85	85	98	115	128	138
奈良県	77	82	107	130	143	142
京都府	193	210	242	258	263	264
大阪府	461	665	827	866	879	881
兵庫県	362	431	499	527	540	559
埼玉県	226	301	482	586	675	705
東京都	803	1086	1167	1182	1177	1257

資料2　人口・面積を比べる。

人口密度（人）

滋賀県	
全国	343

可住地割合（％）

滋賀県	
全国	31.1

資料3　昔と今を比べよう

	1985年	2004年
人口の対全国比		
県民所得の対全国比		
農業産出額の対全国比		
工業出荷額対全国比		

※全国比　滋賀県÷全国×100　単位は％

作業1　滋賀県の産業の特徴を調べてみよう。産業別就業者数の割合を全国合計と比べる。

計算方法　各産業就業者数÷総数×100（％）

産業	農業	建設業	製造業	情報通信	運輸業	卸売小売業
滋 賀						
埼 玉	2.2	8.6	18.0	4.1	6.3	18.4
東 京	0.6	6.9	11.1	6.8	5.0	18.7
全 国	4.6	10.1	19.0	2.5	5.0	18.6

産業	金融保険業	不動産業	飲食宿泊業	医療福祉業	教育学習業	サービス業
滋 賀						
埼 玉	3.1	1.8	4.7	6.8	4.2	15.0
東 京	3.5	3.2	6.4	7.6	4.6	18.3
全 国	2.8	1.3	5.5	6.8	4.2	12.8

滋賀県と琵琶湖の変化（No.2）　　　年　組　名前

資料1　琵琶湖の湖岸はどう変わったのか（中島拓男「湖岸沿岸域の意義と現状」環境と公害23巻2号）
　――要約
1、埋め立て：1955年以降南湖を中心として行われ、1968年までに200haを超える面積が埋め立てられ、人工湖岸化した。
2、干拓：琵琶湖には湖岸に沿って内湖と呼ばれる潟が存在する。40ほどあった内湖は16が干拓された。内湖は水生植物が多く、水質浄化機能を有している。
3、道路建設：湖周辺道路の建設による湖岸の人口化もかなりの距離にわたってみられる。
4、湖岸堤：漁港の整備や湖岸堤の建設など湖岸の人工化が増大した。特に南湖（琵琶湖大橋より南）東岸では、従来の湖岸が残されているのは2,3の河口のごく限られた地域である。
5、公園化：南湖では湖岸堤より湖側の前浜に芝生を植えた公園ができ、その総延長はかなりの距離にのぼる。

資料2　ヨシ帯の役割（京都滋賀自然観察会編「総合ガイド7琵琶湖／竹生島」京都新聞）
　南湖の湖辺など今は人工護岸になっているところが多く見かけますが、元来、砂浜やヨシ帯が広がっていました。
①ヨシ帯はバクテリアや動物プランクトン、水生昆虫、貝類、魚類、鳥類などが豊富。
②ヨシ帯内の食物連鎖や、ヨシ自身、水中植物などの総合的な作用によって有機物の分解やさまざまな塩類の吸収などを行い、汚れた水を浄化する働きがあります。（内湖もヨシ帯がひろがる）

資料3　海津東地区（琵琶湖北部にある集落）の内湖利用（滋賀大学環境教育湖沼実習センター『びわ湖から学ぶ』大学教育出版）
　集落は内湖と琵琶湖の間にありますが、集落では生活排水をすべて内湖に向けて排水していました。そこで、栄養物が沈殿された後きれいになった上澄みだけが琵琶湖に流れ出ていました。化学肥料が普及する以前、水田に入れる肥料としては、リン分を豊富に含む内湖の水草や汚泥が最適とされていました。

資料4　守山市木浜の内湖の変化（滋賀大学環境教育湖沼実習センター『びわ湖から学ぶ』大学教育出版）

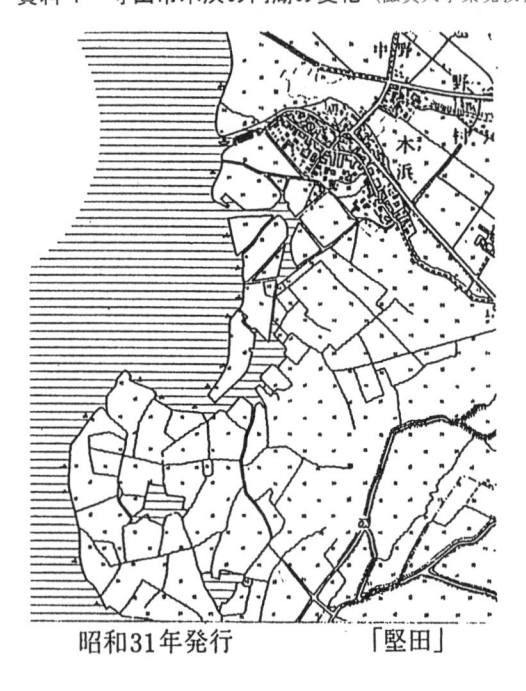

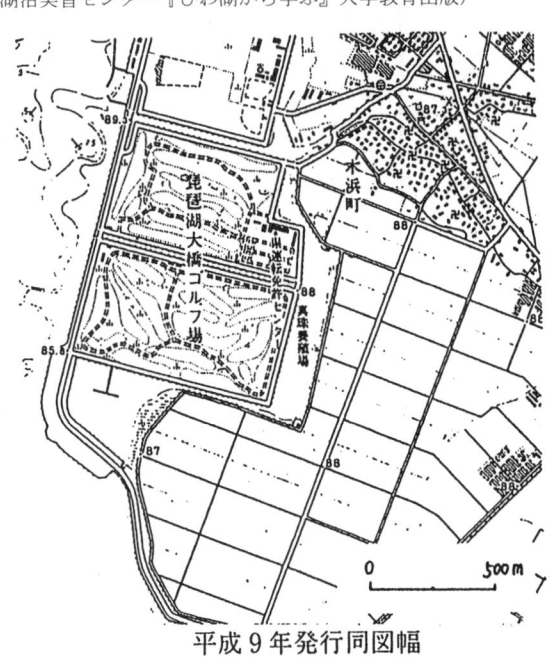

昭和31年発行　　　「堅田」　　　平成9年発行同図幅

3　琵琶湖を守る

滋賀県を探る／第3時

● この授業のねらい
①廃食油の新しい利用方法としてのBVFを知る。
②地域内循環システムとしての愛東菜の花エコプロジェクトの仕組みを知る。

　琵琶湖の汚染が、地域全体の変化によるということがわかる中で、石けん運動は菜の花エコプロジェクトへと発展していく。そして、資源の地域内循環を確立する取り組みが始まる。この取り組みを最初に地域で取り組んだのが当時の愛東町（現在は合併して東近江市）である。愛東町の取り組みは周辺自治体に広がっており、東近江市の中心になる八日市も廃食油の資源化に取り組んでいて、現在も「あいとうエコプラザ菜の花館」を拠点に活動が継続されている。授業では、石けん運動の主体となった湖南生協の取り組みを藤井絢子さんの著書を手がかりにすすめ、愛東町の取り組みにつなげていく。

● 本時で用いる教材
・琵琶湖の地図（滋賀県の地図の拡大コピー）　・愛東菜の花エコプロジェクトの概念図の拡大コピー

● 本時の展開

|展開1|　環境生協の設立

・「石けん運動をしていた人たちは、生協を中心に天ぷら油の残りを集め、石けんをつくり、それを売って石けんの利用を進めてきました。とっても大変ですね。生協は石けんも扱いますが、食べ物が中心です。そこで、そこで石けん運動をしていた人たちは生協から独立しました。どう独立したのでしょうか。」
・「いろんな意見が出ましたが、三択をやります。①会社をつくった。②市や県がやるようにして、それに参加した。③環境製品を扱う専門の生協をつくった。さて、どれでしょう。周りの人と相談してから、自分の意見を決めてください。」
・「では、手を挙げてください。」
・「この人たちのとった道は、これから配るプリントに書いてありますので、資料1を読んでください。」
・「答えは三番でした。生協とはどんなものか知っていますか。話は聞くけど、皆さんあまり知らないでしょう。それで、資料2に環境生協の設立宣言の一部を載せましたので、読んでください。生協の考え方を皆さんがよく使う言葉で言い換えると何になりますか。」
・「『一人はみんなのため、みんなは一人のため』ですね。学級目標とかで使ったことはありませんか。」
・「生協や農協は協同組合といいますが、ここではちょっと難しい言葉で『一人は万人のため、万人は一人のため』といっています。みんなの力で、助けあい一人一人がよくなるという考え方ですね。」
・「環境生協が何をしているのかは資料3を見てください。」

|展開2|　BDFへの転換

・「そうして環境への取り組みが続いていた中で、困ったことが起きました。資料4を読んでください。何が起きましたか。」（廃食油が余る）
・「石けんが売れないと困りましたね。他の地域ではあまり売れないし、油の利用方法を考えなくてはなりませんでした。皆さんはどうしますか。班で話し合い意見をまとめてください。」
※BDFについても、一般的に知られてきているので、意見が出てくるかもしれない。2005年の実践の中では、子どもたちは誰も考えなかった。
・「色々意見が出ました。環境生協の人たちの考えは、これでした。プリント2を配りますので、資料1を見てください。」
・「知ってましたか。天ぷら油で自動車が走ることを。」

- 「植物から得られる燃料には、2種類あります。資料2を見てください。何ですか。」（バイオエタノール、バイオディーゼル）
- 「バイオエタノールの原料は。」（トウモロコシ）
- 「要するにお酒を造る中で生まれたアルコールを利用するのです。だから、米でもトウモロコシでもお芋でも、何からでも作れますが、トウモロコシが一番無駄なく作れます。」
- 「バイオディーゼルの原料は」（植物油）
- 「こちらは油にメタノールを混ぜて作るのですが、その作り方は資料3にあるとおりです。」
- 「もう一回資料2の表を見てください。バイオディーゼルは1998年頃から急激に増えていますが、環境生協の人たちが取り組み始めたころは、世界でも取り組んでいた人たちは少なかったことがわかります。」

展開3　菜の花エコプロジェクトに向かう。

- 「もう一回資料4を見てください。天ぷら油から燃料を作り始めると、今度は油が足りなくなりました。さて、どうしたでしょうか。三択です。①菜の花を栽培し油を搾った。②日本中に呼びかけ天ぷら油を集めた。③食品会社に呼びかけ使った油をもらった。」
- ※ここは、班で話し合わせてもいいが、時間がおしてきているので、いきなり三択に持ち込む。
- 「自分でこれだと思うところに手を挙げてください。」
- 「環境生協の人たちのとった行動はこれでした。プリントを配りますので、資料1を見てください。」
- 「そうですね。菜の花を植えて油を搾ることにしたのです。どこで取り組んでいますか。」（愛東町）
- 「愛東町ってどこにありますか。ここにある滋賀県の地図で見てください。」
- 「でも、愛東町に菜の花を作るところはあるのでしょうか。」
- 「皆さんは小学校の米作りの勉強で、コメが余ってきたので、コメを作るのをやめた田んぼがあるということを勉強しませんでしたか。こういう田んぼを休耕田といいますが、愛東町でも休耕田があり、ここで菜の花をつくることにしたのです。」
- 「菜の花を栽培することで、色々な事ができるようになりました。資料2をよく見てください。複雑な図なので菜の花畑の所から見ていくとわかりやすいです。」
- 「簡単にまとめてみましょう。」
- 「この取り組みを菜の花エコプロジェクト、菜の花プロジェクトとよんでいます。菜の花が油と油かすになり、次の生産に使われます。こうして、ゴミになるものが資源として、使われています。琵琶湖の水に関しては廃食油が下水に流れ込まないし、化学肥料を使わないので化学物質が出ないですね。少しずつ琵琶湖に汚染のもとになる物質が流れ込むのが少なくなっていきます。」

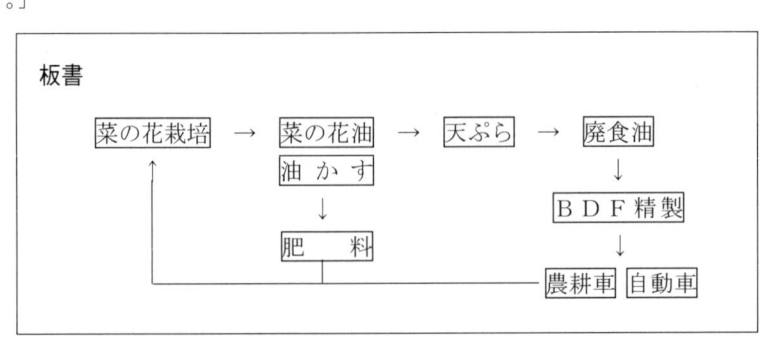

板書

菜の花栽培 → 菜の花油 → 天ぷら → 廃食油
　↑　　　　　油かす　　　　　　　　↓
　│　　　　　　↓　　　　　　　　BDF精製
　│　　　　　肥料　　　　　　　　　↓
　└──────────────農耕車 自動車

- 「環境生協では日本中の休耕田で菜の花を栽培することを提案しています。資料3を見てください。」
- 「琵琶湖をきれいにするということで、40年近く取り組んでこられていますが、最初はリンを追放するために合成洗剤追放をやっていましたが、環境生協をつくり、次第に汚れの原因を明らかにして、菜の花プロジェクトを行うようになりました。」

● **参考文献**
藤井絢子『菜の花エコ革命』創森社　2004年
山根浩二『バイオディーゼル』東京図書出版会　2006年

琵琶湖を守る (No.1)

年　組　名前

資料1 「環境生協」の誕生 （藤井絢子編『菜の花エコ革命』創森社）

　1987年に湖南生協が主体になって、「協同組合運動研究会」がつくられ、生活協同組合としてどのような取り組みができるのか検討しようというものでした。環境問題に取り組むのであれば活動に必要な資金を生み出せる事業化を伴った組織にしないといけないと考えていました。しかし、生協の形で環境雑貨や環境機器といった食べ物以外のものだけを扱うことは事業として成り立ちうるのか？

　そんな経過を経ながら、90年にわが国初の環境専門の生協「滋賀県環境生活協同組合」が誕生します。設立当時2,000人だった組合員も現在3,700人になっています。

資料2　生活協同組合とは （「滋賀県環境生活協同組合設立趣意書」より）

　環境への関心と取り組みはますます高まろうとしています。

　これらの動きを社会的に根づかせていくためには、みんなが心をあわせた共同作業がぜひ必要です。共同作業に必要な資金をみんなで出し合う、運営をみんなで相談し合い、共同作業の成果をみんなで分け合うという協同組合の原則ですすめていくことが運動の発展にとって重要なことです。

資料3　環境生協の仕事 （「琵琶湖浄化、住民で　藤井絢子さん」朝日新聞1991年3月23日夕刊）

　事業には三つの柱があります。第一がリサイクル運動ですね。そのリサイクル運動も三つあってね。まず廃食油集めです。廃食油から粉せっけん、液体せっけん、肥料ができますが、それらを組合員に供給します。次が牛乳パックの回収。これで、トイレットペーパー、ティッシュペーパー、ノート、封筒、便せん、名刺などをつくって組合員に供給します。三つめはアルミ缶の回収です。第二の柱は合併浄化槽の普及です。これは、屎尿と生活雑排水をいっしょに処理する浄化槽のことです。第三の柱は環境にやさしい商品の普及です。市販のものもあれば、私たちで独自に開発したものがあります。事業は順調に伸びています。例えば、廃食油を出してくれる世帯は6万世帯になりました。滋賀県は35万世帯ですから、ざっと6分の1ということになります。」

資料4　廃食油が余る （藤井絢子編『菜の花エコ革命』創森社）

　洗剤メーカーは新たな合成洗剤開発を行いました。それは「無リン合成洗剤」です。そしてこれは瞬く間に家庭に普及し、今では多くの家庭で使われる当たり前の洗剤になってしまいました。合成洗剤はリンを含んでいなくても化学物質を含んでいます。合成洗剤は石けんに比べると水質に間違いなく大きな負荷をかけているのですが、それまでの運動が「リン」だけを悪者にしていたために、消費者はこの無リン合成洗剤に飛びついたのです。この結果、石けん使用率が低下を始めます。石けん使用率が下がるということは、回収された廃食油が行き場を失ってしまうということです。

(No.2)

資料1　BDFとの出会い （藤井絢子編『菜の花エコ革命』創森社）

　1992年のことでした。石けんだけのリサイクルに限界が見え始め新たな利用方法を模索しているなか、新聞で「東京の廃油業者が天ぷら油を燃料にして自動車を走らせている」という記事を目にしました。私たちは、わらをもつかむ思いで、ドイツのナタネ油の燃料化に関する情報を集め始めました。ナタネからの燃料化は、菜の花から搾ったナタネ油をエステル転換して油の粘度を下げることにより、軽油の代わりになる燃料（バイオ・ディーゼル・フューエル　BDF）をつくるというものです。

資料2　バイオディーゼル燃料とは （山根浩二『バイオディーゼル』東京図書出版会）

　ガソリン機関用にはトウモロコシやサトウキビの発酵によって得られるバイオエタノールが、ディーゼル機関用には植物油とアルコールのエステル交換によって得られるバイオディーゼル燃料が有望な燃料として世界的に使用されている。いずれも年々増加している。

資料3　燃料の製造（山根浩二『バイオディーゼル』東京図書出版会）

①原料油を反応容器に入れ、メタノール溶液を混合し摂氏60度で撹拌（かくはん）する。
②混合液は下層にグリセリンと上層にエステルが分離し始める。完全に分離させるため、24時間静置する。
③温水をエステルに混合し1時間撹拌する。
④撹拌後エステルが上層に分離する。
⑤エステル層に水分が残留するため加熱して水分を蒸発させ燃料を得る。

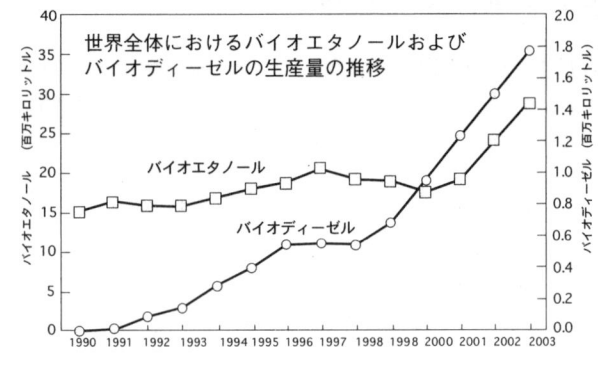

世界全体におけるバイオエタノールおよびバイオディーゼルの生産量の推移

資料4　油が足りない（藤井絢子編『菜の花エコ革命』創森社）

　1993年に滋賀県の工業技術センターの助力で、実験を始めました。半年後、廃食油から精製したBDFができあがりました。廃食油でつくった燃料を使うと天ぷらのにおいがするといってずいぶん有名になりました。私たちはBDF精製のテストプラントの開発にとりくみました。今度は、回収した廃食油だけでは足りないという事態が生まれてきました。

(No.3)

資料1　愛東町の取り組み（藤井絢子編『菜の花エコ革命』創森社）

　1998年愛東町で「愛東イエロー菜の花エコプロジェクト」がスタートします。愛東町では全町的な廃油回収システムができあがり、96年に廃油燃料化プラントの導入を行いながら、公用4台の燃料利用を進めてきました。愛東町は次の行動に移ります。それは「菜の花栽培」です。菜の花栽培に始まり、それを搾油してナタネ油をつくり、学校給食や家庭で利用する。油を搾ったときにでる「油かす」は飼料や肥料として活用し、畜産からでるふん尿は生ゴミとともに堆肥化されたり、エネルギー利用されたりする。一方、食用油として使われた廃食油は回収され、石けんやBDFとして再利用される。BDFは自動車や農業機械の燃料として利用されるが、そこからでる二酸化炭素は菜の花が光合成により吸収する。これによって地域内の資源循環をつくり出そうという仕組みです。

資料2　菜の花リサイクルシステム

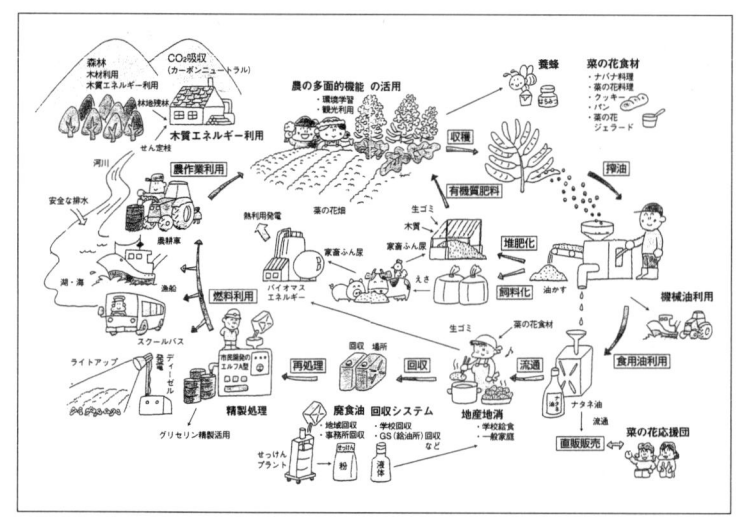

（藤井絢子編『菜の花エコ革命』創森社）

資料3　田んぼは油田である（藤井絢子編『菜の花エコ革命』創森社）

　減反政策による日本の転作率は約4割、全国では約100万ヘクタールの農地が転作田となっています。この広大な休耕田に菜の花を栽培できれば、そこから生み出されるナタネは約200トン。これによるBDF生産量は約60トン。これは全軽油消費量の約1.2％になります。田んぼは「油田である」といった人がいます。

4　菜の花プロジェクト

滋賀県を探る／第4時

●この授業のねらい
①菜の花エコプロジェクトの広がりを知る
②滋賀県で展開されてきた、取り組みの効果を検討する。

　菜の花プロジェクトは、菜の花ネットワークとして全国に広がっている。その状況を把握するとともに、この取り組みによって、最近の琵琶湖の状況から取り組みの効果を検証する。現実に琵琶湖の汚染の進行は止まっており、この取り組みの意義は大きいといえる。
　本時では、簡単な都道府県単位の分布図を作成する。この分布図は地理学的にはあまり意味はないが、簡単に作れ、簡単に読み取れるので、分布図の入門としては悪くない。

●本時で用いる教材
・日本地図（白地図の拡大コピー）　・滋賀県の地図（前時に引き続き）

●本時の展開

展開1　滋賀県内での広がり

・「愛東町でなぜ始まったのかは知りたいところでした。」
・「愛東町はリサイクルに力を入れているところでした。その上に、菜の花プロジェクトの形を具体的なものにするためには町や村単位で行う必要があり、国の補助金が市町村単位で出されることもあり、愛東町で始まりました。」
・「その後滋賀県内では八日市市、新旭町で始まりました。ちょっと滋賀県の地図で場所を確かめてください。」
・「滋賀県ではその後もっと大きいところが取り組みます。どこでしょうか。考えてください。」
・「皆さんの意見をもとに三択をします。①県庁所在地の町、②滋賀県の農協、③滋賀県」
・「自分でこれだと思うところに手を挙げてください。」
・「ではプリントを配りますから、資料1を4で確かめてください。」
・「滋賀県では、県をあげて取り組み始めました。小さな生協で始めたことが、小さな町で実行し、それが周りの町に広がり、ついに県まで動かしたのです。」

展開2　菜の花プロジェクトネットワークの成立

・「菜の花エコプロジェクトは全国に広がりました。そしてどんなことがありましたか。」（菜の花サミット）
・「どのくらいの人が参加しましたか。」（500人）
・「ここに集まった人たちは、集まるだけではなくて、団体をつくりました。資料3を見てください。」
・「何という団体ですか。」（菜の花プロジェクトネットワーク）
・「この団体の究極の目的は何ですか。資料3をよく読んで考えてください。」（地域自立の循環型社会形成）
・「難しいことかもしれませんが、今まで勉強してきたことを参考にして、この言葉の意味を考えてください。」
・「そうですね。誰に頼るのではなく、自分たちの力で、地域の中で資源を回していく社会をつくるということですね。自分達の力でやるということですが、国や県の役割は何でしょうか。」
・「こういうがんばる人たちを応援することですね。」
・「では、今どのくらいの団体が参加しているのかを、次の資料で確かめてください。都道府県別に整理してありますので、都道県別の団体数を数えて、その数を地図に記入してください。」

- 「どんなところが多いですか。」（滋賀県、静岡県、愛知県、鹿児島県、）
- 「鹿児島県は菜の花栽培が多いことがあると思います。滋賀県から愛知県、静岡県はやや接近しています。近くの県に広がっていったと思えますね。」

展開3 琵琶湖は今

- 「こうした取り組みがありましたが、今琵琶湖はどうなっているのでしょうか。」
- 「資料1を見てください。一番最新の資料です。前に2000年ごろまでの図を見ましたが、その続きと思ってください。最近5年間を見てみましょう。どうなっていますか。」
- 「そうですね。多少の上がり下がりはありますが、大きく変化してはいませんね。良くなっているわけではないけど、悪くもなっていないのが現状ですね。」
- 「少なくても、いろいろな取り組みで琵琶湖の水が悪くはなっていないことがわかります。」
- 「ただ、琵琶湖の水が全部入れ替わるのには19年かかるといわれています。もっと長い目で取り組んでいく必要がありますね。でも、湖の汚れを食い止めたことはすばらしいことだと思います。」

※琵琶湖の水の入れ替わりに関しては、『生きている化石湖』に書かれている。

●参考文献

滋賀地学研究会編『生きている化石湖』法律文化社　1977年
藤井絢子『菜の花エコ革命』創森社　2004年

菜の花プロジェクト (No.1)　　　年　組　名前

資料1　湖国菜の花エコプロジェクト（藤井絢子編『菜の花エコ革命』創森社）

　2000年度は、県をあげて「湖国菜の花エコプロジェクト」に取り組み始めます。菜の花栽培実験事業によって県内5カ所、5.5ヘクタールに菜の花が栽培され、約7.7トンのナタネが収穫されました。このうち200キロ分でナタネ油を搾り、県庁の食堂で利用し、廃食油は民間工場でBDFに精製し、秋の「環境ビジネスメッセ」に使うシャトルバスの燃料に20％のBDFを混ぜて実験しました。

資料2　菜の花サミット（藤井絢子編『菜の花エコ革命』創森社）

　BDFプラントが1996年に愛東町に導入されたのを皮切りにして、97年には愛東町の隣の八日市市が導入し、98年には香川県善通寺市、滋賀県新旭町、新潟県上越市が相次いで導入します。それとともに、愛東町で始まった「資源循環社会の地域モデル」を見るために、全国各地から愛東町にかなりの視察が訪れました。菜の花プロジェクトに取り組む個人や団体が確実に増えていることを実感しました。
　そこで、全国各地で全国各地で菜の花プロジェクトに取り組む個人や団体が一堂に集まり、交流を図るための「菜の花サミット」を開催しようということになりました。第1回菜の花サミットには全国27都県から500人を超える人が集まりました。

資料3　菜の花プロジェクトネットワークの設立（藤井絢子編『菜の花エコ革命』創森社）

　私たちの提案を愛東町の人々は真剣に検討して、自分たちが納得できる形にしてから取り組みました。全国各地で進められている菜の花プロジェクトの取り組みはさまざまな形をとっておこなわれています。そうした多様な菜の花プロジェクトの取り組みを交換・交流する場をつくろうというのが「菜の花プロジェクトネットワーク」です。2001年4月に設立されました。規約第2条に目的を次のように掲げています。「この会は、地域における再生可能エネルギーのうち、特にバイオマスエネルギーに注目しながら市民イニシャティブにもとづいた、産・官・学・民のパートナーシップにより、資源循環型社会の地域モデルづくりを広げ、地域自立の循環型社会形成の推進を図ります。」

菜の花プロジェクト（No.2）　　　年　組　名前

資料1　菜の花プロジェクト参加団体（2005年）・その1
- 北海道→たきかわ菜の花プロジェクト、滝川ナタネ生産組合、はこだて菜の花プロジェクト、㈱アレフ
- 青森県→横浜町役場
- 岩手県→農業・生物系特定産業技術研究機構、大東町菜の花プロジェクト
- 秋田県→大潟村役場
- 宮城県→小牛田町役場、NPO法人　大島大好き
- 山形県→菜の花プロジェクトネットワーク山形、金山町役場、長井市役所
- 福島県→北塩原役場、福島県農業総合センター、いわき菜の花プロジェクト、須賀川市
- 茨城県→常陸国菜の花ネットワーク
- 栃木県→とちぎ菜の花プロジェクト
- 群馬県→群馬菜の花プロジェクト、菜の花プロジェクトin甘楽
- 埼玉県→NPO菜の花エコプロジェクト埼玉、菜の花プロジェクト所沢、
- 千葉県→千葉県菜の花エコプロジェクト、生活クラブ生協千葉、NPO法人せっけんの街
- 東京都→西東京菜の花エコプロジェクト
- 山梨県→生活協同組合コープやまなし、NPO法人スペースふう、まちなかに油田をつくろう会
- 長野県→NPO法人上田広域市民事業ネットワーク、NPO地域づくり工房
- 新潟県→上越市役所、水の駅「ビュー福島潟」、スローライフ小千谷
- 石川県→小松市役所
- 富山県→JAたかおか
- 福井県→NPO法人かわだ夢グリーン
- 静岡県→社団法人静岡県トラック協会、静岡県菜の花ネットワーク、南伊豆町役場、農業組合法人大東農産、県立磐田農業高校、未来造りねっとわーく　なの花クラブ、大谷菜の花の会
- 愛知県→あいち菜の花プロジェクトネットワーク、名古屋菜の花エコプロジェクト、豊田・加茂菜の花プロジェクト、田原市、小牧市女性の会、アイセロ化学株式会社、愛知菜の花資源循環促進協議会、NPO法人田原菜の花エコネット
- 岐阜県　→NPO法人いびがわミズみずエコステーション、上石津町役場、みのかも菜の花の会
- 三重県→いなべ市藤原町
- 滋賀県→近江八幡市立島小学校、県立八幡工業高校、あいとう菜の花エコプロジェクト東近江市新エネルギー推進会議、菜の花エコライフネットワーク、高島市役所、滋賀・湖国菜の花エコプロジェクト、日野菜の花クラブ、株式会社水口テクノス、社会就労センターいきいき、湖北町湖上タクシー、大津菜の花プロジェクト、油藤商事株式会社、NPO法人愛のまちエコ倶楽部、株式会社日立建機ティエラ

資料1　菜の花プロジェクト参加団体（2005年）・その2
- 京都府→綾部・菜の花同窓会、
- 大阪府→菜の花プロジェクトみのお、大阪市・ヤンマー株式会社、府立農芸高校、
- 奈良県→菜の花プロジェクトなら、大和の国・菜の花エコプロジェクト、
- 兵庫県→伊丹市・みどり環境部環境クリーンセンター、あわじ菜の花エコプロジェクト、五色町役場、東浦町役場、
- 島根県→隠岐の島町菜の花プロジェクト、斐伊川流域環境ネットワーク、松江市役所
- 鳥取県→境港市役所、鳥環境大学
- 岡山県→エコライフたまの、玉野市役所、県立興陽高校、県立水島工業高校、新見市役所
- 広島県→NPO法人 INE OASA、BINGO菜の花プロジェクト
- 山口県→トラタン村
- 香川県→善通寺市・学校給食センター、豊島・島づくり委員会菜の花バスプロジェクト
- 徳島県→かみかつ「菜の花倶楽部」
- 高知県→社会福祉法人西南福祉協会「宿毛授産園」
- 福岡県→福岡県菜の花を咲かせよう！プロジェクト、大木町役場、クリーン筑紫野有限会社
- 佐賀県→NPO法人伊万里はちがめプラン

- 長崎県→島原菜の花プロジェクト
- 熊本県→天草市役所、天草菜の花プロジェクト、愛林館「水俣市久木野ふるさとセンター」、熊本港ふれあい菜の花プロジェクト、ＮＰＯ法人里山まもり隊・どんかっちょ
- 宮崎県→尾鈴菜の花プロジェクト、ウエルなのはな都城
- 鹿児島県→開聞町観光協会、大隅地区環境対策連絡協議会曽於ブロック、大崎町菜の花プロジェクト、志布志衛生自治会、上屋久町役場、屋久町役場
- 沖縄県→有限会社村吉ガス圧接工業

(No.3)

作業1　都道府県別の菜の花プロジェクト参加団体数を地図に書き込もう

資料1　最新の琵琶湖の水質（「滋賀の環境2007」より）

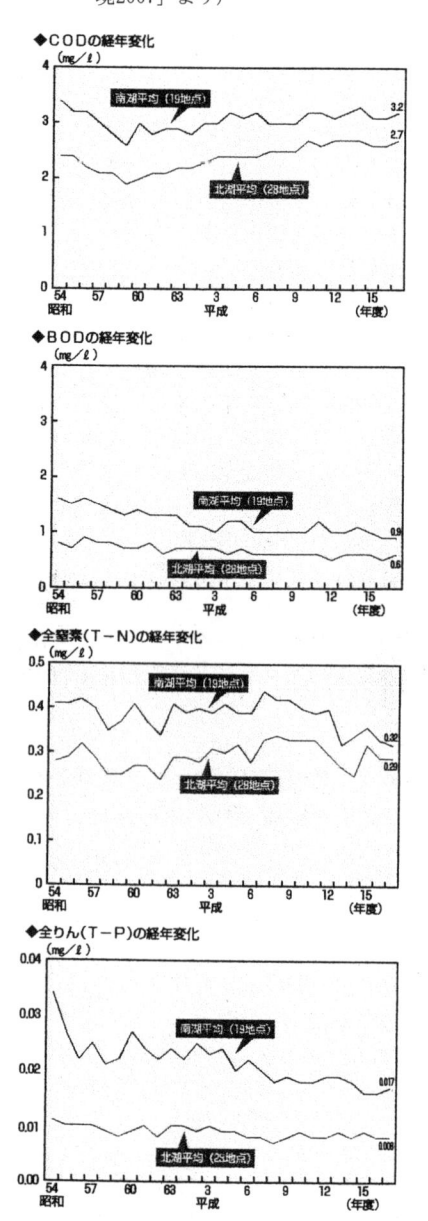

◆CODの経年変化

◆BODの経年変化

◆全窒素(T-N)の経年変化

◆全りん(T-P)の経年変化

愛知県を探る

愛知県の特徴にどう迫るか

　愛知県は、都道府県別の製造品出荷額が全国一位で、産業別人口に占める工業従事者の割合が全国一位である。工業人口割合は、滋賀、岐阜、三重、愛知、静岡、群馬、栃木で高く、この帯状の地域は日本の工業地域の中核部で、その中心が愛知県であるといえる。人口面からも、東京都、大阪府に次ぎ、この三地域を三大都市圏ともいう。大都市圏を有する愛知県であるが、他の大都市圏と違い、農業産出額の対全国比も上げており、農業県でもある。愛知県は一次、二次産業が卓越する大都市圏を有する県というきわめて珍しい特徴を持っている。愛知県は、人口が多く中枢管理機能が集積している名古屋と、都市別工場出荷額全国2位（1位は横浜、3位は東京都区部）の豊田という二つの極を持つ県である。

　ところで、愛知県の製造品出荷額の対全国比の変化を見ると1970年9.22%（全国4位）、1985年10.53%（全国1位）、2004年12.91%（全国1位）となり、周辺の岐阜、三重、静岡の各県も対全国比を伸ばしている。自動車工業（輸送用機械）の全県の製造品出荷額に対する構成比を見ると、愛知県48.9%、静岡県28.7%、三重県27.9%となっており、この地域の工業の中心が自動車工業であることがわかる。愛知県をはじめとする東海地域の自動車工業はトヨタに限らず、ホンダ、スズキ、三菱、ヤマハなどのメーカーの工場が集中し日本の自動車工業の中心地域となっている。

　愛知県は県西部に低地があり、ここに大河川が集中しているため、西部の低地では古くから乱流する河川に対する治水が大きな課題であった。台地が多く大河川が避けて通る東部では利水が大きな課題であった。西部には古くから村を堤防で囲む輪中が見られ、東部では明治用水や愛知用水などの用水事業が行われた。こうした中で、最近起きた問題が長良川河口堰問題である。河口堰そのものは三重県に建設されたが、河口堰で取水される水の約3分の2は愛知県で利用される計画である。その意味で、この問題は愛知県の問題でもある。

　長良川河口堰問題はさまざまな課題を含んでいる。サツキマスや天然鮎をはじめとする長良川の生態系の維持の問題、資源問題、治水問題、アウトドアや漁業などの人と川との関わり、公共土木事業や、政治家との癒着の構造、土木行政の硬直化などあげるときりがない。この問題もさまざまな角度から議論されている。そのすべての課題を取りあげるわけにはいかない。ここでは環境問題の視点と市民運動の視点から授業を構成する。私自身はかつては一年生の地理で取りあげた後、三年生の公民でも取りあげていた。そうすると、政治、経済学習の後でこの問題を考えることになり、多面的にこの問題に迫っていた。ここでは中学一年生の実態に合わせて、限定的に取りあげる。

　授業は長良川河口堰問題を通して人と川の関わりを考え、その背景としての東海地域の工業化から愛知県を見ていく展開とする。授業は以下のように構成した。

　第1時　長良川の不思議
　第2時　長良川河口堰を考える
　第3時　東海地方の変化
　第4時　愛知県の特徴

1　長良川の不思議

愛知県を探る／第1時

●この授業のねらい
①濃尾平野の地形の特徴を知る。
②輪中の機能と水との闘いを知る。

　中部地方で取りあげるテーマは長良川河口堰問題である。しかし、この問題を捉えるには、長良川という川がどんな川で、人々が川とどのように関わってきたのかということがわかっていないと問題の本質が見えてこない。河口堰問題を社会問題として扱い、公共工事やダム問題から政官財の癒着の構造までふれる実践はあるだろうが、それでは、そこに住んでいる人たちの姿が見えてこない。まずは長良川とはどんな川なのか丁寧に調べてみることから始めたい。

●本時で用いる教材
　・地図帳（中部地方と名古屋大都市圏の拡大図）　・輪中の写真　・あれば長良川の自然をあつかったビデオ　・淡水魚図鑑などからとった、アユ、アマゴ、ウグイ、サツキマスの写真。

●本時の展開

[展開1]　長良川の流域をたどる
・「今日は長良川という川を勉強します。まずは、プリントを配りますので、資料1を読んでください。」
※ここは、本書では文書資料をあげたが、郡上八幡で橋から川に飛び込む子どもたちの映像はたくさんある。そういう映像からはいるのが妥当と思われる。
・「どんなところだと感じますか。」（自然がいっぱい、楽しそう）
・「どんな川だと思いますか」（きれい）
・「この川にもぐった人の感想が資料2にありますので読んでください。どんなところですか。」（みずがきれい。魚がいっぱいいる。日本一の川）
※ここもできればビデオにしたい。
・「ここに出てきた魚を写真で見せますので、黒板を見てください。」
・「ここにあるマスというのは、アマゴが海に下り戻ってきたものです。アユも稚魚の時は海で育ち、春に川をさかのぼります。海とつながっている魚が多いのです。」
・「資料の中で日本一の川といっていますが、なぜでしょうか。」（きれいで魚が多い）
・「それだけではありません。長良川にはかつて1万人もの川魚漁師がいて、川で生活していた人がたくさんいます。今でも長良川の鵜飼いというのが有名です。写真を見てください。鵜という鳥に魚を捕まえさせる日本の伝統漁法の一つです。」
・「長良川という川は水がきれいで魚がたくさんいて、そこで生活している漁師がたくさんいました。」
・「では地図帳を開いて、まずはさっきの郡上八幡を探して下さい。」
・「そこから上流に行って源流を探してください。」
・「みつかったら、今度は海の方へいってください。」
・「海への出口はわかりますか。」（ごちゃごちゃしてわからない）
・「そうですね。よくわからないのでもう少し詳しい地図を見てください。」
※ここでは名古屋を中心として拡大図をみる。2社ともに掲載してある。
・「長良川の下流はどうなっていますか。」（川が並んで流れている。最後は揖斐川になっている。）
・「長良川はある時は木曽川と並び、ある時は揖斐川と並び、最後には揖斐川に合流しています。これって何でしょうね。」
・「変な川ですね。その変なようすを調べてみましょう。」

- 「その前に、この三つの川を比べてみてください。上流の方を見て、長良川になくて、他の川にあるものを探してください。」（ダム）
- 「プリントの作業1に地図帳に載っている川を書いておきましたので、そこにダムの位置を書き込んでみてください。長良川にはダムがないんですね。それで、水がきれいで魚が多いのです。」

展開2　木曽三川を調べる

- 「まず、この三つの川は昔からこうなっていたのでしょうか。どう思いますか。ちょっと三択をやってみます。①昔からこうだった。②川がもっと入り組んでいた。③別の所を流れていた。」
- 「では、次のプリントを配ります。実は江戸時代から明治にかけてこの川の整備が行われました。資料1をみてください。」
- 「この図で、江戸時代に流れていて今は流れていない川と、明治に入ってつくられた川を示しています。江戸時代の川はどう流れていますか。」（川どうしがつながっている）
- 「そうですね。川が色々入り組んで一つと言っていいと思いますね。だから三択の答えは。」（②です。）
- 「資料2にもっと古い川の流れを示した図を載せました。どうなっていますか。」（なんだかよくわからない）
- 「この川も今とだいぶ違っていますね。実は、このあたりは土地が低くて、いろいろな流れができていて、洪水のたびに流れの中心が変わっていたのです。それで、この三つの川をまとめて木曽三川と呼んでいます。」
- 「こんなことでは人も安心して住めないので、江戸時代から川の付け替えが行われ、三つの川を結ぶ川を締め切り洪水を防ぐ努力がされてきました。明治になってできた川の流れが黒く塗ってありますが、そうして、今の流れができました。隣同士で流れていても、堤防で分けてあります。これがあの複雑な流れができた理由です。」
- 「資料3に詳しい地形分類図というのを載せました。色いろな事が書いてありますので、その地形の名前を図にしたものを資料4に載せました。おもなものを説明しますが、扇状地というのは山と平野の間で土や砂がつもったもの、三角州というのは海の出口のあたりに運ばれてきた土がたまってできた低い平野、自然堤防というのは川の両岸に運ばれてきた土や砂がたまってできた少し高い土地で、村になっているところで、後背湿地（氾濫源ともいう）というのは自然堤防の間にできた低い土地です。川が流れを変えても、川の両岸に自然堤防ができますから、川の流れた跡ははっきり残ります。あと、低湿地や干拓地も低い土地です。」
- 「そうやってこの図を見ると、濃尾平野は周りの山の土を三つの川が運んできた土砂がつもってできたということがわかります。」
- 「この地図で、三角州と後背湿地、低湿地、干拓地を薄い赤で塗ってみてください。」

※時間がないときは行わないで説明にとどめる。この地図を拡大して掲示して、まとめて示してもよい。

- 「地図で赤く塗ったところは実は海抜ゼロメートル以下の土地です。濃尾平野は実に低い土地がたくさんあります。そうするとここに住む人たちにとって心配なことは何でしょうか。」（洪水、水害）

展開3　水との闘い

- 「ここに住んでいる人は、低い土地で川に囲まれているなかである工夫をして水害を防いでいます。どうしているのでしょうか。」（家を高くする。自然堤防に住む。堤防をつくる。）
- 「みなさんはどれだと思いますか。これだと思うものに手を挙げてください。」
- 「では、次のプリントを配りますので、資料1を見て下さい。」
- 「堤防をつくっていますね。それも、村を堤防で囲んでいます。主に自然堤防の上に堤防をつくっています。このことを輪中といいます。室町時代からつくられています。もっとも、明治になってこの三つの川が分かれてからは洪水の危険がなくなったので、取り壊されているところもありますが。」
- 「この輪中がどれくらいあるのか、資料2で確かめてください。」
- 「それでもここでは水害が起きています。1960年の伊勢湾台風の時の高潮と、1976年の台風12号によ

る水害です。1976年に始めて輪中が洪水の被害に遭いました。その様子を資料3から見てください。」
・「なぜ水はあふれたのですか。」（堤防が切れた）
・「堤防の上から水があふれたのではなくて、堤防が切れたのです。川の水位は堤防より低かったのですが、長い時間水に浸かっていたため堤防が弱くなりきれたのです。」
・「でも、輪中が残っているところでは水害を防いでいます。資料4の写真で確かめてください。」
・「今日のまとめとしては、長良川はダムがなく自然の豊かな川ですが、下流の濃尾平野は土地が低くて、住む人にとっては水との闘いの歴史でした。その中で、輪中という仕組みが生まれました。」

● 参考文献
佐藤智弘『サツキマスの川』風媒社 1991年
野田知佑『日本の川を旅する』新潮文庫 1985年
坂口豊他『日本の自然3　日本の川』岩波書店 1986年
貝塚爽平他『日本の自然4　日本の平野と海岸』岩波書店 1985年
町田洋他『日本の自然8　自然の猛威』岩波書店 1986年
吉川虎雄他『新編日本地形論』東大出版会 1973年
米倉伸之他『日本の地形Ⅰ　総説』東大出版会 2001年
伊藤萬壽男他『日本地誌ゼミナールⅤ　東海地方』大明堂 1963年
伊藤安男『輪中は生きていた』地理第21巻11号 1976年

長良川の不思議（No.1）　　　年　組　名前

資料1　郡上（ぐじょう）の夏
　夏休みになると川は遊泳場になる。郡上八幡に行ってみるといい。子どもたちは町中を流れる吉田川にいる。橋の上から子どもたちがぽんぽん川に飛び込んでいく。10メートルを軽くこえる高さだ。小さい子は恐る恐る、大きい子は欄干から更に飛び上がって川に落ちる。（佐藤智弘『サツキマスの川』）

資料2　長良川は「日本一の川」
　川の水は澄みすぎて、最初、川を見たとき、一瞬水がない、と思ったくらいに透明であった。さっそく川にはいる。エメラルドグリーン色の深い淵は深さ約9メートル。底の岩や沈木のかげにスーッと逃げていく50センチメートル大の川マスが3匹、アマゴの群れが、頭をそろえ、上流に向かって泳いでいくのが美しい。岩のさけ目の中に身をひそめ、目だけ光らせているウグイ。ひらめくようにす早く動き、キラリと反転していくアユ。
　長良川流域の住民の「川意識」は異常に高い。「長良川は日本一やろうのう」「こんなええ川は、よそにゃねえでよ」。木曽三川と呼ばれる木曽川、長良川、揖斐川のことだ。長良川の水の良さは魚にもわかるらしく、海から遡上するアユの数を調べたら三つの川の中で長良川を選ぶアユが他の二つの川の2倍以上、という実験結果が出ている。（野田知佑『日本の川を旅する』新潮文庫）
※野田氏が長良川を下ったのは文章から判断すると1981年と思われる。

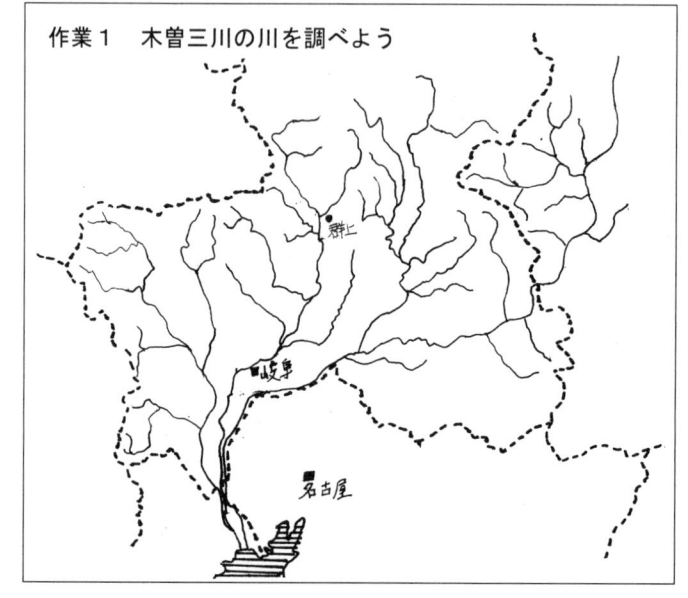

作業1　木曽三川の川を調べよう

長良川の不思議 (No.2)

年　組　名前

資料1　木曽三川の流れの変化
（坂口豊他『日本の川』岩波書店）

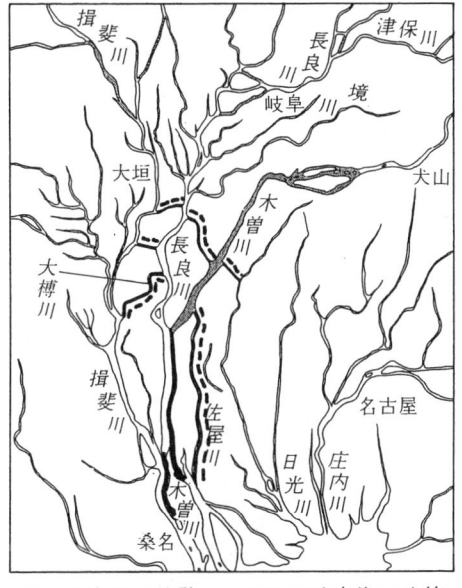

■■■ 改修後の流路　　■■■ 江戸時代の改修
■■■ 改修で締切られた河川

資料2　7世紀ころの流路
（坂口豊他『日本の川』岩波書店）

鍋田川

資料3　濃尾平野の地形と昔の川の跡
（吉川虎雄他『日本の地形』東大出版会）

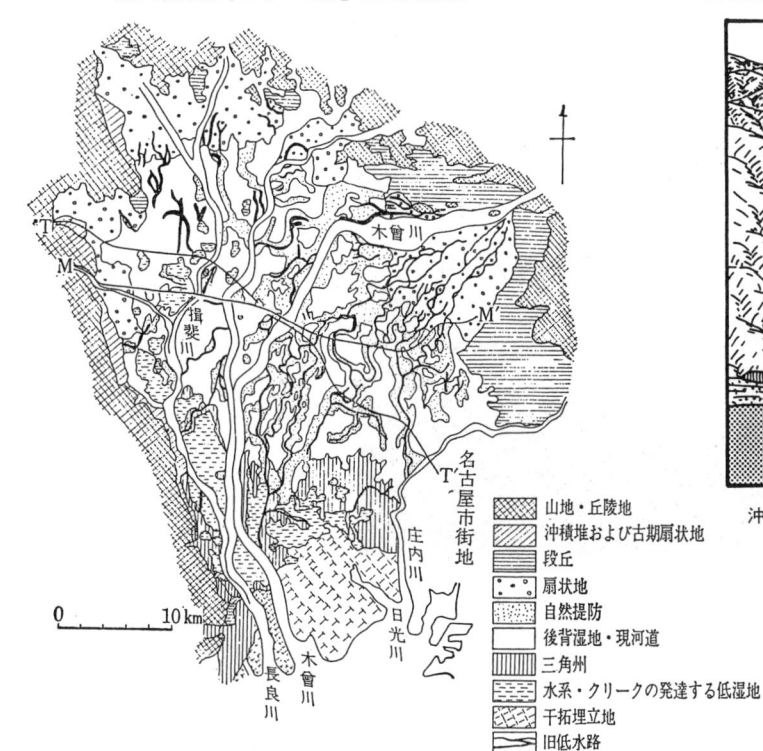

濃尾平野の地形分類図　（松田磐余, 1968）

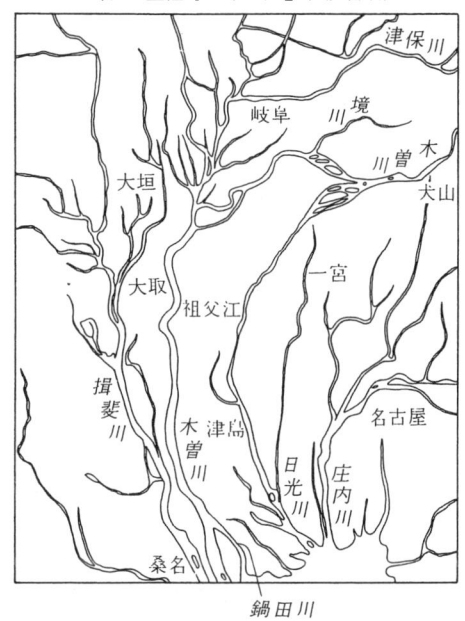

凡例：
- 山地・丘陵地
- 沖積堆および古期扇状地
- 段丘
- 扇状地
- 自然堤防
- 後背湿地・現河道
- 三角州
- 水系・クリークの発達する低湿地
- 干拓埋立地
- 旧低水路
- M-M' 名神高速道路
- T-T' 東海道新幹線

資料4　平野の地形の説明図
（米倉伸之他『日本の地形Ⅰ』東大出版会）

沖積低地の地形（模式図）[海津, 1994]

長良川の不思議 (No.3)   年　組　名前

資料1　輪中とは

　「輪中」とは、水害防ぎょのために集落および農地を堤防で囲んだ地域をさし、また地域の住民によって構成された水防共同体をさすことにもなる。低湿な三角州で川が網のように分流すると、その中州に住む人々は周囲を堤防で囲む必要が生ずる。完全な輪中は、1319年の高須輪中の完成が最初であるといわれる。（安藤萬壽男他『東海地方』大明堂）

資料3　台風17号による水害

　1976年9月8日から14日にかけ、西南日本一帯に相当量の豪雨をもたらし、長良川流域には時間雨量50ミリを超す豪雨が続いた。東海道新幹線が長良川をわたる、その下流約百メートルの右岸堤が切れてしまった。この地点での過去最高水位には及ばなかったが、警戒水位を越えていた時間が91時間であり、日本の洪水史上珍しい長時間の危険水位の継続であった。この長時間降雨が破堤の直接の原因であり、堤体内の含水量が増し、堤防は膿んだ状態となって崩れ落ちたと推測される。

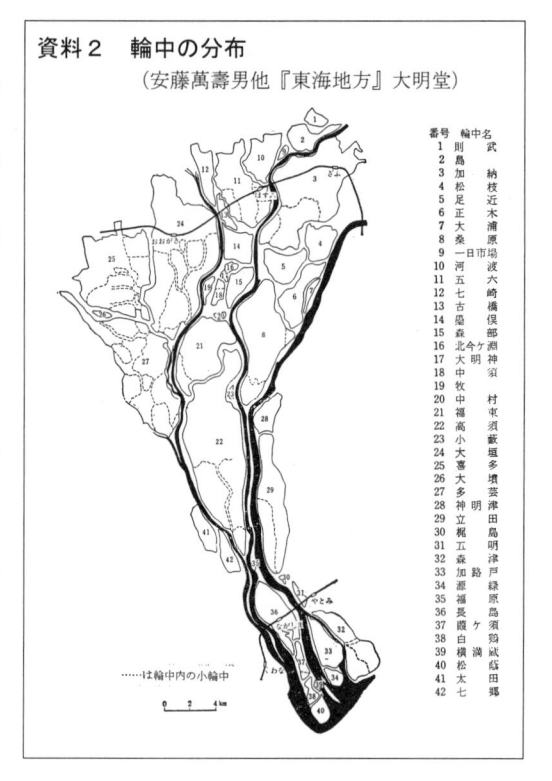

資料2　輪中の分布
（安藤萬壽男他『東海地方』大明堂）

番号	輪中名
1	武則
2	島納
3	枝近木
4	加松浦
5	松正墳
6	足大場
7	正泉市
8	大一日波
9	泉日市六
10	一河崎
11	日橋
12	五七古塁俣
13	七古
14	塁森部
15	森今瀬
16	北大明神
17	大中須
18	中牧村
19	牧中東
20	村須
21	東藪
22	須垣
23	藪高多
24	垣小福
25	高大墓津
26	小大多田
27	墓大神明
28	多神立ヶ
29	神立梶原
30	立五島
31	梶森明
32	五加津
33	森加瀬戸
34	加瀬原
35	瀬原島
36	緑島須
37	長須鵜
38	霞鵜飼
39	鵜飼田
40	ヶ田郷
41	横松
42	松太七

…… は輪中内の小輪中

この破堤によって、岐阜県安八町、墨俣町では四千戸以上の家が浸水被害を受けた。破堤により氾濫流は南下したが、途中で輪中堤にさえぎられ輪之内町には侵入しなかった。安八町では自動車の通過のじゃまになるという理由で輪中が取り払われていた。（町田洋他『自然の猛威』岩波書店）

資料4　水害時の写真（月刊地理21巻11号）

空からみた長良川の破堤と侵水状況（朝日新聞社提供）

- 132 -

2　長良川河口堰を考える

愛知県を探る／第2時

●この授業のねらい
①長良川河口堰の持つ問題点を把握する。
②長良川河口堰建設による環境変化を知る。
③長良川河口堰に反対する運動の広がりを知る。

　何回も言うように、ここで長良川河口堰の全体像を問題にすることはできない。是非を議論することも控えたい。ここでは、賛否両論の意見を通して、その問題点を把握するとともに、住民運動が力及ばず、自然が破壊されたときにどのような結果が待っているのかを検証する。

●本時で用いる教材
　・写真（長良川河口堰）　・プリント

●本時の展開

|展開1|　長良川河口堰を巡る議論
・「地図帳を見てください。長良川にはダムがないということがわかりましたが、下流を見てください。長良川河口堰というのがあります。確かめてみてください。」
・「この堰は長良川を661メートルしきり、高さ1.3メートルのダムを造ろうというものです。」
・「ここにダムができると、どんなことが起きると思いますか。前に勉強した長良川の自然を思い出して考えてみてください。」
※水害とアユを例に出してみてもいい。台風12号の水害が、堤防に水が含んで劣化したということを指摘する。
・「いろいろな心配がありますね。この建設については、実に幅広い議論がありました。ちょっと見てみましょう。プリントを配ります。」
・「まず資料1を読んでください。この意見は、前にでてきた郡上八幡に住んでいる漁師さんの意見です。どんなことを言っていますか。」（だまされた。水害が起きる。魚が捕れなくなる。）
・「資料2は、建設する人からの漁師さんの意見に対する反論です。読んでどう思いますか。」（大丈夫そう。心配ないかな。ほんとか。）
・「この意見に関して、元環境庁長官が意見を述べています。これを読んでどう思いますか。」（嘘つき、つくる理由が変わっている、ちゃんと説明していない。）
・「意見が対立していますね。整理しますと、①工業用水確保から水害対策に目的が変わっている。②水をためたり、ゲートをつくることは水害の危険が増す。③塩害がどの程度あるのかわからない。④アユやマスは大丈夫か。などですね。」
・「でも結局は、完成し今水がたまっています。」

|資料2|　主張の根拠を検証する
・「意見が対立する場合は、資料で考えてみるといいですね。」
・「それではプリントを配ります。資料1を見てください。まずは、水が必要なのかどうかということで、愛知県と三重県の工業用水と水道水の必要量の変化を図にしたのが資料1です。その図にダムから得られる用水の全量も出ています。まず、工業用水はどうなっていますか。」（量が減っている）
・「水道水はどうですか」（少し増えている。）
・「合わせるとどうなっていますか。」（ほとんど増えていない）
・「得られる水の総量がグラフの一番上にありますが、水は余っています。だから、水を得るためにはダムを造る必要がありません。最初の目的は必要なくなりました。」
・「では、治水の点ではどうでしょうか。川底を下げると塩害が起きるといいますが、資料2を見てく

- 133 -

ださい。最下流の長島町では塩害はどうなっていますか。」（最近起きていない）
・「塩害の予測は当たっていません。前の水害では水位があがったために堤防が崩れました。川底を掘り下げることが本当に必要なのか疑問です。それよりも、堤防を強化する方が先だと思います。」
・「新聞社が行ったアンケートを見ても、みんな水害の危険を感じ、河口堰建設には賛成していません。」
・「魚については、専門家の漁師さんは川に縄を張っただけで、アユを追い込む漁法があるように川の変化に敏感な魚です。魚道ができても、アユがそ上する数が減るのは目に見えているそうです。」
・「資料2の児玉さんの考えはダムを造ることが目的になっていて、あとから理由をつけているように思えます。この問題は公民でもっと深めてみましょう。」

展開3　河口堰反対運動の広がり

・「これだけ必要がないものをつくるのに反対はしなかったのでしょうか。河口堰ができて、困るのは川で漁をしている人たちです。この人たちには安福さんが言っているように人の命と比べると、といわれて納得させられました。」
・「河口堰問題が全国的に知られるようになったのは、このイベントでした。プリントを配ります。資料1を見てください。記事を読んでみてください。どう思いますか。」（有名な人が参加している。やり方がユニーク。カヌーがいっぱい。野田さん知っている。）
・「そうですね。有名人がたくさん参加し、新聞も大きく取りあげ、その結果新聞紙上で討論が行われるまでになりました。」
・「こうしたことと併せて、地元でも反対の声が広がりました。資料2を読んでください。」
・「市民の団体から、環境問題の専門家まで入っています。」
・「資料3の川魚漁師さんの意見を読んでください。感じることはありますか。」（川を金で売ってはいけない）
・「そんな声があるにもかかわらず、最終的には当時の建設大臣は河口堰をつくり、水をためることを認めました。政府の中では環境庁長官は反対したそうです。」

展開4　河口堰によって環境がどう変わったのか調べる

・「これだけ反対の声がありましたから、そのことでどれだけ環境が変化したのか調べてみましょう。プリントを配ります。」
・「まず、心配なアユの量ですが、アユは稚魚を放流していますが、それと長良川全体の漁獲量を比べると、海から上ってきたアユの量の変化がわかります。それで、資料1ですが、漁獲量と放流量を比べています。河口堰ができる前は漁獲量が放流量を大きく上回っています。ということは、アユが海から上ってきたことを示しています。」
・「河口堰ができたあと、漁獲量が放流量を下回っていますが、どういうことでしょうか。」
（海から上るアユがいない）
・「海から上るアユがいなくなったのではないと思いますが、うんと減ったのは事実ですね。」
・「シジミ貝はどうなったでしょうか。資料2を見てください。」（いなくなった。）
・「サツキマスもうんと捕れなくなったそうです。」
・「水が汚れるとプランクトンが異常発生します。資料3はプランクトンの量の変化を示しています。プランクトンは夏には多くなります。また、流れが緩やかな下流では多くなります。」
・「河口堰から500メートルの所では、前から夏にはよくプランクトンが発生していますが、河口堰運用後には、発生時期が長くなっています。堰から15㌔上流の所では今までたくさん発生したことはなかったのですが、夏にはたくさん発生するようになりました。水が汚れたということです。」
・「水が汚れるとどんなことになりますか。」（魚がいなくなる）
・「それだけではありません。河口堰から水を引いている水道をつかっている家庭では水が臭いという苦情が出ています。」
・「みんなが納得していないことを強行し、環境を悪くしています。結局は政治の問題ですね。いろいろな社会の仕組みを勉強したあとで、もう一回深めてみましょう。」

●**参考文献**
横山尚巳『サツキマスが還る日』山と渓谷社 2000年
村上哲生『河口堰で何がおこっているのか?』科学71巻7号 2001年

長良川河口堰を考える (No.1)　　年　組　名前

資料1「長良川河口堰で水害は減る」(朝日新聞1990年7月24日朝刊)

　長良川の河口に巨大な河口堰をつくる起工式があって二年、川魚漁師として生きてきたものとしてはやりきれない。下流の治水に不可欠とされ「人の命より魚の命の方が大事だというのか」と言われればやむなしという空気になっても仕方なかった。その後「だまされた」と言う組合員も少なくない。川の中に幅5メートルもの柱を13本も立てることが、洪水時にどんな状態を引き起こすのか。予想外の被害をもたらす可能性がある。第一、流れをせき止め、今より高い水位に貯水して、どうして治水につながるのか。すでに建設された利根川河口堰では、漁獲高が減り、水質も悪化している。長良川も清流の豊かな自然は大きく破壊されてしまうだろう。私の住む郡上八幡町は、子どもたちは川で泳ぎ、老人は用もないのに川を見に行く。長い間そうしてたことを当たり前にしてきた者にとって、アユやサツキマスがいない川など想像もつかない。――安福康次(長良川水系・水を守る会代表世話人)

資料2「長良川河口堰で水害は減る」(朝日新聞1990年8月28日朝刊)

　まず河口堰の役割について説明します。長良川下流部では計画高水流量(洪水を安全に流すための目標とする川の流量)が不足しています。このため川底を掘り下げるしゅんせつが必要です。しかし、何の対策もなしに行うと、河口から30㌔付近まで塩水がそ上し、取水に支障をきたし、地下水や土壌に塩分汚染を引き起こします。「塩水の堰より上流へのそ上を防ぎ、しゅんせつを可能にする」ことが堰の治水の役割です。そして、堰の建設により「淡水となった堰より上流の水を水資源(水道水、工業用水)として利用する。」これが堰の利水上の役割です。

　堰のゲートは洪水や異常潮位の時は堤防の高さ以上に引き上げるので、流水の妨げにならないし、堰の柱に流木が堆積するような例は他の河口堰でも皆無です。しゅんせつの実施で水位は低下し洪水時の安全は大幅に向上するのです。魚類への影響対策では有効な対策を二つ確立しました。第一は魚がそ上しやすい呼び水式魚道と初めてのロック式魚道を開発しました。第二にアユとアマゴの産卵育成技術を開発し定着させたことです。――児玉文雄(水資源開発公団中部支社副支社長)

資料3　長良川河口堰は計画再考せよ(朝日新聞1990年9月18日)

　この堰は昭和35年にこの地域が工業地帯になることを予想して、工業用水などの水資源確保の必要から発足したもので、その後水資源確保の必要性が減少したので、当局は治水、洪水対策としてあくまで遂行しようとしているのであり、話の矛盾はここから生じる。この堰をつくるには巨額の費用が生じますが、塩害による被害は金額に見積もっていかほどのものなのか。このことにふれていないのは比較論として不十分と思います。そもそも川の流れの中に建造物を造るのは流れを妨げることになるのは当然で、伊勢湾台風の時高潮が伊勢大橋に当たり堤防を破って大被害を与えたことは忘れられません。堰建設に固執する人たちは、地元の人たちに対し、親切に対応すべきです。――鯨岡兵衛(元環境庁長官)

長良川河口堰を考える (No.2)　　年　組　名前

資料1　水は足りないのか
（横山尚巳『サツキマスが還る日』山と渓谷社）

木曽川流域の水需要の実績とフルプラン

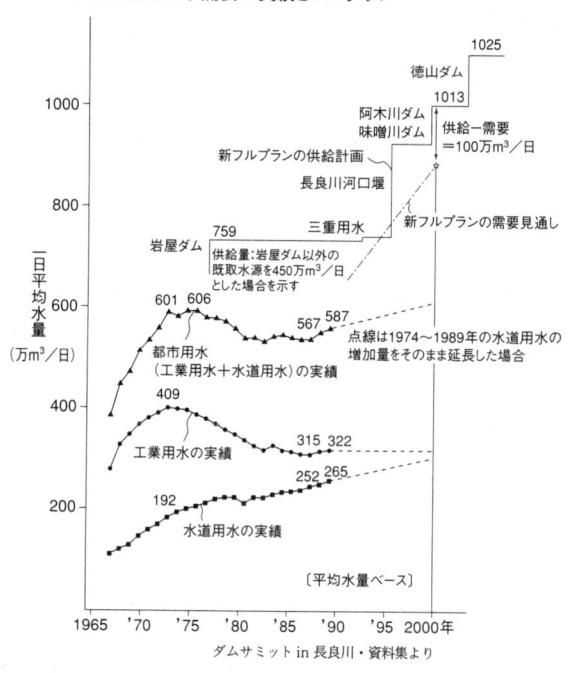

資料2　長島町民の意識は
（横山尚巳『サツキマスが還る日』山と渓谷社）

長島町民アンケート　1990年12月29日実施

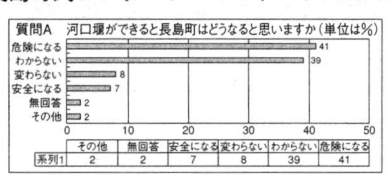

質問A　河口堰ができると長島町はどうなると思いますか（単位は％）

	その他	無回答	安全になる	変わらない	わからない	危険になる
系列1	2	2	7	8	39	41

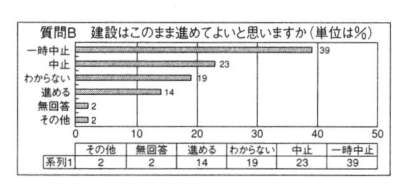

質問B　建設はこのまま進めてよいと思いますか（単位は％）

	その他	無回答	進める	わからない	中止	一時中止
系列1	2	2	14	19	23	39

対象　長島町全戸
　　　（4091戸のうち3888戸・95％）
回答　2331戸・57％
留守　1382戸・34％
拒否　175戸・4％
回答者総数　2739人

資料3　塩害は起きているのか
（横山尚巳『サツキマスが還る日』山と渓谷社）

三重県長島町における水稲塩害の経年変化

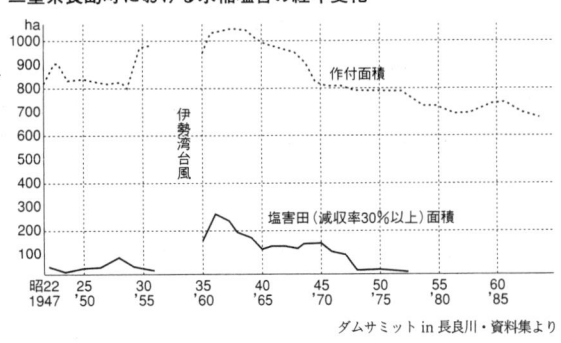

資料4　しゅんせつするのは
（横山尚巳『サツキマスが還る日』山と渓谷社）

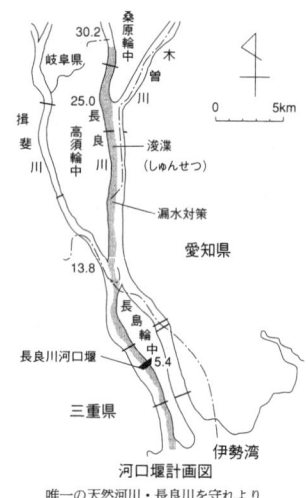

河口堰計画図
唯一の天然河川・長良川を守れより

長良川河口堰を考える (No.3)　　年　組　名前

資料1　カヌーのデモ（朝日新聞朝刊1989年5月7日）

広がる運動「全国区」

カヌー愛好者

上流の岐阜県郡上郡八幡町を足がけだった。「帰ったら長良川二日、十四艇のカヌーが出発した。それが河口まで約百ギを下るうちに膨れ上がり、五日午後、河口建設地に全国から集まったカヌーは三百二十艇。川幅いっぱいに広がって「河口ぜき反対」を表した。「水上デモ」を終えたカヌー乗りたちは、その日の行動に満

を考える集会を閉こうと思います。来ていただけますか」。神奈川県相模原市から来た塾教師岡田一慶さんは、作家野田知佑さんに話しかけた。野田さんは世界の川をカヌーで下り、開発で変わる日本の川に暗い思いを抱く。

資料2　長良川河口堰反対運動の広がり

　1988年の10月に郡上郡八幡町に「長良川水系・水を守る会」、12月に岐阜市で「長良川を愛する会」がそれぞれ発足し、「桑名と長良川河口堰を考える会」が河口堰反対の運動を再開し、1989年には河口堰の建設現地である長島町で「長島河口堰を考える会」が発足している。この時点で「長良川河口堰に反対し、長良川を守る県民の会」「岐阜県自然保護連合」「岐阜2001年の会」「サツキマスを守る会」「長良川を愛する県民の会」「長良川河口堰に反対する市民の会」「日本野鳥の会・岐阜支部」なども活動しており、これら流域の新旧市民グループは、1990年4月「淡水保護協会」とともに「長良川河口堰に反対する流域連絡協議会」を結成した。（横山尚巳『サツキマスが還る日』山と渓谷社）

資料3　川魚漁師さんたちの声明文

　我々郡上漁業組合有志一同は、長良川河口堰建設の補償金問題に対する調印に断固抗議する。下流域の人命のためには上流での漁業に対する影響もやむなしとする公団等の強弁により、我々はだまされたと言っても過言ではない。河口堰建設が下流域の治水のために何の役に立たないどころか、むしろ堰建設により水害の危険性を増大させることがはっきりした現在、我々は建設工事の即時中止を要求する。「補償金拒否署名」は大きく輪を広げている。上流域の命とくらしを支え、はぐくんできたのは、この長良川であり、ダムのないこの川を上下するアユでありサツキマスであった。我々はこの川を金で売るわけにはいかない。未来に対し、より豊かな恵みをもたらす川として受け渡す義務がある。（横山尚巳『サツキマスが還る日』山と渓谷社）

長良川河口堰を考える (No.4)　　年　組　名前

資料1　長良川のアユはどうなったのか（横山尚巳『サツキマスが還る日』山と渓谷社）

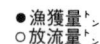

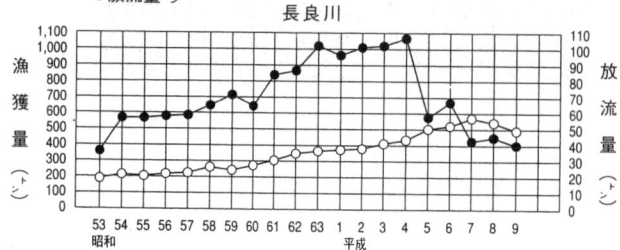

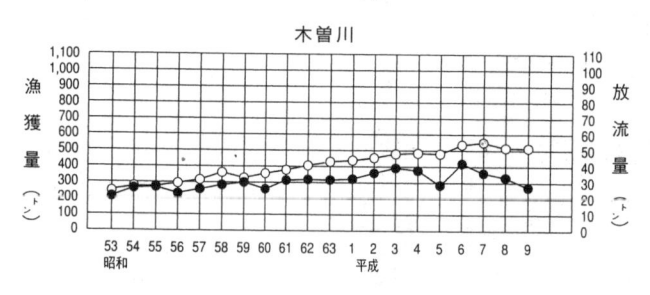

●漁獲量（トン）
○放流量（トン）

長良川

木曽川

資料2　ヤマトシジミは（横山尚巳『サツキマスが還る日』山と渓谷社）

長良川河口堰・揖斐長良大橋間のヤマトシジミ生貝個体数の変化

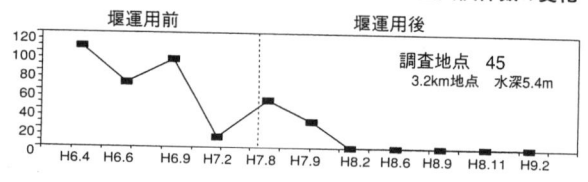

堰運用前　　　　　堰運用後

調査地点　45
3.2km地点　水深5.4m

資料3　プランクトンの数は（科学827号）

東海大橋（河口堰上流15km）

堰完成　堰稼働開始

伊勢大橋（河口堰直上流 km）

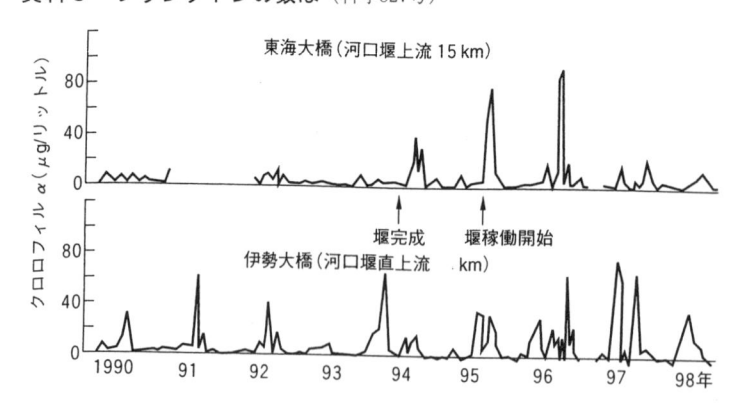

クロロフィルα（μg/リットル）

図　──河口堰運用後のプランクトン発生パターンの変化（1990～1998年）[12].
上：東海大橋（河口堰上流15km），下：伊勢大橋（河口堰上流0.5km）.

3　中京地方の変化

愛知県を探る／第3時

●この授業のねらい
①愛知県の水需要の変化の背景としての中京工業地帯の形成過程がわかる。
②中京工業地帯の特徴とトヨタの生産の地域的特徴がわかる。

　この時間は、長良川河口堰不要論の基調になっている工業地帯の水需要の変化を追跡するとともに、工業構造の変化と工業地帯の発展のカギとなったトヨタ自動車工業の発展を追跡する。その結果として、中京工業地帯の日本の工業地域における地位の変化を追跡することにする。トヨタの発展のカギは、徹底した労働強化によるムダのない生産方式の確立を、企業、自治体、労組が一体となって成し遂げたことにある。この構造をすべて解き明かすには公民の学習が不可欠であるので、ここでは資料から読み取れる範囲の学習をする。

●本時で用いる教材
・トヨタのカタログ　・中部地方の掛図

●本時の展開

展開1　トヨタの力は

・「前の時間に愛知県と三重県で必要な工業用水が減ってきている図を見ました。なぜ減ってきたのかを考えるためには、この地域の工業の変化を考える必要があります。今日はこの問題から愛知県や三重県の工業について考えます。」
・「まずは、愛知県の工業に関する○×クイズをします。プリント1を配ります。自分のカンで答えてください。」
・「答えを言います。1番○、2番○、3番×、4番×です。」
・「全部できた人はいますが。いいカンをしていますね。間違った人、意外と思ったのはどれですか。」
・「では、証拠を見せます。プリント2を配ります。」
・「資料1は1960年の愛知県の工業の構成を帯グラフにしたものです。見方はわかりますか。要するにパーセントを長さで表しています。一番多いのは。」（繊維工業）
・「自動車はどうなっていますか。もっとも資料には輸送用機器と書いてありますが。」（二位）
・「繊維工業とは、糸をつくったり、織物を織ったりする工業です。これが愛知県や岐阜県では重要な工業となっていたのです。」
・「トヨタの工場の一覧が資料2に載っていますので、確認してください。」
・「豊田市は昔は挙母市といっていました。変わった事情は資料4に載っています。」
・「名古屋市は東京、横浜、大阪について第4位の人口ですが、これはあとで調べてください。」
・「トヨタの工場は1番地にあり、市の名前は会社の名前をとったということで、この町はどんな町と言っていいと思いますか。」
・「今は、これだけの力がありますが、昔はそれほどでもなかったのです。では、どうやってトヨタが力をつけたのか調べていきましょう。」

展開2　中京工業地帯の昔を考える

・「愛知県や三重県は昔から中京工業地帯と呼ばれてきました。東京と京都のふたつの京の間という意味です。」
・「資料1は今から約50年前の1960年頃の中京工業地帯について書いた文章です。このころの工業の様子をまとめてみてください。」（製鉄や石油の工場が続々建っている。）
・「鉄をつくったり、原油からいろいろなものを取り出して化学製品の元をつくる工業ですね。鉄も石

油もいろいろな工業の原料をつくります。そのころの花形産業だったんです。」
※理科の教科書に原油の蒸留の仕組みが図解してある。
・「資料3にはそのころの主な工場の分布が載っています。工場はどこにありますか。」（名古屋、一宮や尾西、四日市）
・「一宮や名古屋には、白丸の記号が目立ちますが、そのころもっとも盛んだった繊維工業の工場を示しています。名古屋に多い黒丸は。」（機械工業）
・「四日市には」（化学工業）
・「そのころ日本には四日市のような海に面した海岸を埋め立てて石油からいろいろなものをつくる化学工業や製鉄所がつくられました。なぜ海に面したところにできたかわかりますか。」（原料を運んできた船が横付けできて便利）
・「こんな工場がたくさんあるので、水もたくさん必要で、それで長良川河口堰を考えたんですね。」
・「資料2を見てください。昔日本には四大工業地帯があるといわれていました。呼び名でどの地域のものかわかりますか。一応地図で確認してみます。」
・「資料2を見て、工業地帯の移り変わりについて気づいたことを言ってください。」（北九州が衰えた。中京が伸びて、今日本で一番大きい。京浜や阪神は衰えた。）
・「そうです。中京工業地帯は今日本最大の工業地帯といえます。この工業地帯の中心となっている工業は何かわかりますね。」（自動車）
・「ところで、資料3の地図で豊田市のあたりはどうなっていますか。」（工場はすくない。）
・「そのころ豊田市や自動車工業はこの工業地帯の中であまり目立った存在ではなかったということです。地図帳に似たような図が載っています。もちろん今のものです。比べてみると、全体として工場が増えていますが、特に目立つことは何でしょうか。」（豊田やその周りの工場が増えた。四日市が目立たなくなった。）
・「中京工業地帯の発展とこのあたりの工場の広がりは関係しています。次にこのことを考えてみます。」

| 展開3 | トヨタの発展と中京工業地帯

・「プリント2の資料3の図を見てください。資料2のトヨタの主な工場間の距離と移動時間を示したものです。本社・工場から移動にかかる時間の最短と最長をいってください。」（最短10分、最長20分）
・「比べようがないのでわからないと思いますが、20分以内に大工場が7つも集まっているのはとても珍しいことです。なぜ、こんなに集まっているのだと思いますか。」
・「工場が集まっていて自動車の生産に都合がいいことはなんでしょうか。班で考えてください。」
・「いろいろな意見が出ました。実は、トヨタは7つのムダをなくして生産がのびたといわれています。プリント3を配りますので、7つのムダと皆さんの考えたことをつきあわせてみてください。」
・「工場が近くにあるということによって、7つのムダの中で省けるのは何でしょうか。」
　　（運搬のムダ）
・「そうですね。工場の間で製品や部品を運ぶ無駄が省けたり、工場と本社の間の人の交流が便利ですね。それだけではないんです。」
・「トヨタは、必要なときに必要なだけの製品をそろえるという原則があります。自動車にはたくさんの部品があります。その部品をあらかじめ用意しておくのではなくて、生産する車の台数に応じて、部品を作る工場から運び込み自動車をつくります。この仕組みから考えると、運搬のムダ以外に、工場が近くにあるとどんなムダが省けますか。」
・「部品を置いておく必要がないので、③の手持ちのムダが省けますね。同じような考えで、⑦の在庫のムダも省けます。」
・「トヨタの工場だけでなくて、部品を作る工場などもたくさんあって、それが一つのまとまりとなって動いています。」
・「資料2を見てください。働く人一人がどのくらい車を作ったのか計算したものですが、どうですか。」（たくさん作れるようになった）

・「こうしてトヨタの生産は大きく伸びました。」
・「でもその影には、色々問題があります。資料3を見てください。大きな所はトヨタの工場で小さな所は部品工場と考えていいですが、働く人の収入に大きな差があります。」
・「トヨタの工場で働いている人の働き方ですが、資料4をみてください。」
・「このように、周りの工場が一体となってうごき、働く人が時間を惜しまず働き、部品工場の人が安い収入で働くことで、トヨタの生産はのびました。それが日本や世界の中でどうなったのか調べてみましょう。」
・「資料7で日本のトヨタの順位の変化を調べてください。」（60年→10位、70年→3位、80年→1位）
・「トヨタの世界の順位を調べてください。」（60年→260位、70年→49位、80年→36位、90年→6位、）
・「大きく伸びたのはどのあたりですか。」（60年と70年の間、80年と90年の間）
・「愛知県と三重県の工業の変化を資料5、6から読み取るとどんなことがいえますか。」
（自動車が増えて、繊維が減った。愛知は自動車が半分、三重県では化学や石油が減った。）
・「中京工業地帯は元々繊維工業が盛んでしたが、石油化学工業や製鉄業をのばそうとしました。だから水が必要で長良川河口堰が計画されました。その後、この地域では自動車工業がのびてきて、水の必要量が減りました。」

●参考文献
安藤萬壽男他編『日本地誌ゼミナールⅤ　東海地方』大明堂　1963年
都丸泰助他編『トヨタと地域社会』大月書店　1987年
野原敏雄『日本資本主義と地域社会』大月書店　1977年
渡邉正裕他『トヨタの闇』ビジネス社　2007年
佃律志『トヨタ生産方式』日本能率協会マネジメントセンター　2006年

中京地方の変化（No.1）　　　　　年　組　名前

〇×クイズ

1、1960年の愛知県の工業の部門別の第1位は自動車工業である。	（　）
2、トヨタ自動車の本社は豊田市トヨタ町1番地にある。	（　）
3、豊田市は市になったときから豊田市といっていた。	（　）
4、名古屋市は人口で日本第2位の都市である。	（　）

資料1　水が足りない（約50年前の中京地域）

　東西両市場の中央に位置し工業用地、工業用水に恵まれ、膨大な臨海工業地帯造成可能地を有する点において阪神、北九州をしのぎ、明るい未来を期待しうる地域である。すでに、わが国第一の製鋼規模を備えるといわれる東海製鉄が名古屋港南部に進出し、対岸の四日市地先に石油化学コンビナートがつくられるなど重化学工業をねらう伊勢湾臨海工業地帯の造成は現実になりつつある。10年後（1970年）の工業用水需給計画では、愛知、三重両県では地表水とか公共水道に依存する比率が高くなる。愛知用水、北伊勢用水の完成に大きな期待がかけられるが、この計画水量でも東海製鉄およびその関連工場や四日市地先の石油化学工場の完全操業にあたって用水不足をきたすことは明らかで、木曽三川を基盤とする総合的な利水計画が要望される。（安藤萬壽男他編『日本地誌ゼミナールⅤ　東海地方』大明堂）

資料2　四大工業地帯の地位の変化
工場出荷額の全国に占める割合（％）

年	京浜	阪神	中京	北九州
1940	26.2	21.7	8.5	7.7
1960	24.7	20.9	10.8	4.1
1980	17.5	14.1	11.7	2.7
1990	15.8	12.4	13.6	2.6
2004	10.5	11.2	16.0	2.6

　京浜は東京都と神奈川県、阪神は大阪府と兵庫県、中京は愛知県と三重県、北九州は福岡県。北九州の地位の低下とともに、四大工業地帯という呼び方はなくなっている。（『統計で見る日本の100年』『データで見る県勢』より作成）

資料3　1960年の中京工業地帯の工場分布
（安藤萬壽男他『東海地方』大明堂）

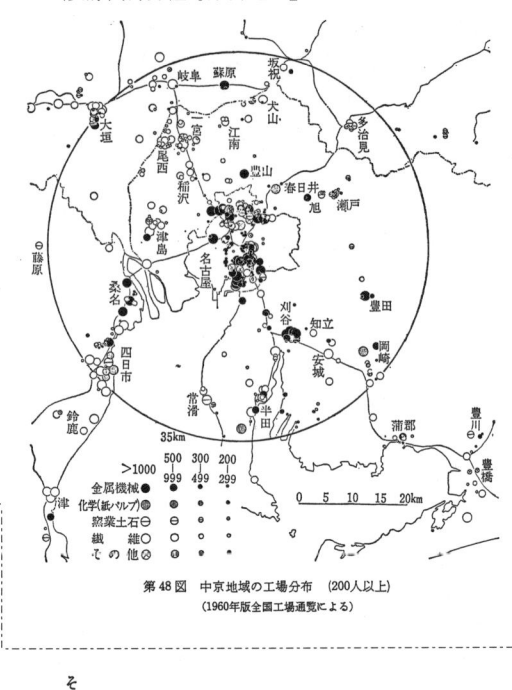

第48図　中京地域の工場分布（200人以上）
（1960年版全国工場通覧による）

(No.2)

資料1　1960年の愛知県工業の業種別割合（％）
（都丸泰助他『トヨタと地域社会』大月書店）

1960年（1兆4182億円）：食料品 8.9／繊維工業 29.7／化学工業 7.1／土石窯業製品 4.8／鉄鋼業 5.2／金属製品 3.1／一般機器 7.3／電気機器 4.8／輸送機器 15.0／その他

資料2　トヨタ自動車の国内の主な生産工場
（トヨタ自動車工業HPより）

工場名	完成年	所在地
本社工場	1938	豊田市トヨタ町1
元町工場	1959	豊田市元町1
上郷工場	1965	豊田市大成町1
高岡工場	1966	豊田市本田町三光1
三好工場	1968	三好町打越字並木1
堤工場	1970	豊田市堤町字馬の頭1
明知工場	1973	三好町明知字西山1
下山工場	1975	三好町打越字下山1
衣浦工場	1978	碧南市玉浦10-1
田原工場	1979	田原市緑が浜3-1
貞宝工場	1986	豊田市貞宝町7
広瀬工場	1989	西広瀬町桐ヶ洞543
トヨタ九州	1992	福岡県若宮市
トヨタ北海道	1992	北海道苫小牧市
トヨタ東北	1998	宮城県黒川郡大和町

資料3　トヨタの工場の分布（都丸泰助他『トヨタと地域社会』大月書店）

工場間の時間距離

資料4　市名変更
　住民にとって由緒ある「挙母（ころも）」の地名を、企業の名称「豊田」に変更しようとする口火を切ったのは、市商工会議所有志による請願書が市議会に出され（1958年1月）これを受理可決したことからである。請願理由には、市名変更がトヨタ自動車工業の宣伝のためであり、今後の町づくりをトヨタ自動車工業を中核に進める以外ないと明記されていた。農民や市民の市名変更に反対する人々は、市長・市議のリコール運動を含む激しい反対運動を繰り広げた。これに対して賛成派は、「市名変更賛成連盟」を結成し、反対運動の阻止切り崩しの運動を展開し、1959年1月市名変更が実施された。（都丸泰助他『トヨタと地域社会』大月書店）

中京地方の変化 (No.3)　　　年　組　名前

資料1　トヨタ7つのムダ（佃律志『トヨタ生産方式』日本能率協会）
―― 必要なときに、必要な量だけつくるために ――
①つくりすぎのムダ：売れると思って多くつくることによってムダが生じます。
②不良をつくるムダ：不良をつくるのにかかったエネルギーから発生するムダ。
③手持ちのムダ：部品待ちでの発生するムダ。
④動作のムダ：ムリな作業、効率の悪い姿勢や動きのムダ。
⑤運搬のムダ：必要以外の運搬（積み替え、長い距離の移動、不要な回数）のムダ。
⑥加工そのもののムダ：不必要な加工を必要のごとく加工することで発生するムダ。
⑦在庫のムダ：材料や部品が、多すぎたりして発生するムダ。

資料2　トヨタの労働者一人あたりの生産台数
（野原敏雄『日本資本主義と地域経済』大明堂）

年	生産台数(A)	労働者数(B)	(A)/(B)
1955	22,786	3,762	2.8
1965	477,643	14,876	32.1
1975	2,336,053	30,084	77.7

資料3　1984年の豊田市の自動車関係従業者の規模別年収（都丸泰助他『トヨタと地域社会』大月書店）

事業所規模	年間所得	事業所規模	年間所得
1～9人	174万	30～99人	266万
10～29人	224万	1000人～	481万

資料4　余裕が全くないトヨタシステム
（渡邉正裕『トヨタの闇』）

　トヨタでは、その日単位で仕事を進めねばなりません。その日のうちに試験して、データなどを整理して翌日に反映させなければならない。その日のうちにすべて終わらせなければ、翌日は仕事ができないんです。つまり、失敗やトラブルが全くないことを想定して組み立てられたシステム。早く帰宅しないと身体が持たないので、休憩時間も働いていました。それでも帰宅は午前0時過ぎ。

資料5　三重県工業の業種別の百分率の変化（「データで見る県勢」より）

年	繊維	化学	石油	電機	自動車
1965	19.1	21.2	10.1	8.6	12.5
1985	4.1	19.6	8.9	11.3	19.4
2005	0.7	12.8	4.8	23.7	26.9

資料6　愛知県工業の業種別の百分率の変化（「データで見る県勢」より）

年	繊維	化学	鉄鋼	機械	電機	自動車
1965	20.4	5.4	8.0	8.6	3.3	22.0
1985	5.6	6.7	3.1	9.7	6.3	38.7
2005	1.2	6.6	5.8	9.1	9.4	49.4

資料7　鉱工業部門の日本の大企業　ただし（ ）内は世界順位

	1960年	1970年	1980年	1990年	2005年
1	日立製作所(71)	新日本製鉄(20)	トヨタ自工(36)	トヨタ自工(6)	トヨタ自工(7)
2	八幡製鉄(92)	日立製作所(29)	日産自動車(37)	日立製作所(12)	ホンダ(15)
3	東芝電機(101)	トヨタ自工(49)	新日本製鉄(42)	松下電器(17)	日立製作所(22)
4	富士製鉄(140)	松下電器(50)	日立製作所(44)	日産自動車(20)	日産自動車(25)
5	日本鋼管(197)	三菱重工(51)	松下電器(45)	東芝電機(29)	松下電器(30)

『日本国勢図会』より作成。　※1960年のトヨタは日本で10位、世界順位は260位。

4　愛知県の特徴

愛知県を探る／第4時

●この授業のねらい
①愛知県の地域的特徴がわかる。
②愛知県の農業の特徴がわかる。
③東海4県の工業の伸びがわかる。

　本時では、愛知県の地域的特徴を把握する。この予定で授業を進めると、4回目の県の特徴の把握の授業となる。そのため、なるべく子どもたちの力で資料を読み解くようにしていきたい。そのため、投げかけて、待つようなパターンの授業になり、このような授業書では表現しにくいところもあり、行間の風景を読み取り、授業に活かされたい。

●本時で用いる教材
・電照菊の写真、温室メロンの写真　　・掛け図　　・自動車工場の分布図（拡大図）

●本時の展開

展開1　愛知県を探る。
・「今日は愛知県の特徴を調べます。」
・「今までの勉強の中で、愛知県は日本最大の工業地帯になっていることがわかりました。工業の中心は何ですか。」（自動車工業）
・「そうですね。工業統計上からは輸送機械工業といいます。その中心となっている会社は何といいましたか。」（トヨタ自動車）
・「中京工業地帯では昔から自動車工業が盛んだったのですか。」
・「中京工業地帯で昔盛んだった工業は何ですか。」（繊維工業）
・「トヨタの発展とともに伸びてきたように見える愛知県でしたが、その全体の様子をこれから見ていきます。」
・「それでは、まず愛知県の関する○×クイズから始めます。プリントを配ります。」
・「ではいつものように、自分の思った答えを書いてください。」
・「では、答えをいいます。1－×、2－×、3－×、4－○、です。」
・「全部できた人はいますか。」
・「では確かめていきます。織田信長か生まれて根拠地としたのは清洲というところで、東海道線で名古屋から二つめの駅です。信長はその後、岐阜、安土を根拠地としますので、名古屋の町とは直接関係ありません。徳川家康が、大名に命じてつくらせました。」
・「2番は、地図帳のあとの統計資料で調べてください。」
※本書の巻末資料も使えるし、教科書の巻末に載っている場合もある。資料集を購入していたらそこにも資料があるはず。
・「3番以後は、統計資料で確認するしかありませんので、プリント2を配りますので見てください。」

展開2　愛知県の農業を探る。
・「資料2を見てください。そして、愛知県が全国3位以内の農作物にチェックしなさい。」
・「どんな作物が多いですか。」（野菜、花）
・「資料3の農協生産額の分布を見てください。まるが大きいのが生産額の多い地方です。特に目立つのはどのあたりですか。」（海沿い、渥美半島）
・「渥美半島やその周りの海沿いのところで生産額が大きいですね。」
・「資料4の地図を見てください。愛知県は東に山地があり、南や西に向かって山が低くなっています。

濃尾平野と山地の間には台地が広がっています。」
- 「愛知県では花や野菜の生産が多いのですが、それはどのあたりなのでしょうか。」
- 「平野と台地ではどちらで花や野菜を作るのでしょうか。」（台地）
- 「台地の方が水はけもいいし、コメも作りにくいので、そうなったのですね。西部の濃尾平野は前に勉強したように、低い土地が多く、コメの方がつくりやすくなっています。」
- 「愛知県では、東部で野菜や花、西部でコメを作っています。そして、愛知県は大都市と工業地帯を抱えながら、農業県でもあるんですね。」

展開3 愛知全体の特徴を見る。

- 「では、今まで勉強してきたことを踏まえて、愛知県全体の特徴を見ていきます。」
- 「プリント1に戻り、作業1を行ってください。」

※この作業は電卓を持たせて計算させるのがベストだが、時間がなければデータを読み上げて記入させる。

産業	農業	建設業	製造業	情報通信	運輸業	卸売小売業
愛知	2.7	8.0	26.1	1.8	5.4	18.0
滋賀	3.7	7.4	26.6	1.3	4.4	15.3
埼玉	2.2	8.6	18.0	4.1	6.3	18.4
東京	0.6	6.9	11.1	6.8	5.0	18.7
全国	4.6	10.1	19.0	2.5	5.0	18.6
産業	金融保険業	不動産業	飲食宿泊業	医療福祉業	教育学習業	サービス業
愛知	2.0	1.2	5.2	7.1	3.8	13.5
滋賀	2.1	0.7	5.2	7.1	5.3	13.8
埼玉	3.1	1.8	4.7	6.8	4.2	15.0
東京	3.5	3.2	6.4	7.6	4.6	18.3
全国	2.8	1.3	5.5	6.8	4.2	12.8

- 「表が完成したら、全国や今まで見てきた都府県と比べた愛知県の特徴をまとめてみてください。」（製造業が高い。農業、建設業などが全国を大きく下回っている）
- 「今まで勉強してきた中で似ているのは」（滋賀県）
- 「愛知県が工業県ということは資料で確かめられます。その中で、建設業や農業が割合を下げています。」
- 「それと滋賀県と似ていますが、県内に大都市を持つにもかかわらず、第三次産業が低くなっています。運輸業がやや高いことを考えると愛知県は工業中心の県といえますね。」
- 「資料2の空欄を調べてください。」（人口密度→1,405人、可住地割合→53.9%）
- 「可住地が多く、人口密度は相当高いですね。これは地形と歴史からある程度想像できますね。」
- 「資料3に入る数値をいいますので記入してください。」

	1985年	2004年
人口の対全国比	5.33	5.68
県民所得の対全国比	6.28	6.51
農業産出額の対全国比	3.07	3.66
工業出荷額対全国比	10.53	12.91

- 「表が完成したら、表を見て考えたことをいってください。」（全部伸びている。）
- 「この点が愛知県の特徴です。発展しつつある地域といえますね。」
- 「愛知県は、実際にものをつくる産業が産業全体に大きな割合を占めています。その産業が伸びているので、産業から見ると愛知県は発展しているといえます。しかし、そこで働く人は厳しい状態にあり、人々の努力が生産の伸びを支えています。」

展開4 東海4県の工業を見る

- 「愛知県が工業県だということがわかりましたし、隣の三重県も似ていることを前に勉強しました。最後に愛知県の周りの県の工業について考えてみます。」

- 145 -

- 「愛知県と隣り合う県は」(三重、岐阜、静岡)
- 「ではこの4県について調べます。」
- 「三重県と愛知県は、工業出荷額の全国に占める割合が増えていることがわかりましたが、他の二県はどうなっているのでしょうか。三択をします。①二県とも下がっている。②二県とも上がっている。③一つは上がり、他は下がる。」
- 「では自分がこれと思うところに手を挙げてください。」
- 「プリント3を配りますので、資料1を見て、確認してください。」
- 「どの県も大きく伸びていますね。4県合計で23％ですから、日本全体の4分の1近くを占めています。これに、工業が伸びている滋賀県を加えると、阪神と京浜の間のこの地域は日本の工業の中枢部と言っていいと思います。」
- 「資料2をみてください。どの県も自動車工業の割合が高く、その数値も伸びています。ということは、自動車は豊田市だけではないということですね。」
- 「そこで、資料3を見てください。東海地方にはいろいろな自動車会社の工場があります。各県にある工場を確かめてください。」
- 「トヨタだけが東海地方の工業を支えているのではないことがわかります。」
- 「それでも、自動車工業がこの地域の工業を支えていることは間違いありません。」

● 参考文献
青野壽郎他『日本地誌12』二宮書店　1969年
立正大学地理学教室『日本の地誌』古今書院　2007年

愛知県の特徴（No.1）　　　　　年　組　名前

○×クイズ

1、名古屋市の町の基礎をつくったのは織田信長である。	（　）
2、愛知県の農業産出額は、全国で5位以内には入らない。	（　）
3、愛知県の自動車保有台数は、東京都に続いて全国2位である。	（　）
4、愛知県の菊の生産量は、全国で3位以内に入る。	（　）

作業1　愛知県の産業の特徴を調べてみよう。産業別就業者数の割合を全国合計と比べる。
計算方法　各産業就業者数÷総数×100（％）

産業	農業	建設業	製造業	情報通信	運輸業	卸売小売業
愛知						
滋賀	3.7	7.4	26.6	1.3	4.4	15.3
埼玉	2.2	8.6	18.0	4.1	6.3	18.4
東京	0.6	6.9	11.1	6.8	5.0	18.7
全国	4.6	10.1	19.0	2.5	5.0	18.6
産業	金融保険業	不動産業	飲食宿泊業	医療福祉業	教育学習業	サービス業
愛知						
滋賀	2.1	0.7	5.2	7.1	5.3	13.8
埼玉	3.1	1.8	4.7	6.8	4.2	15.0
東京	3.5	3.2	6.4	7.6	4.6	18.3
全国	2.8	1.3	5.5	6.8	4.2	12.8

資料2　人口・面積を比べる。　資料3　昔と今を比べよう

人口密度（人）

愛知県	
全国	343

可住地割合（％）

愛知県	
全国	31.1

	1985年	2004年
人口の対全国比		
県民所得の対全国比		
農業産出額の対全国比		
工業出荷額対全国比		

※全国比　愛知県÷全国×100　単位は％

(No.2)

資料1　都道府県別自動車（乗用車）保有台数

(2006年末、単位千台。『日本国勢図会』)

北海道	2 719	鳥取	318	
青森	690	島根	376	
岩手	685	岡山	1 063	
宮城	1 160	広島	1 350	
秋田	578	山口	778	
山形	655	徳島	425	
福島	1 121	香川	535	
茨城	1 764	愛媛	689	
栃木	1 208	高知	371	
群馬	1 265	福岡	2 334	
埼玉	2 992	佐賀	448	
千葉	2 597	長崎	643	
東京	3 220	熊本	918	
神奈川	3 039	大分	629	
新潟	1 286	宮崎	613	
富山	659	鹿児島	870	
石川	658	沖縄	675	
福井	471	全国	57 522	
山梨	512			
長野	1 283			
岐阜	1 230			
静岡	2 047			
愛知	3 803			
三重	1 052			
滋賀	715			
京都	1 000			
大阪	2 743			
兵庫	2 200			
奈良	628			
和歌山	505			

資料2　主要農産物の収量（上位3位以内）

(2005年。立正大『日本の地誌』古今書院)

品目	県名	順位	比率(%)
野菜類			
キャベツ	愛知県	②	15.8
ブロッコリー	愛知県	②	12.5
レンコン	愛知県	③	7.6
カリフラワー	愛知県	①	11.5
セロリー	静岡県	②	24.1
サヤエンドウ	愛知県	③	5.9
フキ	愛知県	①	40.5
チンゲンサイ	静岡県	②	46.2
同	愛知県	③	7.9
果実類			
ミカン	静岡県	③	11.4
ネーブルオレンジ	静岡県	③	17.6
花卉・観葉植物類			
キク	愛知県	①	28.1
カーネーション	愛知県	②	15.9
バラ	愛知県	①	14.1
同	静岡県	②	10.7
ガーベラ	静岡県	①	34.7
同	愛知県	③	9.3
洋ラン類　鉢物	愛知県	①	31.8
多肉植物	岐阜県	①	30.8
同	愛知県	②	28.4
観葉植物	愛知県	①	38.5
同	静岡県	③	8.8
茶	静岡県	①	43.9

資料3　愛知県の市町村別の農業生産額

(立正大『日本の地誌』古今書院)

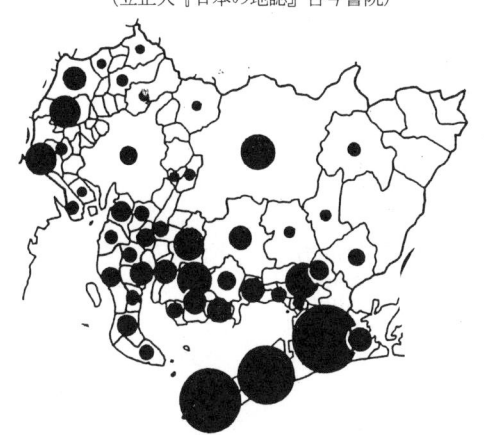

資料4　愛知県の自然（青野寿郎他『日本地誌12』二宮書店）

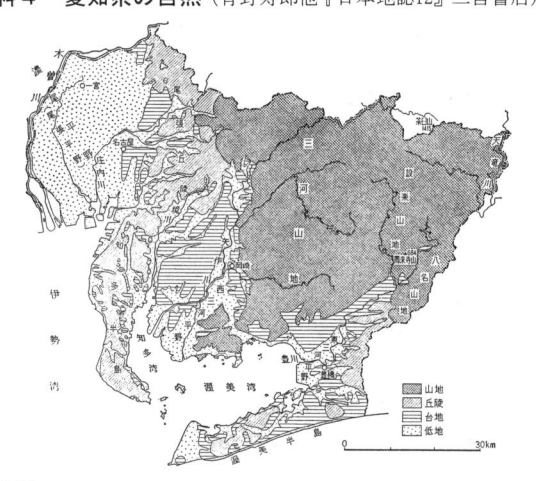

愛知県の特徴 (No.3)

年　組　名前

資料1　東海4県の工業出荷額の対全国比の変化（％）

	1970年	2004年
岐　阜	1.53	1.75
静　岡	4.01	5.87
愛　知	9.18	12.91
三　重	1.90	3.07
計	16.62	23.60

（『日本国勢図会』より作成）

資料2　東海4県の工業出荷額に占める自動車工業の割合の変化（％）

	1970年	2004年
岐　阜	7.4	11.4
静　岡	18.0	28.7
愛　知	26.2	48.9
三　重	13.9	27.9

（『日本国勢図会』より作成）

資料3　日本の主な自動車工場の分布（『データで見る県勢』）

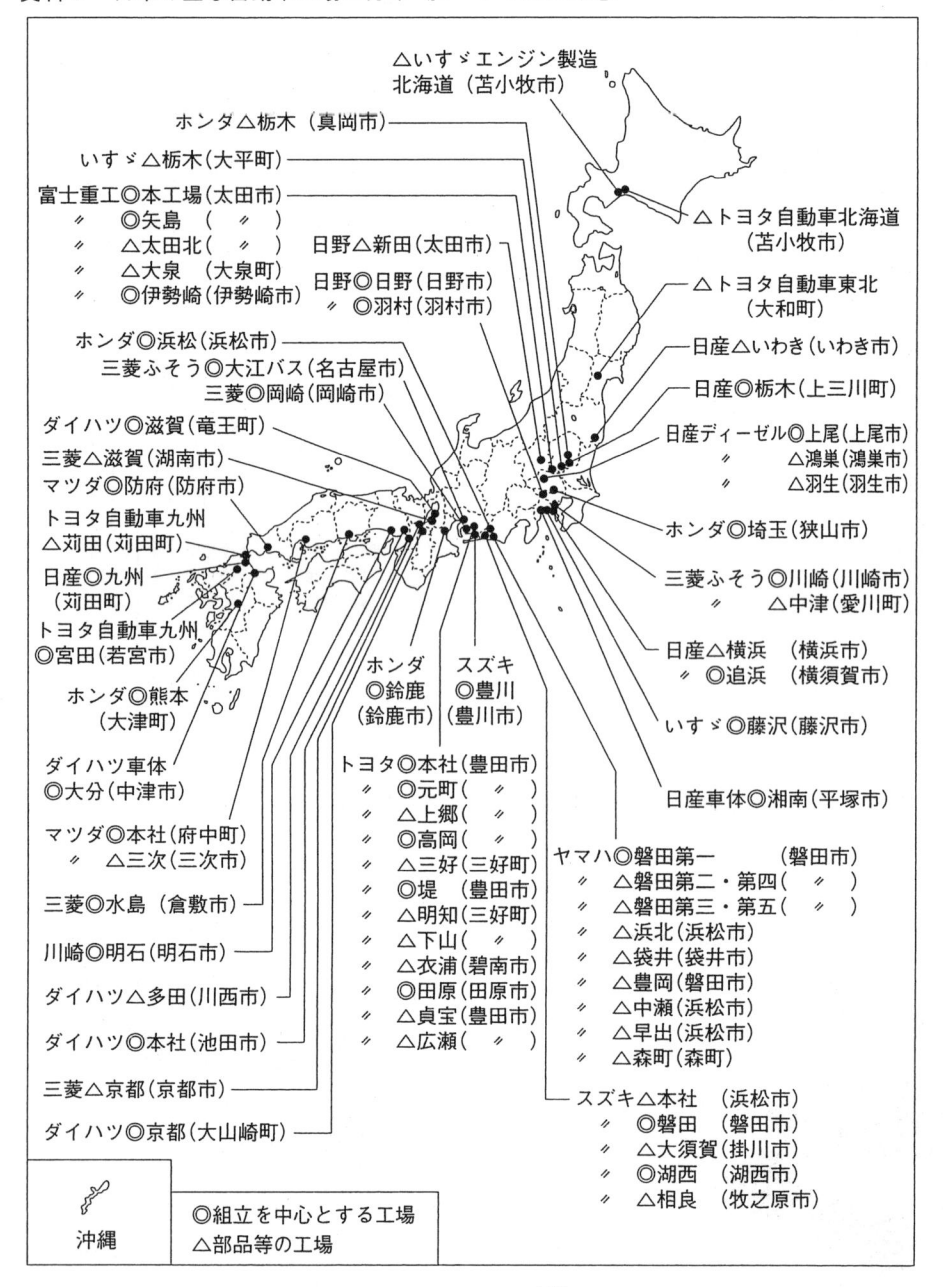

△いすゞエンジン製造　北海道（苫小牧市）
ホンダ△栃木（真岡市）
いすゞ△栃木（大平町）
富士重工◎本工場（太田市）
　〃　◎矢島（　〃　）
　〃　△太田北（　〃　）
　〃　△大泉（大泉町）
　〃　◎伊勢崎（伊勢崎市）
日野△新田（太田市）
日野◎日野（日野市）
　〃　◎羽村（羽村市）
ホンダ◎浜松（浜松市）
三菱ふそう◎大江バス（名古屋市）
三菱◎岡崎（岡崎市）
ダイハツ◎滋賀（竜王町）
三菱△滋賀（湖南市）
マツダ◎防府（防府市）
トヨタ自動車九州△苅田（苅田町）
日産◎九州（苅田町）
トヨタ自動車九州◎宮田（若宮市）
ホンダ◎熊本（大津町）
ダイハツ車体◎大分（中津市）
マツダ◎本社（府中町）
　〃　△三次（三次市）
三菱◎水島（倉敷市）
川崎◎明石（明石市）
ダイハツ△多田（川西市）
ダイハツ◎本社（池田市）
三菱◎京都（京都市）
ダイハツ◎京都（大山崎町）

△トヨタ自動車北海道（苫小牧市）
△トヨタ自動車東北（大和町）
日産△いわき（いわき市）
日産△栃木（上三川町）
日産ディーゼル◎上尾（上尾市）
　〃　△鴻巣（鴻巣市）
　〃　△羽生（羽生市）
ホンダ◎埼玉（狭山市）
三菱ふそう◎川崎（川崎市）
　〃　△中津（愛川町）
日産△横浜（横浜市）
　〃　◎追浜（横須賀市）
いすゞ◎藤沢（藤沢市）
日産車体◎湘南（平塚市）
ヤマハ◎磐田第一（磐田市）
　〃　△磐田第二・第四（　〃　）
　〃　△磐田第三・第五（　〃　）
　〃　△浜北（浜松市）
　〃　△袋井（袋井市）
　〃　△豊岡（磐田市）
　〃　△中瀬（浜松市）
　〃　△早出（浜松市）
　〃　△森町（森町）

ホンダ◎鈴鹿（鈴鹿市）
スズキ◎豊川（豊川市）

トヨタ◎本社（豊田市）
　〃　◎元町（　）
　〃　△上郷（　）
　〃　◎高岡（　）
　〃　△三好（三好町）
　〃　◎堤（豊田市）
　〃　△明知（三好町）
　〃　△下山（　）
　〃　△衣浦（碧南市）
　〃　◎田原（田原市）
　〃　△貞宝（豊田市）
　〃　△広瀬（　）

スズキ△本社（浜松市）
　〃　◎磐田（磐田市）
　〃　△大須賀（掛川市）
　〃　◎湖西（湖西市）
　〃　△相良（牧之原市）

沖縄

◎組立を中心とする工場
△部品等の工場

- 148 -

岩手県・宮城県を探る

循環型社会づくりの視点から

　この節では、宮城県気仙沼市の「牡蠣の森を慕う会」を中心に取り組まれた「森は海の恋人」運動を取りあげる。この運動は、気仙沼市唐桑町舞根（旧唐桑町）に住む牡蠣士・畠山重篤氏をリーダーとして、気仙沼湾の漁師が、岩手県一関市室根地区（旧室根村）の室根山の山腹に漁師の森をつくるものである。国語の教科書に載っている地域もある。結構知られている話を、あえて社会科地理で取りあげるのは、養殖する牡蠣やホタテの品質悪化に苦しむ漁師たちが、川の水質の重要性に気づき、川の水質を取り戻すために上流に森をつくるために木を植える。そのため、上流の室根村の人々と漁師の間に連帯が生まれ、上流の人に環境意識が育ち、川の水質が改善され、海もきれいになる。そしてこの運動は全国に広がる。二つの地域をあげた運動があり、運動に関わる人たちの気づきが環境意識を育て、水質改善につながり、それが全国に広がるという展開は社会科でこそ取りあげる価値がある。

　ところで東北地方には、循環型社会づくりの視点から見ると多くの教材となりうる地域がある。一瞥しただけでも、宮崎アニメ「思ひでポロポロ」の舞台となった山形県高畠町の上和田有機農業研究会、山形県長井市のレインボープラン、福島県旧熱塩加納村の農協の取り組み、岩手県葛巻町の風力発電と低温殺菌牛乳の取り組みなどをあげることができる。他にも、東北地方には篤農家が多く、個人が地域と結びついたり、消費者と結びついた取り組みは社会科地理の教材となりうる事例が多い。その中で、当初は大きな自治体の取り組みということで長井市のレインボープランを取りあげようと考えていたが、それだと循環型農業の繰り返しになり、水産業という別の視点から地域を見ることもできるので、「森は海の恋人」運動を取りあげることにした。

　この運動は、宮城県と岩手県の二県にまたがっているため、二つの県を取りあげる。しかも、この二つの県は隣接しつつもやや性格を異にしている。宮城県は地方中核都市である仙台を中心にできた県であり、やや中心性が高い県である。その意味で、二つの県を取りあげるということは、日本の地域構造を理解する上でも効果がある。また、時間的には不十分であるが、発展として、東北・北海道地方の食料生産や東北地方における電気機械工業の発展を概観する。

　授業は次のように構成した。
　第1時　リアスの海とカキ養殖
　第2時　カキの海を守る
　第3時　広がる大地を守る運動
　第4時　宮城県と岩手県を探る

1　リアスの海とカキ養殖

岩手県・宮城県を探る／第1時

● この授業のねらい
① カキ養殖業の様子がわかる。
② 養殖業における宮城県の地位がわかる。
③ 気仙沼湾の養殖業の問題点が捉えられる。

　本時は、森は海の恋人運動の背景としての、カキ養殖の様子と、気仙沼湾の環境とその変化を把握する。そのため、気仙沼湾の豊かな自然を描き出すことに力を入れる。ここで取りあげた、「漁師さんの森づくり」の中には、たくさんの図が載っている。この絵を拡大して利用すると、理解が得やすい。

● 本時で用いる教材
・掛図　・磯の絵の拡大図（「漁師さんの森づくり」の裏表紙に掲載）　・「三陸海岸のリアスの写真」
（適当な写真がなければ、旅行雑誌などからとってくる。）　・日本の拡大図

● 本時の展開

|展開1|　三陸海岸を見る

・「今日から岩手県と宮城県を勉強します。地図帳を出して、宮城県と岩手県を確かめてください。」
・「見つからない人は隣の人に聞いてください。」
・「今日は海のくらしを考えますから、海の方を見てください。気がついたことはありませんか。」
・「海岸線が出たり入ったりしています。何というか知っていますか。」
・「このような海岸をリアス式海岸といいますが、どうやってこのようなでこぼこができたかわかりますか。」
・「三択をします。①波が荒いので波に削られた。②土地が沈んで海の水が低い土地に入り込んだ。③昔、ここで大火山が噴火して溶岩が流れ込んでできた。」
・「ではプリントを配りますので、資料2を読んで答えを確かめてください。」
・「答えは？」（②番です。）
・「そうです。山の中に、水が入り込んできたことを想像してみてください。」
・「ちょっとこの大きな地図を見てください。本当に出入りの多い海岸線ですね。鉄道だって、三陸リアス鉄道といいますね。この海岸は三陸海岸といいます。この写真を見てください。」
・「きれいな風景ですね。気がついた人もいると思いますが、ここは国立公園にもなっています。」

|展開2|　カキ養殖の一年

・「今日は、この海岸線で暮らしている畠山さんの生活をしらべてみます。」
・「畠山さんは気仙沼という町に住んでいます。地図帳で気仙沼を探してください。今度は、プリントの地図を見てください。舞根というところがありますが、ここが畠山さんが住む村です。前は唐桑町といっていましたが、最近気仙沼市と合併しました。」
・「プリントをみてわかるとおもいますが、畠山さんは何をしてくらしていますか。」
・「カキってどんな食べ方がありますか。好きな料理を言ってください。」
・「ところで、畠山さんはカキ養殖をしていますが、たくさん本を書いています。今日はその本を使って海辺のくらしを調べていきます。」
・「資料3は畠山さんが書いた、カキ養殖の一年です。いつ頃、どんな作業があるのか整理してください。」
・「カキの産卵はいつ頃ですか。」（暑いとき、夏）
・「10月に行う作業は何ですか。」（種ハサミ、水揚げ、カキむき、出荷）
・「カキの水揚げはいつ頃までつづきますか。」
・「4月まで続きます。」

※養殖しているのは「マガキ」といい、卵巣が大きく体全体が卵になり、産卵期に食べられなくなる。夏でも食べられるカキは「イワガキ」といい、別の種類のカキ。

展開3　カキ養殖と海面養殖のようす

・「半年で、一年間の収入を得るのですから、大変ですね。ところで、宮城県のカキは日本全体のカキの生産量の何分の一を占めていると思いますか。予想してください。」
・「意見の中で、どれが正しいと思いますか。手を挙げてください。」
・「ではプリント2を配りますので、資料1を見て確かめてください。」
・「正しい答えは何ですか。」（4分の1）
・「宮城県のカキ生産量は増えていますか。減っていますか。」（増えている。）
・「宮城県のカキ生産高は全国二位で全生産量の4分の1を占めていますね。」
・「次に、養殖の盛んな県を調べてみます。資料2を見てください。」
・「養殖業全体ではどうなっているのか調べてみます。では、黒板に日本全体の白地図を貼りますので、マグネットをおいてください。カキは赤、ぶりは青、鯛は黄色、ノリは黒です。やってみたい人は出てきてください。重なりができたら、ジャンケンです。」
・「養殖が盛んな県は日本のどのあたりに多いですか。地方名で答えてください。」（九州、中国・四国地方）
・「宮城県や岩手県も入っていて、資料がなかったのでのせませんでしたが、ホタテ養殖では青森県や北海道が上位を占めていますから、東北地方も養殖が盛んな地方といえます。」
・「だから、日本の端と端で養殖が盛んだといえます。なぜだと思いますか。」（海がきれい）
・「養殖はきれいな海でないとできないのです。」
・「養殖業全体ではどうかということで、生産額で見ると資料3のようになっています。この5位までの県を別のマグネットをおいてみます。どんなふうに感じますか」（端と端で多い）
・「今度は、養殖業が日本の漁業に位置を調べてみます。資料5をみてください。資料を見て気がつくことをいってください。」（1990年からは獲量が減っている。養殖の収量は減っていない。漁業全体に占める養殖の割合は増えている。）
・「日本は周りが海なのに漁獲量が減っているのはなぜですか。」（輸入している。200カイリ問題で魚が捕れない）
※ここは、意見が出るかどうか微妙なので、無理して出させないで、さらりと解説する。
「他にも、魚業をする人がいなくなってきていることもありますね。いずれにしても、国内で魚を獲るには、養殖は欠かせないものになっています。」

展開4　リアスの海とその変化

・「では、養殖業が盛んな宮城県に戻ります。養殖業がのびていた気仙沼の海がどんな様子だったのか、資料で見てみましょう。資料5をみてください。読んで感想を言ってください。」
・「海も山も自然がいっぱいですね。当たり前の話しかもしれませんが、海にもウナギがいるんですね。」
・「さて、この豊かな海が、少しずつ変わってきました。どんなふうになったのでしょうか。考えてみたください。」
・「こう質問すると、皆さんは海が汚れたと答えますね。具体的にどうなったのか考えてみてください。」
※時間があれば、選択肢をもうけて挙手させるが、時間がない場合は無理せず、次のプリントを配り進める。大切なのは、海の汚れを把握すること。
・「では、プリント3を配りますから、資料1を読んでください。」
・「海の異変はいつ頃から起きましたか。」（1964年頃から）
・「どんなことが起きましたか。」（ノリが育たない。）
・「海はどうなりましたか。」（赤い色になり、変なにおい。）
・「それで、カキはどうなったのか資料2をみてください。」
・「どんな様子でしたか。」（赤くなってうれない。）
・「なぜそうなったのですか。」（赤潮プランクトンをカキが吸い込んだ。）

・「カキが売れなくなると畠山さんはどう思いましたか。資料3を読んでください。」（もう終わりだ）
・「きれいな海で、養殖業を発展させてきた気仙沼の人たちは、海が汚れて、養殖ができなくなりそうになりました。さて、どうしたでしょうか。つぎの時間に考えましょう。」

●参考文献

畠山重篤『漁師さんの森づくり』講談社　2000年
荒巻孚『生きている渚』三省堂　1972年

リアスの海とカキ養殖（No.1）　　　　年　組　名前

資料1　畠山さんの養殖場

（畠山重篤『漁師さんの森づくり』講談社）

資料2　リアス式海岸とは

　リアス式海岸は、陸地の一部が海水におぼれてできた、沈水海岸の一つである。海岸線は、いちじるしく屈曲に富み、その屈曲の度合いは、ふつう海水面の上昇量が大きいほど激しい。宮古湾から牡鹿半島にかけての陸中海岸は最後の氷期（約1万5千年ほど前）の中で、いちばん低い海面を示した時期よりも前に形成された谷が、その後の、海面上昇することによって、おぼれてできた沈水河谷であると考えられている。（荒巻孚『生きている渚』三省堂）

資料3　カキ養殖業の1年

　カキ養殖業はまずカキの種（カキの子ども）をとることから始まります。梅雨が明けて、暑い日が続くようになると水温もどんどん上がり、カキは産卵を開始します。まるで牛乳のような乳白色の液体を海中にふきだすのです。1個のメスのカキはだいたい1億個の卵を産みます。オスはなんと10億個もの精子を放出するのです。カキの卵は受精し、約3週間海の中をただよいながら成長します。このときホタテ貝の貝殻を海に入れてやるのです。1枚の貝殻に30〜100個のカキがくっつきます。

　カキ養殖をしている人にとって10月はもっとも忙しい月です。種ハサミをしてしまわなくてはなりません。特別やわらかく二本よりしたロープを使い、よりをすこしもどして、その間に種がついたホタテの殻をはさみこむのです。種カキを海にぶら下げておけば、海水といっしょに吸い込んだ植物性プランクトンを食べて大きくなるのです。カキもイカダを移動すればよく育つのです。内湾から沖合に、そして収穫期は河口の近くに移動します。10月の声を聞くとカキの水揚げが始まります。太陽がのぼってくる頃、しずみそうになるほどカキを山づみした船が帰ってきます。カキをむくおばさんたち（むき娘）が、ナイフで一粒一粒器用にカキをむいてゆきます。きれいに水洗いしたカキは夕方になると箱づめされ、全国に出荷されていくのです。（畠山重篤『漁師さんの森づくり』講談社）

資料4　カキ養殖イカダ

（畠山重篤『漁師さんの森づくり』講談社）

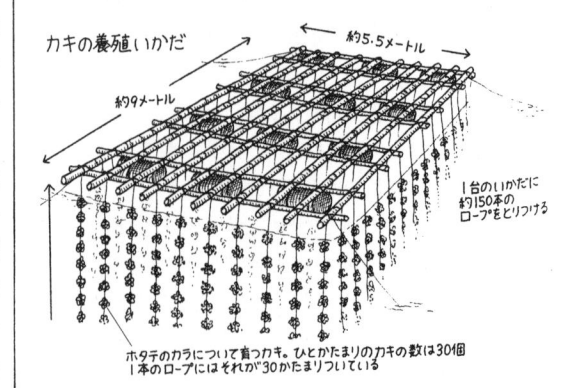

リアスの海とカキ養殖 (No.2)   年　組　名前

資料1　カキ生産量の県別の推移（％）

年	広島県	宮城県
1968	76	9
1990	64	18
2005	51	25

「中学生の社会科・地理」（中教出版）「日本国勢図会」「データで見る県勢」より作成

資料2　海面養殖業の魚種別収穫量の上位5県
（2005年）

	1位	2位	3位	4位	5位
ぶり類	鹿児島	愛媛	大分	宮崎	香川
まだい	愛媛	熊本	三重	長崎	高知
カキ類	広島	宮城	岩手	岡山	兵庫
のり類	佐賀	兵庫	熊本	福岡	宮城

（『データで見る県勢』より作成）

資料3　海面養殖業の生産額の上位5県（2005年）

	1位	2位	3位	4位	5位
県名	愛媛	鹿児島	北海道	熊本	宮城
生産額	575	499	348	289	274

（単位は億円。『データで見る県勢』より作成）

資料4　日本の漁業に占める養殖業の割合（単位は千トンと％）

年	全漁獲量	海面養殖収量	養殖業の割合
1968	8,670	473	5.5
1990	9,570	1,272	11.5
2005	5,765	1,212	21.0

（『日本国勢図会』より作成）

資料5　約50年前のリアスの海（畠山重篤『漁師さんの森づくり』講談社）

　引き潮になると、黒い岩が上の方から水面に顔を出します。カキが重なるようについていました。カキの下には海藻に覆われたクボガイ、細長いカラブツなどです。もっと潮が引くと干潟を歩けるようになり、ヨミ島が根もとの方まで顔を出します。ヨミ島はびっしりカキにおおわれています。潮だまりをのぞくと、イソギンチャクがさまざま色の花をさかせていました。ホンダワラをかき分けたときです。白い線のある細長い魚が横ぎりました。ナベカです。アオサの下には、ムラサキウニがグツグツ音を立ててひしめいています。積み重なっているカキ殻が上がったり下がったりして動いています。マダコです。穴をほって、中で貝やカニを食べているのです。3キロはある大ダコです。

　潮が満ちてくるとこんどは釣りをします。桟橋の上から海をのぞくと、たえまなく魚が群れをつくって泳いでいるのがみえます。一番多いのがオウガイです。ボラ、タナゴ、クロダイ、メバルなども混じっています。海岸の天然石の石垣のあいだからは、ウナギがあっちからもこっちからもゾロゾロ顔を出しています。日本のウナギの稚魚は黒潮にのって日本の沿岸にやってきます。そして、細長く透明なシラスウナギとなり、川をさかのぼります。水のあるところなら、どこまでものぼっていきます。5年から10年かけて成魚になり、大雨のとき、川から海に下ってくるのです。

　海からつづく山々は、ほとんど雑木林でした。一番多いのはナラで木の下にはドングリがたくさんなります。クリも多く、クリひろいに出かけたものです。木にはアケビのツルがジャングルのようにからまり、まるでブドウだなのようです。

リアスの海とカキ養殖 (No.3)　　　年　組　名前＿＿＿＿＿

資料1　ノリがとれない（畠山重篤『漁師さんの森づくり』講談社）

　父と私は、力を合わせて、養殖の仕事を広げていきました。カキと同時にノリの養殖も手がけていました。ところが昭和三十九年（1964年）ごろから異変が起こりはじめたのです。網にたわわに成長しているノリを雨の降った翌日つみ取ろうとして漁場にいってみると、一晩のうちに網から落ちてしまっているのです。それまでは雨が降ると、ノリの色もよくなり、よく育っていたのが、いつのまにか、逆の現象が起こるようになっていたのです。そのころ船で気仙沼市に近づくにつれ、海がまるで「しょうゆ」を流したようなこい茶色になっているのです。夏は特にひどく、赤に近いような色になり、変なにおいさえしているのです。

資料2　血ガキ（畠山重篤『漁師さんの森づくり』講談社）

　カキのシーズンになり、東京の築地魚市場にいつものようにむき身を送りはじめていたら、朝早く電話がかかってきて、「今日のカキは売り物にならないからぜんぶ廃棄処分にします。」というのです。詳しく話を聞くと「白いはずのカキが赤くまるで血の色のようで、仲買人の人たちは血ガキとよんでいます。」という報告でした。浜は大さわぎになりました。水産試験場の技師の人たちが調査を始めました。その結果、気仙沼湾の奥で発生した、赤潮プランクトンが原因だというのです。秋口、風が北西風に変わり、湾の奥の赤潮が流れてきて、それを吸い込んだカキが赤くなるということです。カキ1個が1日200リットルもの水を吸いますので、たちまち体の中にたまるのではないかと説明です。

資料3　苦しい日々（畠山重篤『漁師さんの森づくり』講談社）

　こうなると赤潮プランクトンが消えるまで、まつしかありません。ずうっと沖合の漁場に網のふくろにカキを入れて下げておく、ということもおこなわれましたが、波が強くカキがこすれてしまって、身がやせてしまいうまくいきませんでした。収入も減るし、品質のいいカキということで信頼を得ていたのがくずれてしまったからです。もうこういう仕事は息子たちには継がせられない。おれたちの代で養殖業は終わりだなあ、そんなあきらめムードだけが浜にただよっていました。

2　カキの海を守る　　　　　　　　　　　　　　岩手県・宮城県を探る／第1時

●この授業のねらい
①気仙沼湾の汚れを、地域の変化から考える。
②「森は海の恋人」運動の意味を考える。

　本時の焦点は「森は海の恋人」運動の意義を考えることと、それを漁民自身が発案し、行い、源流部と河口部の住民の交流に発展したことである。前にもふれたが、漁民が木を植える行動自体は、子どもたちが知っているかもしれないので、そのことの意味や地域の変化の把握に重点を置いて展開したい。すでに、国語の教科書などで、言葉としては理解していることを社会科地理として取りあげるからには、書かれた内容を資料で裏付けて、地域の変化に焦点をあてていく必要がある。

●本時で用いる教材
・地形図の拡大図　・大川の水系図、もしくは「漁師さんの森づくり」に掲載されている大川周辺の地図　・気仙沼市の地図の拡大図

●本時の展開

展開1　気仙沼市の市街地の変化

・「前の時間に、気仙沼湾で赤潮が発生したことを勉強しました。誰か赤潮ということが説明できますか。」
・「赤潮は汚れた水をエサとして、プランクトンが大量に発生し海の水の色が変わり、海水中の酸素がなくなり、生き物が死ぬことをいいます。」
・「では気仙沼湾でどのように汚い水が入るようになったのか調べてみましょう。そのために、まず気仙沼の町がどのように変わったのか調べます。」
・「資料1と2に気仙沼の昔と水が汚れた頃の地形図を載せました。同じ場所で40年の差がある二枚の地形図です。比べてみてください。」
※地形図の新旧対比は、「地形図からわかること」で行ったが、ここでの新旧対比はより難しい。子どもたちにいきなり課題を与えると混乱してしまうので、二枚の地形図を拡大して黒板に掲示して、どこのことを話しているのか確認しながらすすめる。以下の展開は、拡大図で場所を示しながらすすめる。
・「といっても困りますね。ここに拡大した地形図がありますから、説明を聞きながらプリントの地形図にマークを入れてください。カラーペンか色鉛筆を用意してください。」
・「まず、基準にする地点を探しますので、見つけたらプリントの地形図にマークを入れてください。まずは、資料2で気仙沼湾を奥の方に進んで、神明崎を探してください。見つけたら、資料1でも探してください。」
・「次に、神明崎から陸に上がり、二重丸の市役所を探してください。見付けたら、資料1で丸の町役場を探してください。多少位置が違うと思いますが、町の中心部ということでここをマークしてください。」
・「次にその市役所の所に鉄道が通っていますが、その線路に沿っていくと二つの駅があります。『ししおり』と『けせんぬま』です。資料1でも見付けたらマークしてください。」
・「今度は、資料2の左隅を見てください。わかりにくいと思いますが、川があって、切れかかっていますが、大川と書いてあります。そこから海の方へ川が流れています。ここは、水色系の色でマークしてください。」
・「では、今確認した場所を起点にして、この二枚の地形図の変化を調べてください。自分で確認できたら、班の人と話し合って確認してください。」
・「まとまりましたか。気がついたことを発表してください。」（①市街地が広がった。気仙沼駅前、南

気仙沼駅前、鹿折駅前など、②大川の河口あたりの埋め立て、③港の位置の変化、神明崎の奥から湾の真ん中へ、④大川河口部から港まで海岸線が直線になった。⑤新しい鉄道ができた。)
・「この変化で、鉄道ができて、市街地が拡大したことは何となくわかりますが、海岸線の変化や港の位置の変化はなぜそうなったのでしょうか。考えてみてください。」
※すこし難しい課題かもしれないので、反応がない場合は、次のプリントを配り解説する。
・「難しいですね。実はこの二枚の地形図は、解説した文章があります。その一部をプリント2に載せました。今から配りますから資料1を読んで、その理由をまとめてください。」
・「何がいちばん大きいと思いますか。」(港の建設)
・「気仙沼は漁業の町だったんですね。そのために大きな港を作りました。この大きな港はどこにできたと思いますか。」
・「南気仙沼駅から海岸に行ったあたりです。それで、ここに町ができて、資料にあるように魚商といわれるお店や加工業者の工場などが移ってきました。」
・「それと、資料にあるように鹿折の方に工場がたくさんできています。」
・「市街地が拡大すると人口が増えると思います。そこで、市街地の拡大を裏付けるために気仙沼市の地区別の人口変化を見てみます。気仙沼市はいろいろな町や村が合併してできました。地区別の地図がプリントに印刷してありますが、黒板にも貼っておきますので、見てください。」
・「旧江気仙沼町は大川下流で分かれる神山川までです。それで、1955年と1975年を比べると人口が大きく増えているのはどこですか。」(気仙沼、鹿折、松岩)
・「松岩は、南気仙沼駅の市街地が広がって人口が増えました。市街地が広がった所で人口が増えていることがわかりますね。私たちの読図は間違っていなかったというこが、統計上からも確かめられますね。」
・「町が大きくなり、たくさん工場ができたので、家庭排水や工場排水が海に流れ込み海が汚れて赤潮が発生したといえますね。」

展開2　山の変化
・「畠山さんは雨が降るとノリがだめになるといっています。雨が降ると、湾の奥の汚れた海水がやってくると考えられますが、雨が降ると、川の上流の雨水が上流の土を流してきます。今度は、川の上流に注目してみます。」
・「上流の変化について畠山さんが書いています。畠山さんが書いているのは月立村ですが、気仙沼では新月地区の一部です。では、資料2を読んでください。この村は何をしていましたか。」(薪をとる)
・「どんな木がありましたか。」(広葉樹林)
・「正確には落葉広葉樹林といいます。秋には紅葉して葉が落ちて地面に積もります。この森では落ち葉が何十にも重なり、降った雨が蓄えられてきれいな水がしみ出て来るのです。きれいな水の中にたくさんの魚がいたのです。」
・「この広葉樹の森はどう変化しましたか。資料3を読んでください。」(針葉樹林になった。)
・「資料4に造林面積の推移が出ていますが、針葉樹林の増加量と考えていいと思います。昭和50年、1975年頃まで多いですね。減ってきたのはなぜですか。」
・「木材が輸入されるようになり、国内の木が売れなくなった。」
・「木が売れなくなると誰も手入れしなくなり、積もっていた落ち葉はなくなりました。」
・「落ち葉のない草の生えない山に雨が降ると。どうなると思いますか。」(すぐ流れる。土が流れる。)
・「そうですね。泥水が洪水のように流れます。森からきれいな水が流れなくなります。これも海を汚しました。」

展開3　漁師の森をつくる。
・「山が変わったことに気がついた畠山さんはあることをします。何をしたのでしょうか。」(広葉樹の森をつくる。)
※これは知っている子どもがいるということを予想しての展開。何も反応がなければ、三択などを考え

る。例えば、①山に広葉樹を植える。②気仙沼の町に下水道を完備させる。③工場排水を規制する。
- 「では、プリント3を配りますので、資料1を見て確認してください。」
- 「山に木を植えるってそんなに簡単なことではありません。なにが難しかったと思いますか。」
- 「木を植える土地はどうするんですか。誰の許可を得て植えるんですか。漁師さんたちに山仕事はできるんですか。」
- 「畠山さんは仲間と一緒に牡蠣の森を慕う会をつくり行動します。どう行動したか、資料2を見てください。」
- 「上流は岩手県の室根村です。畠山さんは会をつくり、村長さんに会いに行って、許可をもらいました。そして、室根村の人たちの協力を得て、木を植え森を作っていきました。」
- 「いつからはじめましたか。」(1989年)
- 「今も毎年やっていますから、何年続いたことになりますか。」
- 「この中で、畠山さんたちは、森の役割がわかってきます。そのために、北海道の大学の先生に会いに行っています。そこでわかったことを資料3で確認してください。」
- 「この取り組みは単に木を植えただけではありません。いろいろなことにつながりました。資料4を見てください。」
- 「小学生が体験にきたり、村の人たちが環境に気をつけるようになったりしました。こうして、カキの海を守る取り組みが始まりました。その結果どうなったかは、次の時間に勉強します。」

●**参考文献**
板倉勝高『気仙沼（読図）』地理23巻9号　1978年
畠山重篤『漁師さんの森づくり』講談社　2000年
畠山重篤『森は海の恋人』北斗出版　1994年
林野庁『平成11年度　林業白書』農林統計協会　2001年

カキの海を守る (No.1)　　　　年　組　名前

資料1　5万分の1地形図「気仙沼」1933年　（板倉勝高「気仙沼」地理23巻9号より）

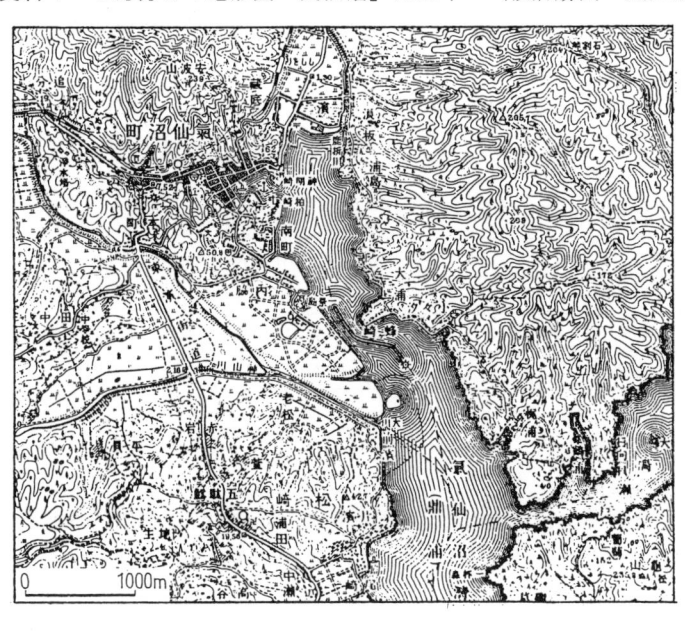

資料2　5万分の1地形図「気仙沼」1973年　（板倉勝高「気仙沼」地理23巻9号より）

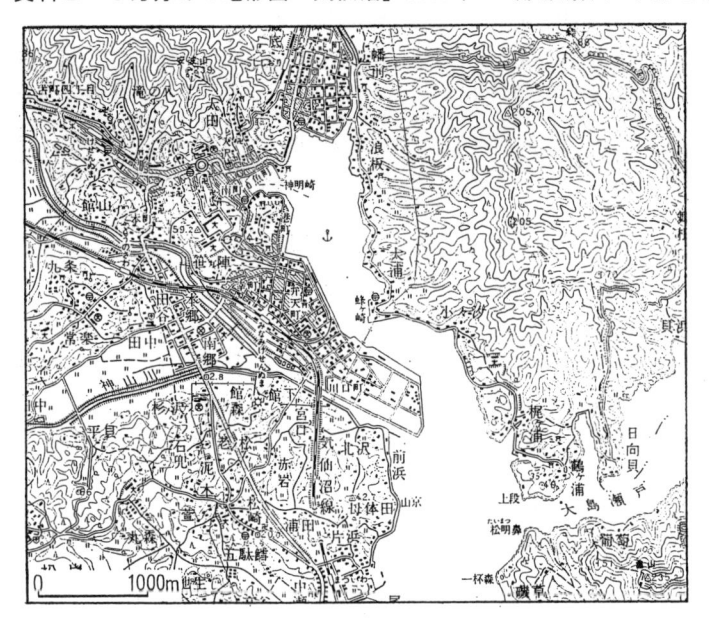

カキの海を守る（No.2）　　　　　年　　組　　名前

資料1　気仙沼を取り巻く環境

　気仙沼港には三つの性格がある。一つは遠洋のカツオ・マグロの漁船の基地である。二つはサンマ、マグロなどの沖合漁業の水揚港で、三つ目は養殖の中心である。市街地拡大のきっかけとなったのは、1956年から行われた新漁港岸壁の修築と魚市場の移転であった。湾奥を捨てて、当時としては東洋一といわれた大魚市場の工事が始められると魚商をはじめ加工業者・運輸業者など関連産業と住宅が続々移動をはじめ新たな都市地域が形成された。鹿折川河口の東側は、気仙沼造船工場群で、海岸沿いの狭長な所に十数社の造船台がならんだ密集地帯である。（板倉勝高「気仙沼」地理23巻9号）

資料2　気仙沼市の地区別人口変化（気仙沼市HPより）

年＼地区	気仙沼	鹿折	松岩	新月	階上	大島	唐桑	市全体
1955	23,660	8,379	6,160	5,059	5,216	5,223	11,815	53,715
1975	30,392	10,926	9,402	4,817	5,784	5,295	10,444	66,616
2005	20,851	8,498	11,928	5,290	8,235	3,527	8,103	66,423

資料3　月立三ヶニ山物語（畠山重篤『森は海の恋人』北斗出版）

　旧月立村は藩政時代（江戸時代）千町歩を越す伊達藩の山林とともにあった。そのほとんどが広葉樹林で、住民は主に山仕事を生業としていた。気仙沼湾の南口に塩田が開設されていた。製塩には大量の薪が必要であった。伊達藩は月立村の伐採された木の3分の2を住民、3分の1は製塩用の薪材とした。こうして月立村の山は三ヶニ山と呼ばれた。昭和30年代まで、広葉樹林は最も重要なエネルギー源であった。広葉樹の山々から沢から流れ出る水は、どんなに大雨が降っても濁ることなく、川には魚が満ちあふれていた。イワナ、ヤマメ、ウナギ、いくらでもとれた。

資料4　燃料革命の嵐（畠山重篤『森は海の恋人』北斗出版）

　石油、石炭の出現は薪や炭の需要を減少させてしまった。全山をおおっていた落葉広葉樹は、価値のない木とされてしまったのである。国は広葉樹林を針葉樹林化する計画を推し進めていた。こうして毎年広葉樹林を伐採し松、杉に転換していくのである。その後、外材の大量輸入による木価の下落は間伐期にある若木の価値を低いものにしてしまい、放置されている山も多く、真っ暗な、陽のはいらない杉山には下草が生えず、雨が降ると土が流され、保水力のない山になってしまう。
※月立村は気仙沼湾に流れ込む大川の支流の八瀬川流域の村。

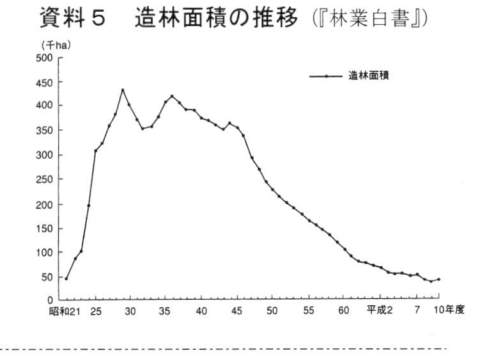

資料5　造林面積の推移（『林業白書』）

(No.3)

資料1　森は海の恋人植樹祭開催のご案内　（畠山重篤『森は海の恋人』北斗出版）

　森と海は、いにしえから生命を育むゆりかごです。
　森と海は清冽な水をたたえた川によって結ばれ、水が清ければ清いほど絆は深いのです。「森は海の恋人」を標榜しながら、気仙沼湾に注ぐ母なる川、大川よ永遠に清流であれと祈りつつ、室根山を中心にブナ、トチ、ミズキなどの広葉樹約二千本を植林し「牡蠣の森」と命名してきました。（以下略）
　　　　　　　　　　　　　　　　　　　　　　　　牡蠣の森を慕う会代表　畠山重篤

資料2　室根山に木を植えよう

　そうだ、室根山に広葉樹の森をつくろう。仲間にそのことを打ち明けると、それはいい考えだと賛成してくれました。室根村役場をおとづれ、村長に計画を打ち明けました。村長は「私たちは今まで木を大切に育ててきました。それは私たちの生活のためではありますが、森があれると川があふれることを知っているからです。でも、下流の町のほうからは、川を汚さないでほしい、という声しかきこえてこなかったのです。森を守っている室根村民に感謝している、といってもらっただけでうれしい気持ちになります。今日は歴史的な日です。」といってくださったのです。そして室根山八合目の海が見える「見晴らし広場」という所を植林地として提供してくれたのです。1989年9月室根山に大漁旗が何百枚もはためきました。漁師さんたちによる植林がはじまったのです。林業をしている新月地区の人たちや室根村森林組合の人たちもきてくれました。「今日植えた苗木が大きくなって葉が落ちてつもり、腐葉土ができます。中の養分が大川を通って海にとどき海の生き物を育てるんです。」と海の民が森の民にしみじみ語っていました。（畠山重篤『漁師さんの森づくり』講談社）

資料3　鉄の秘密

　海の中では植物プランクトンが発生しなければ、貝も魚も育ちません。植物性プランクトンは窒素という養分を必要とします。窒素は海の中では硝酸塩という形になって溶けています。植物性プランクトンが硝酸塩を体に取りこむとき、まず先に、鉄を体の中に取り入れておかねばならないのだそうです。ところが海の中では、鉄が不足しているというのです。ブナの林などは、大量の葉が落ち、積み重なります。この葉っぱが腐り、腐葉土になるとき、フルボ酸という物質ができるのだそうです。フルボ酸は鉄と結びつきやすく、フルボ酸鉄という形になります。（畠山重篤『漁師さんの森づくり』講談社）

資料4　人と森・川・海がひとつになって

　子どもたち（室根村）を招いての体験学習も毎年続けられています。室根村から、お便りがありました。「大川の土手の草を刈りますが、今までは雨が降ったら流れるからいいさと、そのままにしておいたものを、全部片づけ、牛のえさにしたり、堆肥にしたりしています。また、水際のアシは刈らないで残し川の水の浄化に役立てるようにしています。」村長さんも「村としても、農薬や除草剤を減らした環境保全型農業を目指します。」と語ってくれました。（畠山重篤『漁師さんの森づくり』講談社）

3　広がる大地を守る運動　　　　岩手県・宮城県を探る／第3時

●この授業のねらい
①「森は海の恋人」運動の効果を確かめる。
②土地を守る住民の取り組みの広がりを知る。
③東北地方の農業生産をみる。

　ここでは「森は海の恋人」運動の広がりとして、東北地方各地の取り組みの一部を紹介する。それは、「森は海の恋人」だけではないことと、このような取り組みの多様性を紹介したいからである。その延長線上に東北地方の農業生産を見ていく。

●本時で用いる教材
・掛図　・「おもひでポロポロ」に関する本かビデオの表紙　・タカナシの低温殺菌牛乳　・米の収量と気温の図の拡大図　・作況指数の分布図の拡大図

●本時の展開

|展開1|　「森は海の恋人」運動の広がり

・「漁師さんたちが木を植え始めると、海も変わりはじめました。プリントを配りますので、資料1をみてください。」
・「どんな変化が出てきましたか。」（ウナギが戻る、生き物が増える、カキやホタテがよく育つ）
・「前に勉強しましたがウナギは海から川に入り成長して海に下ります。川では魚やカニなどを食べます。川の水がきれいで、エサとなる生き物が豊富にいないと育ちません。ウナギが戻ったということは、本当に川がきれいになったということです。」
・「畠山さんたちが木を植えたとしても、それはひろい大川の奥地のほんの一部です。でも、水がきれいになったということは、そのことを通して、室根村の人たちが、川を汚してはいけないと意識するようになり、いろいろな力が働いて川がきれいになったということです。」
・「資料2の歌を詠んでください。どういう意味かわかりますか。この歌は、畠山さんが頼んで地元の歌人に作ってもらったものです。味わってみてください。」
・「この歌をヒントに『森は海の恋人』という言葉を編み出したそうです。」
・「この『森は海の恋人』運動は急速に広まりました。畠山さんの本には、資料3のような畠山さんが関係した各地の取り組みが紹介されています。資料3を読みますので、その場所を地図帳で探してください。地図帳は日本の地形が載っているページを開いてください。」
※秋田の像潟をのぞいてはこのページで捉えられる。像潟は鳥海山の下と教える。
・「漁師さんが森を作る取り組みは、畠山さんより一歩早くはじめた地域もありました。どこですか。」（北海道）
・「ただ、畠山さんたちのネーミングがよくて、全国に広まりました。」
・「そして、農林水産省や都道府県でも応援するところもあり、全国でたくさん取り組まれるようになりました。」

|展開2|　東北各地の環境を守る取り組み

・「畠山さんも、琵琶湖の菜の花エコプロジェクトの人たちとも交流しています。埼玉県小川町の金子さんや東京の安全な食べ物をつくって食べる会の人たちともつながっています。つながりで調べたわけではありませんが、調べていくとつながっているのがわかります。」
・「東北地方にも同じように、地域で自然のつながりを大切にして食料を生産している人たちがいます。その何人かを紹介します。次のプリントを配ります。」

- 「スタジオジブリのアニメ『おもひでポロポロ』を知っていますか。これです。」
- 「この物語の舞台になったのが山形県高畠町です。地図帳で探してください。主人公トシオさんのモデルになった人もいます。資料1を読んでください。」
- 「ここでは、有機農業が相手にされないときからコツコツと取り組み、消費者と手を結んできました。」
- 「この『タカナシの低温殺菌牛乳』というのを見かけた人はいませんか。ここに書いてありますが、この牛乳は岩手県葛巻町で生産されています。地図帳で場所を確認してください。」
- 「資料2はその町で取り組まれているクリーンエネルギーづくりの取り組みです。」
- 「もちろん、牧場の牛の糞は、バイオガスになっています。健康なえさを食べているので、低温殺菌牛乳になるのだそうです。」
- 「資料3は市をあげて、資源の循環に取り組んでいる山形県長井市の資源リサイクルの仕組みの図です。家庭から出る生ゴミや家畜の糞尿、もみ殻などから堆肥をつくり、それを農家に回して作物を作り、地域で消費するという仕組みです。埼玉県小川町の金子さんたちのような取り組みを大きく市全体でやっています。長井市の場所を地図帳で確認してください。」

展開3 東北・北海道地方の食料生産

- 「他にもたくさんの環境と食料生産に関わる地域の取り組みがあります。それは東北地方や北海道が日本の食料生産で大きな役割りを果たしていることと関係しています。」
- 「東北地方や北海道が、日本の食料生産でどのくらいの役割をしているのかを調べてみます。予想してください。東北地方と北海道で生産されている米は、日本全体の何％位を占めているでしょうか。三択です。①20％、②35％、③50％、自分のカンで答えてください。」
- 「プリント3を配りますので、資料1をみて確認してください。」
- 「正解は」（②の35％です。）
- 「他のものもキャベツをのぞいて高いですね。」
- 「資料2にある全国に占める割合の1970年との比較を見てください。」
- 「増えているのは。」（米、馬鈴薯、牛乳）
- 「食の元になるものの生産割合が増えているということは、大きな意味がありますね。」
- 「でも、この地域には食料生産にとって大変な問題がありますね。資料3のグラフを見てください。黒板にも貼ってあります。」
- 「青森県の米の収穫量ですが、1955年を境に大きく伸びています。でも、1970年頃から伸びは止まりました。なぜかわかりますか。」（米が余った。）
- 「そうです。小学校で勉強したと思いますが、米が余るようになり、国はこのころから農家に米を作る面積を減らすようにお願いしました。その結果です。米を作らないで、荒た田んぼが目立つようになりました。」
- 「もう一つ、グラフを見ると時々米の収量が落ち込んでいるときがあります。何年か確かめてください。」（1945, 1954, 1980, 1988, 1993年）
- 「この年の気温はどうなっていますか。」（低い）
- 「東北地方や北海道では時々夏に低温になります。冷害といいます。2003年にもありました。そのときの米がいつもよりどれだけ作れなかったかを示したのが資料4です。どちらかというと太平洋側の被害が大きいのですが、太平洋から吹いてくる冷たい北東風が低温の原因だからです。」
- 「でも、冷害は気温だけが原因ではありません。作る米が、高く売れる一部の銘柄に偏るので、実る時期が同じになり、作っている米全部が被害を受けます。それでも、農家は売れる米を作らなければなりません。また、化学肥料をたくさん入れている田んぼは、微生物が少なくなり、低温に耐えられなくなっているともいわれています。それでも東北地方や北海道は、日本の食料生産に大きな役割を果たしています。」

● 参考文献

畠山重篤『漁師さんの森づくり』講談社　2000年
レインボープラン推進協議会『台所と農業をつなぐ』創森社　2001年
前田典秀『風をつかんだ町』風雲社　2006年
星寛治他『見えてますか？農業と農村の将来』アットワークス　2007年
川村宏『局地風"ヤマセ"とヤマセ現象』気象研究ノート第183号　1995年
卜蔵建治『ヤマセと冷害』気象研究ノート第183号　1995年

広がる大地を守る運動（No.1）　　年　組　名前＿＿＿＿＿

資料1　帰ってきたウナギ

　二年前のことです。（1998年ごろ）桟橋に行き天然石を積んである海底を見ました。なにやら黄色いしっぽのようなものが、ユラユラしているのです。よく見るとウナギのしっぽです。全く姿を消していたウナギが30年ぶりに帰ってきたのです。

　近ごろは、カキやホタテの成長もよく、漁師さんたちは元気が出ています。もう、赤いカキがでるようなことはありません。私は毎日、家の前の海の生き物を観察していますが、小さなエビが増えています。カキを水揚げにいくとタツノオトシゴなどもよくとれます。本当に信じられないことです。人の気持ちが優しくなれば、自然はちゃんとよみがえってくるのですね。漁師が山に木を植えるということは、人の心に木を植えることでもありました。（畠山重篤『漁師さんの森づくり』講談社）

資料2　「森は海の恋人」の短歌

　森は海を　海は森を　恋いながら　悠久より　愛紡ぎゆく　　　　（畠山重篤『森は海の恋人』北斗出版）

資料3　全国に広がる漁師さんたちの森づくり

　私たちの活動が新聞やテレビで紹介されると全国からたくさんの問い合わせやはげましの手紙が届くようになりました。

①北海道のサロマ湖でホタテ養殖をしている漁師さんたちが、早くから森と海の関わりについて気づき、常呂川上流に木を植えていることを知ったのです。（1988年から始まる）
②秋田県像潟で「イワガキ」をとっている青年たちが私たちの植樹祭にやってきました。森がカキを育んでいることを知ると、鳥海山にブナを植え始めたのです。
③広島湾でカキを養殖している友人たちがやってきました。今まで海ばかり見ていたけれど、山にも目を向けようとなったのです。
④熊本県天草で真珠の養殖をしている松本さんもはるばるやってきました。熊本パール青年会の人たちを中心に、植樹運動にたちあがりました。
⑤有明海でノリ養殖をしながら植林運動をしている「天明の会」の人たちとも交流することができました。
　　　　　　　　　　　　　　　　　　　　　　　　　　　　（畠山重篤『漁師さんの森づくり』講談社）

※2003年には、全国176カ所で植樹祭が実施された。

広がる大地を守る運動（No.2）　　　年　組　名前

資料1　高畠有機農業研究会（山形県高畠町）

　1973年に、高畠の若い農民が集まって、有機農業研究会というのを立ち上げたんですね。最初は、いばらの道だったんですが、地域社会からは全然相手にされなかった時代が十年以上つづいたんです。そういう時代から、高畠においでになった消費者の方たちが、実際に圃場をごらんになって、こういう方法で作ってるんだったら、ぜひ農家が自給して余ったもんで結構ですから、私たちの所に届けていただけないでしょうかという強い要請をいただきました。最初はちょっと自信がなかったんですが、虫食いの野菜でも、不揃いのリンゴでも、土の付いたままのイモ類でも、じゃあ自給野菜を積んで消費地に運んでみようかというところから、新たな展開が始まった訳ですね。（星寛治他『見えていますか？農業と農村の未来』アットワークス）

資料2　風をつかんだ町（岩手県葛巻町）

　毎年150人が姿を消す町。山が交通を阻害し、冬になると雪に悩まされ、温泉もなければリゾート施設のない町。そんな葛巻町への訪問者は、1994年で年間約8万人にすぎなかった。それが2005年には実に50万人を超えている。いったい何故に、こんな山間の町にかくも多くの人が訪れるのか。もちろん観光のためではない。

　この町に起きたある変化を確かめようとやって来るのだ。葛巻町が町をあげて行っている「クリーンエネルギー」の最先端の取り組みの実態を視察し、そのノウハウを学ぼうとしてやってくるのだ。「クリーンエネルギーとは、風力発電や太陽光発電、バイオマス、水力発電など繰り返し再生されるエネルギーのことである。1999年「葛巻町新エネルギービジョン」が策定された。そこには、「産業振興」「町民福祉の向上」「省エネルギー」の三つを大きな柱とし、太陽・風力・地熱・水力などのクリーンエネルギー」を活用した農林業やその他の事業の活性化が謳われている。（真栄田典秀『風をつかんだ町』風運社）

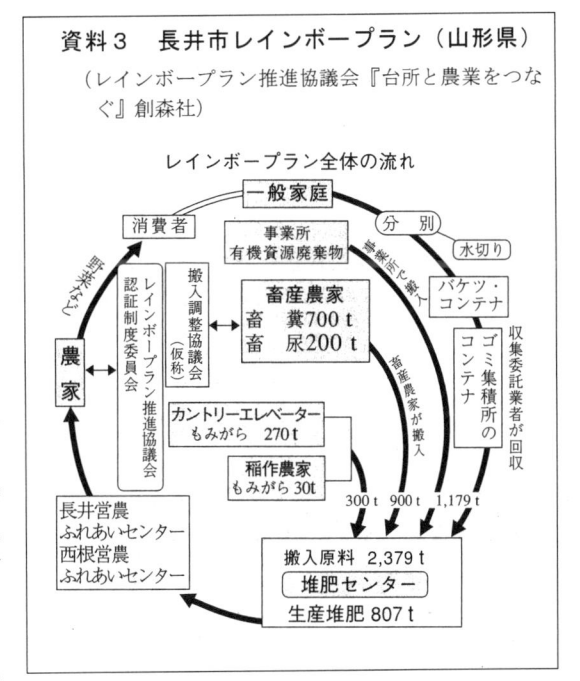

資料3　長井市レインボープラン（山形県）

（レインボープラン推進協議会『台所と農業をつなぐ』創森社）

レインボープラン全体の流れ

一般家庭 → 分別 → 水切り → バケツ・コンテナ → ゴミ集積所のコンテナ（収集委託業者が回収）

消費者 ← 農家

事業所有機資源廃棄物 → 搬入調整協議会（仮称）

レインボープラン推進協議会／認証制度委員会

畜産農家　畜糞700t　畜尿200t

カントリーエレベーター　もみがら270t

稲作農家　もみがら30t

長井営農ふれあいセンター／西根営農ふれあいセンター

300t　900t　1,179t

搬入原料 2,379t
堆肥センター
生産堆肥 807t

広がる大地を守る運動 (No.3)　　年　組　名前

資料1　東北北海道の食料生産　(2005年)

	米(百トン)	キャベツ(百トン)	リンゴ(百トン)	バレイショ(百トン)	生乳(百トン)
北海道	6436	713	92	21500	38611
青森	3097	184	4234	318	831
岩手	3120	274	594	110	2549
宮城	3993	71	48	145	1558
秋田	5401	79	304	135	368
山形	4190	47	450	63	957
福島	4337	82	380	326	1159
対全国比(%)	35.7	10.1	74.5	82.1	56.0

資料2　東北・北海道の対全国比(%)の推移

	米	キャベツ	リンゴ	バレイショ	牛乳
1970年	33.0	14.3	74.5	71.6	49.8
2005年	35.7	10.1	74.5	82.1	56.0

資料3　青森県の米の収量と夏の平均気温
(気象研究ノート第183号)

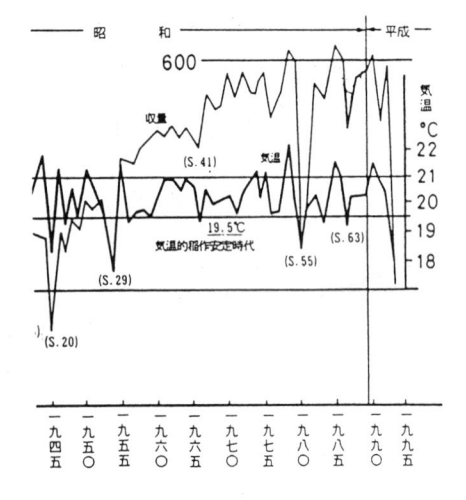

資料4　1993年の米の作況指数
(気象研究ノート第183号)

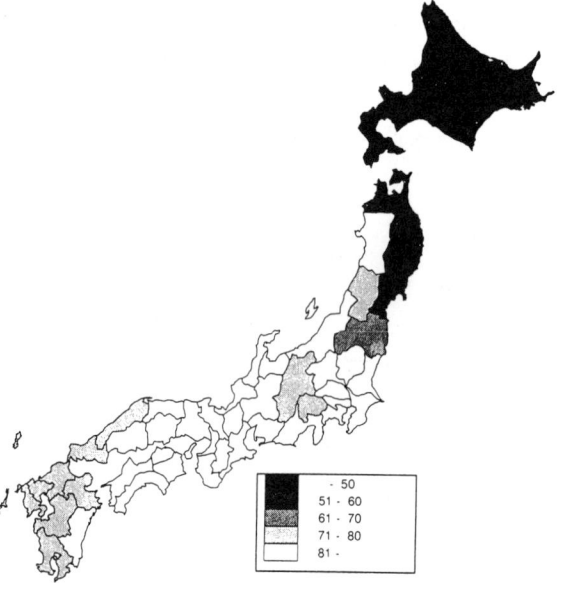

4 宮城県と岩手県を探る

岩手県・宮城県を探る／第4時

●この授業のねらい
①宮城県と岩手県の地域的特徴がわかる。
②岩手県と宮城県の違いがわかる。
③東北地方における電気機械工業のあらましがわかる。

　ここでは、宮城県と岩手県の比較を試みる。資料の読み取りから、考察する旅を子どもたちとともにする。この延長線上で、電気機械工業を取りあげる。

●本時で用いる教材
・掛図　・チップの写真

●本時の展開

展開1　岩手県と宮城県の変化を調べる

・「『森は海の恋人』運動の舞台となった宮城県と岩手県を調べます。まずはいつもの数字を入れて表を完成させます。プリントを配ります。」
・「資料1の表を埋めます。数値をいいますので書き込んでください。」

人口密度

宮城県	324
岩手県	91
全　国	343

可住地割合

宮城県	40.2
岩手県	23.1
全　国	31.1

・「資料2の地形を見てください。県の西側に奥羽山脈があり、東に北上高地があります。ただ、北上高地は宮城県にほとんどかからず、その分だけ宮城県の方が平野が広くなっています。県の中央部を北上川が南に流れていてその周りが平野になっています。」
・「このような地形の結果、宮城県の方が可住地割合が高く、人口密度が高くなっています。」
・「次に資料3の表を完成してください。」
※この表は本書巻末資料から完成可能である。

宮城県

	1985年	2004年
人口の対全国比	1.80	1.85
県民所得の対全国比	1.60	1.58
農業産出額の対全国比	3.03	2.36
工業出荷額対全国比	1.10	1.23

岩手県

	1985年	2004年
人口の対全国比	1.18	1.08
県民所得の対全国比	0.92	0.87
農業産出額の対全国比	3.11	2.94
工業出荷額対全国比	0.54	0.85

・「完成した表を見て、二つの県の変化で共通しているものとそうでないものをあげてください。少し班で話し合ってまとめて、紙に書いて黒板に貼ってください。」（共通しているものは、①県民所得が下がった。②農業産出額が下がった。③工業出荷額が上がった。異なるものは、人口のは宮城県が上がり、岩手県は下がる。）
・「この理由は、産業の特徴を見ないとわからないので、次に産業の特徴を調べます。プリント2を配ります。」
・「いつもの資料1の表を完成してください。」
※この表は本書巻末資料から完成可能である。

産業	農業	建設業	製造業	情報通信	運輸業	卸売小売業
宮城	5.7	10.3	14.1	2.2	5.7	19.9
岩手	12.8	10.5	15.3	1.0	4.1	11.2
愛知	2.7	8.0	26.1	1.8	5.4	18.0
滋賀	3.7	7.4	26.6	1.3	4.4	15.3
埼玉	2.2	8.6	18.0	4.1	6.3	18.4
東京	0.6	6.9	11.1	6.8	5.0	18.7
全国	4.6	10.1	19.0	2.5	5.0	18.6
産業	金融保険業	不動産業	飲食宿泊業	医療福祉業	教育学習業	サービス業
宮城	2.4	1.4	5.0	8.2	4.7	13.0
岩手	1.9	0.4	5.5	9.7	4.3	11.2
愛知	2.0	1.2	5.2	7.1	3.8	13.5
滋賀	2.1	0.7	5.2	7.1	5.3	13.8
埼玉	3.1	1.8	4.7	6.8	4.2	15.0
東京	3.5	3.2	6.4	7.6	4.6	18.3
全国	2.8	1.3	5.5	6.8	4.2	12.8

・「まず、それぞれの県の特徴をまとめます。班で話し合い、全国と比べた特徴をまとめてください。」
（宮城県は、全国と比べて比較的高いものは、農業、卸小売業、医療福祉業、比較的低いものは製造業、といえる。岩手県は、比較的高いのは、農業、医療福祉業、比較的低いものは製造業、情報通信業、卸小売業、金融保険業、不動産業、サービス業、といえる。）

展開2 二つの県を比べてみる

・「今度は、二つの県の共通点を見付けてください。」（農業と医療福祉業は高く、製造業が低い、あと今までの県と比べると建設業が高い。）
・「二つの県で違っている点を挙げてください。」（農業の割合の違い、卸小売業の極端な差、金融保険業や不動産業、情報通信業などの都市型産業が岩手県は低い。宮城県は比較的全国平均に近い。）
・「この違いはどこから来るのでしょうか。」
・「難しいと思いますから、説明します。岩手県と宮城県の大きな違いは、県内に大都市があるかないかの違いが大きいです。宮城県は東北地方の中心都市の仙台があります。だから、第三次産業も比較的高く、小売業も相当高くなっています。岩手県は、農業の割合が高く、他のところが低くなっています。」
・「前のプリントの変化の特徴のことですが、宮城県は仙台があり、人口の割合を上げています。県民所得で宮城県の落ち込みが少ないのもそのためです。それに対して、農業の比重の高い岩手県の県民所得は落ち込んでいて、人口の割合も下げています。東京や大阪などの中心地から離れた地域では、中心都市のある県とそれ以外の県の格差が目だってきています。」

展開3 東北地方の工業を見る

・「前の表で、岩手県も宮城県も工業の割合を上げていました。そこで、東北・北海道地方の工業について調べてみます。」
・「まず、全県の様子を資料1のように表にしました。伸びていないのは。」（北海道）
・「青森、秋田以外は倍近く伸ばしています。これは、全国に対する割合ですから、倍近く伸ばすということは大変なことです。」
・「どんな工業が盛んか調べてみました。資料2を見てください。どんなことが言えますか。」（電気機械工業が伸びている。）
・「東北地方の工業の伸びは電気機械工業にあるようです。もう少し詳しく見てみましょう。次のプリントを配ります。」
・「資料1は、地域別に見た電気機械工業で働く人の変化です。この間でいちばん増やしているのは。」

（南東北）
・「北東北も高いですね。」
・「今度は、県で働く人の割合の変化を資料2から見てください。どの県でも20%くらい数値を上げていて、どの県でも3割前後は電気機械工業で働く人になっています。」
・「電気機械工業といってもいろいろなものを作っています。最近更に詳しく分けています。資料3にその統計をのせました。どんなことが言えますか。」（どの県も電子部品か一定の量を生産している。）
・「電子部品とは何かというと、要するにパソコンなどの心臓部のチップというものです。軽く持ち運びが便利なので、きれいな水と空気のある東北で生産しているのです。これが、東北地方の工業を押し上げています。」

● 参考文献
青野壽郎他編『日本地誌3』二宮書店　1975年
青野壽郎他編『日本地誌4』二宮書店　1971年
末吉建治『企業内地域間分業と農村工業化』大明堂　1999年

宮城県と岩手県を探る（No.1）　　年　組　名前

資料1　人口・面積を比べる

人口密度（人）

宮城県	
岩手県	
全　国	343

可住地割合（％）

宮城県	
岩手県	
全　国	31.1

資料3　昔と今を比べよう（宮城県）

	1985年	2004年
人口の対全国比		
県民所得の対全国比		
農業産出額の対全国比		
工業出荷額対全国比		

※全国比　宮城県÷全国×100　単位は%

資料3　昔と今を比べよう（岩手県）

	1985年	2004年
人口の対全国比		
県民所得の対全国比		
農業産出額の対全国比		
工業出荷額対全国比		

※全国比　岩手県÷全国×100　単位は%

資料2　宮城県と岩手県の地形

（青野壽郎他『日本地誌3,4』）

（若生達夫原図）

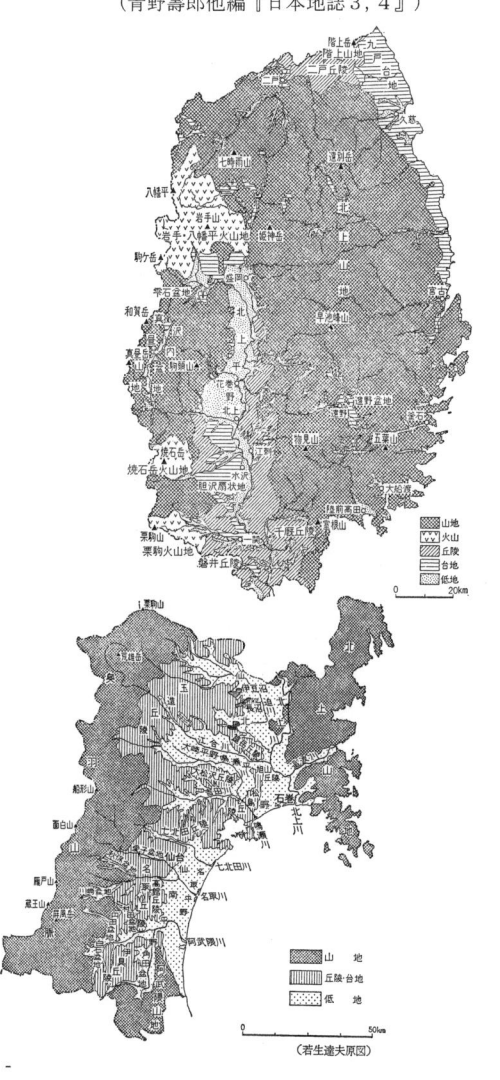

宮城県と岩手県を探る (No.2)   年　組　名前

作業1 産業の特徴を調べてみよう。産業別就業者数の割合を全国合計と比べる。

　計算方法　各産業就業者数÷総数×100（％）

産業	農業	建設業	製造業	情報通信	運輸業	卸売小売業
宮城						
岩手						
愛知	2.7	8.0	26.1	1.8	5.4	18.0
滋賀	3.7	7.4	26.6	1.3	4.4	15.3
埼玉	2.2	8.6	18.0	4.1	6.3	18.4
東京	0.6	6.9	11.1	6.8	5.0	18.7
全国	4.6	10.1	19.0	2.5	5.0	18.6

産業	金融保険業	不動産業	飲食宿泊業	医療福祉業	教育学習業	サービス業
宮城						
岩手						
愛知	2.0	1.2	5.2	7.1	3.8	13.5
滋賀	2.1	0.7	5.2	7.1	5.3	13.8
埼玉	3.1	1.8	4.7	6.8	4.2	15.0
東京	3.5	3.2	6.4	7.6	4.6	18.3
全国	2.8	1.3	5.5	6.8	4.2	12.8

（『データで見る県勢』より作成）

資料2 東北・北海道の工業出荷額対全国比の変化

	1970年	2004年
北海道	2.25	1.85
青森	0.34	0.44
岩手	0.43	0.85
宮城	0.66	1.23
秋田	0.38	0.49
山形	0.45	1.03
福島	0.87	1.92
計	5.38	7.81

（『データで見る県勢』『日本国勢図会』より作成）

資料3 東北・北海道の工業の業種別第1位の変化

	1970年	2004年
北海道	食料品	食料品
青森	食料品	食料品
岩手	食料品	電気機械
宮城	食料品	電気機械
秋田	木材・木製品	電気機械
山形	食料品	電気機械
福島	電気機械	電気機械

（『データで見る県勢』『日本国勢図会』より作成）

(No.3)

資料1 電機工業で働く人の地域別割合の変化（％）

	1965年	1980年	1990年	90－65
北海道	0.1	0.4	0.7	0.6
北東北	0.8	3.1	4.4	3.6
南東北	3.3	9.5	11.6	8.3
関東内陸	14.7	16.3	16.7	2.0
関東臨海	47.5	32.0	25.3	－22.2
東海	8.3	11.6	12.5	4.2
北陸	0.9	2.1	3.0	2.1
近畿	20.7	16.3	14.2	－6.5
中国	0.9	3.2	4.1	3.2
四国	0.5	1.4	1.5	1.0
北九州	2.2	2.5	3.4	1.2
南九州	0.0	1.6	2.8	2.8

（末吉建治『企業内地域間分業と農村工業化』より）

資料2 各県で電気機械工業で働く人の全部の働く人に対する割合の変化（％）

	1965年	1980年	1990年	90－65
青森	0.0	10.3	18.6	18.6
岩手	5.3	20.2	27.7	22.4
宮城	7.0	22.3	29.2	22.2
秋田	8.2	18.6	27.9	19.3
山形	8.2	22.4	31.4	23.2
福島	8.3	22.5	30.8	22.5

（末吉建治『企業内地域間分業と農村工業化』より）

資料3 2004年の電気機械工業の各分野の各県の工業出荷額に対する割合（％）

	電気機械器具	情報通信機器	電子部品
青森	5.7	5.7	10.4
岩手	3.4	9.6	13.1
宮城	9.6	4.1	11.4
秋田	2.1	2.7	35.5
山形	6.9	22.8	15.8
福島	6.7	16.2	10.4

（『データで見る県勢』より作成）

高知県を探る

　高知県は、都道府県別にみて、県内総生産で全国最下位、一人当たりの県民所得46位、製造品出荷額46位、15〜24歳の完全失業率46位という県である。製造業が木材加工やセメント工業といった山林資源に依拠する業種が中心であり、重化学工業化が進まず、自動車や電気機械工業の立地もあまり見られなかった。その結果として、公共投資に頼る構造が生まれ、建設業の割合が高くなっている。前述したが、このような構造を持つのは、北海道や青森県、長崎県、鹿児島県、沖縄県などであり、空間的には大都市地域から遠く離れた地域である。日本の地域を考える上で、これらの地域の理解が必要になる。そのような理由でこうした地域を取り上げることにした。その中で、なぜ高知県かというと、これらの地域で共通してみられる過疎化が著しく進行しているからである。限界集落（集落の人口の50％以上が65歳以上）という言葉があるが、高知県には大豊町のように町全体でも65歳以上の割合が50％を超える地域がある。

　このような高知県であるが、その中で特異な事例であるが、村おこしに成功した馬路村を取り上げる。馬路村は、人口1200人に満たない山村である。人口はこの40年間で3分の1に減少した過疎の村である。しかし、馬路農協は、ゆずの加工品の通販に取り組み、年商20億円以上、通販の顧客25万人を擁する農協となり、馬路農協のゆず加工品の代名詞である清涼飲料「ごっくん馬路村」にちなみ「ごっくん馬路村の村おこし」として、全国の過疎化に悩む自治体に熱いメッセージを送り続けている。馬路農協は、農協の広域合併にも加わらず、馬路村も町村合併にも参加していない。

　馬路村は、過疎の村である。しかし、いくつかの点で大きな特徴がある。
①ゆず加工品販売が伸び、それをテコにして、村をあげた村おこしに発展している。
②その結果、地域内に雇用の場が生まれ、Uターンがあり、年齢層で20〜40代の人口が増加している。
③子どもの数も増えつつあり、人口に占める幼年人口率が高い。
④人口は減り続けているが、人口減少には歯止めがかかりつつある。
⑤村おこしの起爆剤となったゆずは無農薬栽培であり、ゆずの絞りかすは堆肥にするという、循環型農業が実践されている。

　過疎化が進む中での馬路村の村おこしは、過疎地域であっても地域として成り立っていくことを示しており、そのことを通して過疎化の問題を考えていくことができるので、馬路村の学習から高知県の学習を始めることにした。ここでは、学習の深化に対応して、統計作業を取り入れる。
　授業は次のように構成した。
　　第1時　「ごっくん馬路村」って何？
　　第2時　馬路村のくらし
　　第3時　過疎の村のくらし
　　第4時　高知県を探る

1 「ごっくん馬路村」って何？　　　高知県を探る／第1時

●この授業のねらい
①馬路村のあらましがわかる。
②馬路村の村おこしの取り組みがわかる。

　馬路村の村おこしは大歳昌彦氏の『ごっくん馬路村の村おこし』（日本経済新聞社）に詳しいが、ここでは文章や資料が味わい深い村政要覧や農協の資料を中心に授業を進める。授業の切り口は、「ごっくん馬路村」の歌を聴かせるとか、ポン酢醤油「ゆずの村」の香りを嗅ぐとか、さまざまな手だてがあるが、ここでは「ごっくん馬路村」から始めることにした。この「ごっくん馬路村」を誰が考えたのか、どのようにして売り出したのか、ということを柱としてこの授業を展開する。

●本時で用いる教材
・掛図　・ごっくん馬路村の実物　・可能なら馬路村の製品（農協のＨＰから購入可能）　・本にある馬路村のポスター拡大コピー　・馬路村のパンフレット

●本時の展開

|展開1|　馬路村とは
・「今日は、この飲み物について考えます。ごっくん馬路村といいます。何ですか、これは。知りたいことは。」（何でできているか。いくらか。馬路村って何。美味しいのか。）
・「ごっくん馬路村は何からできていますか。言ってください。」
・「ゆずとハチミツです。」
・「いくらだと思いますか。」
・「皆さんの意見で、正しいと思うものに手を挙げてください。」
・「105円です。普通より安いですね。」
・「味は、私が味わってみましたので保証付きです。」
・「馬路村は本当にあります。地図で探してください。高知県です。」
・「そうですね。ここにあります。地図で見て、どんな感じですか。」（山の中）
・「もう少し詳しく見てみますので、プリントを配ります。資料の2，3，4，5を見て、まとめてみてください。」（山林が多い。人口が減っている。何もない村。農林業で働く人が大きく減っている。サービス業が増えている。）
・「さすがうまくなりましたね。皆さんの読みの通り、馬路村は、山の中の村でコンビニやゲーセンなど町には必ずと言っていいくらいあるものがなくて、山林が多く、人口は大きく減っています。人口は、45年間で3分の1に減っています。働く人は農業や林業の人が大きく減っています。というのが馬路村の特徴ですね。」

|展開2|　馬路村の村おこし
・「でも、この村にはごっくん馬路村があります。」
・「もう一回、ごっくん馬路村に戻りますが、このごっくん馬路村は誰が考えたのでしょうか。自分の考えを言ってください。」
・「皆さんの考えに基づいて、私の独断と偏見で三択をやります。」
・「ごっくん馬路村を考えたのは①馬路村の役場が村を元気にするために作った。②馬路村の農協がゆずを売るために作った。③ある有名なドリンクの会社が馬路村のゆずのおいしさに目をつけて開発した。さてどれでしょうか。自分のカンで手を挙げてください。」
・「正解は次のプリントに書いてあります。プリント2を配りますので、資料1を見てください。」

- 「答えわかった。」（どこに答えがあるの）
- 「簡単にはわかりません。でも、この文章を誰が書いたかよく見てください。」（農協）
- 「ごっくん馬路村はどんな飲み物ですか。資料からまとめてください。」

※ここで、実際に飲ませてみるのも一案である。始めに飲ませると考えがちだが、ゆず製品なので子どもたちの中には口に合わないこともあり得るので、このタイミングの方がいい。（あるいは、この授業、もしくは次の授業の最後の方）

- 「馬路村でなぜゆずがたくさん栽培されたのかということは資料には書いてありませんが、考えてみてください。」
- 「実は馬路村は昔から林業が盛んでした。でも、木材の輸入が増えてくると馬路の木は売れなくなり、たくさんの人が村を出て行きました。だから人口が３分の１に減ったのです。その中で、村をなんとかしようと思う人たちがゆずを植えたのです。」
- 「でもなぜゆずを加工することを思いついたのでしょうか。資料２を見てまとめてください。」
- 「作る人がお年寄りになったことと、馬路村で聞いた話ですが、林業中心にやってきた人は経験がなくあまり手入れをしなかったので、自然に無農薬栽培になりました。その分味はいいのですが、見た目がよくないので、ゆずを加工するようになりました。そして、ごっくん馬路村にあるようなラベルのデザインとユニークな名前ですね。それで有名になりました。」
- 「その馬路村のゆず栽培ですが、ここでもリサイクルが行われています。資料３を見てまとめてください。」（絞りかすとおがくずを堆肥にした）
- 「村には木を加工する工場もあってそこからおがくずが出ます。それとゆずを組み合わせた堆肥を考えました。ムダがないですね。」

展開３ ゆずの村で売り出す

- 「でも、どうやってみんなに知らせたのでしょうか。売れなければいくらいいものを作っても売れません。どうしたのでしょうか。ごっくん馬路村が有名になるために、農協はあることをしたのです。」

※実際の授業ではなかなかCMが出てこない。広告ということを引き出して、そこからテレビのCMに持ち込むとよい。中学生はただで試供品をもらった経験があるのかデパートの祭事への出店という意見は今まではわりとスムーズに出てくるので、それは活かしたい。実際に、最初に出店しそこで得た顧客を通販の顧客にするという形で売り上げを伸ばした。このあたりの経緯は、参考文献参照。CMがさっと出た場合は三択がいい。その場合は、①CM、②新聞広告、③デパートなどのイベントに行く。

- 「そうです。テレビのCMを作ったのです。高知県内だけですが。村も補助金を出してくれたそうです。そのCMには誰が出演したのでしょうか。」
- 「皆さんの意見を元に三択をします。①高知県出身のタレント、②村長さんと組合長さん、③村の子ども、自分のカンで手を挙げてください。」
- 「答えは次のプリントにあります。今度は答えパッとわかります。ではプリント３を配ります。」

※馬路村商工会作成の「ようこそ馬路村へ」というビデオが手に入れば、そこにCMが収録されているので、使う手もある。

- 「村の子どもたちが出ています。今も馬路村のCMは村の人が次々とでています。CMだけでなくて村のポスターやパンフレットにも村の人が出ています。ちょっと見てください。」
- 「もう一枚のパンフレットを見てください。このデザインもユニークですね。このデザインは誰が作ったでしょうか。」
- 「三択でいきます。①村の子どものコンテスト、②馬路村が大好きなデザインの専門家、③農協の職員、では自分のカンで手を挙げてください。」
- 「実は②番です。このデザイナーさんが田舎は田舎らしく堂々と村を丸ごと売り込もうと提案したのです。」
- 「資料２にも製品一覧がありますが、このパンフレットの方も見てください。いっぱいありますね。食べたり飲んだりしたいのはどれですか。」

※班に一枚配れるくらいあるといい。

- 「資料3に製品売上額の表を載せました。売上額があがり始めたのは何時ですか。」（昭和63年）
- 「もう一回資料2を見てください。このころ販売され始めた製品は何ですか。」（ごっくん馬路村）
- 「こうやって資料を結びつけます。こういうのが事実に即してものを見ることになります。資料と資料の関係の付け方となります。」
- 「馬路村は人口が減り続けた山村の中で、立ち直った例として全国から注目されています。村の人たちがどんなように考えているか資料④を読んで感じてください。」

● 参考文献

馬路村農業協同組合『みんなぁのおかげです』2001年
馬路村『ふんわーりふわふわ馬路村（馬路村村勢要覧）』1996年
長谷山俊郎『おもしろ農経営教本』明日の農を考える会　2001年
※馬路村に関しては、以下に記述した。
「村おこしを教材にしよう」歴史地理教育 No.652　2003年
『中学校の地理30テーマ＋地域学習の新展開』（地歴社、大谷猛夫と共著）2004年
「ここの地域の学習から始まる中学校の日本地誌」（二谷貞夫他編『中等社会科の理論と実践』所収　学文社　2007年）

「ごっくん馬路村」って何？（No.1）　年　組　名前

資料1　これは何？

資料2　馬路農協に勤める若い人のことば

コンビニもないし、ゲームセンターもない、おしゃれしても行くところがない、でもわき水は自然のままでおいしいし、山の風は缶詰めにしておくってあげたいくらい、気持ちがいい。街には街の村には村のできることがあると思う。私たちはそんな大切な何かを忘れずにこれからも物をつくっていきたい。（馬路村農協パンフレットより）

資料3　人口の変化（「馬路村村勢要覧」「2005国勢調査速報値」より作成）

年	人口	増減
1950	2,839	
1960	3,425	586
1970	2,134	▼1,291
1980	1,740	▼394
1990	1,313	▼427
2000	1,195	▼118
2005	1,170	▼25

資料4　馬路村の土地利用（1994年）単位 ha

項目	田	畑	宅地	国有林	民有林
面積	29	36	28	11,831	4,001
項目	道路	林道	水面	その他	計
面積	64	145	308	12	16,552

（「馬路村村勢要覧」より）

資料5　馬路村の職業別人口の変化（単位人）

	農林業	建設業	工業	卸小売業	運送業	サービス業	その他	合計
1966年	617	114	111	132	86	107	5	1,172
2005年	164	71	87	46	7	176	44	595

（「馬路村村勢要覧」「2005国勢調査報告」より）

「ごっくん馬路村」って何？ (No.2)　年　組　名前

資料1　ついに出た「ごっくん馬路村」誕生物語

　1987年秋、馬路村では柚子が大豊作になりました。「こんなにたくさん柚子が採れたら新しい商品を開発して、消費拡大をはからないかん」と毎日毎日考える日が続きました。安田川にヒントをもらい、だんだんと新しい商品のイメージが頭の中に生まれていきました。キーワードは馬路のとっても香りのいい柚子、村を流れる安田川の清らかな水、甘くておいしいハチミツです。「限りなく水に近いジュースは？」「自分の子どもに飲ませたい柚子のジュースは？」そのジュースを飲んだ後、水を飲まなくてもすむジュースを探し求めてみました。1988年とうとう「ごっくん馬路村」が誕生しました。さわやかな口当たりで、一気に「ごっくん」と飲めます。以後この小さな飲み物が馬路村を代表する350万本のヒットにつながっていくのです。（馬路村農協『みんなぁのおかげです』）

資料2　馬路流のユズづくりは自然がお手本

　馬路村にとって、昔から栽培され続けてきたユズも村の担い手の高齢化によって青果で出荷するには、労働力不足で難しくなっていきました。けれどＪＡ馬路村とユズ部会が中心となったがんばりで、少しずつ加工品としての出荷が確保できるようになっていきました。「ゆずの佃煮」から始まった商品開発が、「ポン酢しょうゆ・ゆずの村」や「ごっくん馬路村」などさまざまな加工品を生み出すことで、馬路村のゆずは次第に元気になってのです。馬路流のユズづくりの特徴は、無農薬でつくる分、たっぷり愛情を注ぎ、あと山のチカラ、そして自然のチカラにまかせます。だからこそ、どこに出しても恥ずかしくない、最高の香りのある製品に仕上がります。そして今では、「馬路のユズやないといかん」とまでいわれるほど全国にファンが広がっています。（「馬路村村勢要覧」）

資料3　馬路流自然循環型ユズ農法

　どうしてもコレを解決しなければ…

　ユズを丸ごと使い切る、これが商品開発の始まりでありますが、それでもまだ、皮や搾汁後にカスがでます。これまでは穴を掘って埋めていました。しかし、我々の目指すユズづくりは、産業廃棄物のでない「くるくるまわるユズづくり」です。そこで、村の製材所のオガクズと、ユズの残りカスを発酵させ堆肥として利用できる研究とテストを行い、成功させました。できあがったユズの堆肥は、農家に無料で配布しています。（馬路村農協『みんなぁのおかげです』）

「ごっくん馬路村」って何？ (No.3)　年　組　名前

資料1　みんな、ごっくんやりゆうかえ
（馬路村農協『みんなぁのおかげです』）

資料2　馬路村のゆず製品
（馬路村農協『みんなぁのおかげです』）

商品名	内容量	価格	販売年度
ゆず酢	1,800㎖	2,800円	昭和45年
ゆず佃煮	200g	380円	昭和54年
ゆずジャム	200g	350円	昭和58年
ゆずみそ	280g	450円	昭和59年
ゆーず	700㎖	1,600円	昭和60年
ギフトセット		1,000円～5,000円	昭和60年
ゆずの村・ぽん酢しょうゆ	500㎖	530円	昭和61年
ゆずの村・ジュース	1,000㎖（ペットボトル）	450円	昭和62年
ごっくん馬路村	180㎖	100円	昭和63年
ゆずとはちみつのおのみもの	360㎖	220円	平成2年
ゆずマーマレード	200g	350円	平成5年
ゆずぜりい	15個入	3,000円	平成6年
ぱっと馬路村	25g	380円	平成7年
ゆずパッパッ	28g	400円	平成7年
ミス馬路村	280g（乾燥）500g（生）	800円 1,000円	平成7年
馬路のゆず湯		150円	平成8年
ゆずドレッシング ゆず茶漬け ゆずこぶ茶 ゆず一夜漬け			平成10年

資料3　ゆず製品の売上額の推移
（長谷川俊郎『おもしろ「農」経営教本』明日の農を考える会）

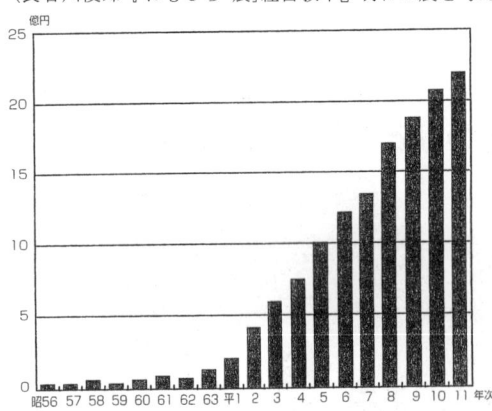

資料4　小さな小さな村ですが

　全国の応援してくれる仲間のみなさんのおかげで、ゆずをつくる人も、村の子どもたちも、こんな山奥でも、頑張ればなんとかやっていけるんじゃないかという小さな自信と大きな希望が持てはじめました。それは、子どもたちが野球で全国大会に出場し、好成績を収めたり（中学全国大会2位）、全国のファンの皆さんが村に遊びに来てくれたりし始めたからです。今後も、村中をゆず畑でいっぱいにし、秋には黄金色でゆずの香る村づくりに、また新しい商品への取り組みへと元気にがんばりたいと思います。（馬路村農協『みんなぁのおかげです』）

2　馬路村のくらし

高知県を探る／第2時

● この授業のねらい
① 馬路村の人々の村に対する意識をさぐる。
② 馬路村の村おこしの成果を検証する。

　本時は。馬路村の生活を探ってみる。ただし、意識調査などは行われていないので、馬路村村勢要覧に頼るしかない。多少割り引いて考える必要があると思うが、様々なメディアからも、同じ傾向が読み取れるので、この資料を用いた。まだ、ここでは統計資料の利用を2回行うので、統計資料の利用方法を丁寧に説明する必要がある。人口減少率にしても、その計算方法を丁寧に説明する必要がある。そうしないと、子どもたちはその数字の意味をイメージすることができない。また、作業の対象とする図も拡大して黒板に掲示しておくと理解しやすい。

● 本時で用いる教材
・掛図
・馬路村の年齢別人口の変化の資料の拡大図
・高知県の拡大図
・人口増減率の拡大図

● 本時の展開

展開1　馬路村のくらし

・「ゆずで立ち直ったように見える馬路村ですが、村の人たちはどんなくらしをしていると思いますか。」
・「プリントを配ります。そこには、村に住む人たちの意見が色々書いてありますので、読んで感想を班で話し合ってください。」
・「班の中で出た意見を書いて黒板に書いてください。」
・「みんな自然と一緒にのんびりと生活していますね。それも、ゆずを作り、そのゆずを加工して、できた製品が売れるということで成り立っています。」
※ここの展開は、子どもたちからでた意見をうまく使ってまとめる。
・「馬路村の変化を統計から見ていきます。実は日本では、5年ごと国勢調査というのが行われていて、その時、その場所に住んでいた人を調べます。今までも、何回か国勢調査という資料を使いましたが、それはこうして調べたものです。」
・「最近の国勢調査は2005年に行われました。その前は2000年でした。前の時間に配ったプリントの2005年と2000年の人口がのっていますので調べてください。」（2005年1,170人、2000年1,195人）
・「5年間で減った数は25人です。老人も多い村の中で少ないですね。」
・「国勢調査は年齢別人口を集計しています。2000年と2005年の年齢別人口を比べてみます。5歳ごとの人数が集計されています。5年たつと、一つ上の年齢になります。5年前の一つ下の年齢と比べるとどの年代の人口が増えたり減ったりしているのかわかります。」
※このあたりを、具体的に板書して説明する。この方法は転出入の少ない地域で有効である。
・「では、馬路村で人口が増えているのは、何歳くらいの人でしょうか。予想してみてください。また、その理由をいってください。」
※時間がない場合は、次の選択肢で三択をする。①若い人が増えているので、子どもの数が増えている。②若い人が帰ってくるので20代の人口が増えている。③定年後村に帰って来る人が多いので60代の人口が増えている。
・「では、自分の思うところに手を挙げてください。」

- 「プリント2を配りますので、確認してください。」
- 「20代の人が増えていますね。馬路村には高校がないので進学するには村を出なければなりません。それで、15歳以上のところで人口が減ります。村の外で学んだり働いた人たちが、村に働く場ができたので帰って来たのです。」
- 「馬路村は、もともと林業の村でした。ゆずと一緒に林業も力を入れています。ここにパンフレットがあります。見てください。」
- 「森で大切なのは、間伐といって木の間引きをすることです。そうすることで根本まで光が入り、草が育ち森が豊かになります。馬路村では、この間伐材も製品にしています。」
- 「馬路村は、色々応援団をつくっています。資料の2と3を見てください。資料2は基金ですから募金します。資料3の特典は村に行った時に村長室で村長さんとごっくんを飲んでお話をするということですが、年1回馬路村便りが届きます。一方的に製品を売るだけではなくて、交流してファンを増やしています。便りが届くと製品を注文しようかという気になりますね。パンフレットも入っていますし。」
- 「そういうことで、馬路村はゆず製品を農協が開発し売って村を立て直しました。木製品にも力を入れ、村に働く場所を確保し、若い人が村に帰ってくるようになり、立ち直りました。」

展開2　高知県全体の中で、馬路村を見る

- 「馬路村の人口減少数は5年間で25人です。2005年の人口の2.1％です。高知県の中で他の市や町がどのようになっているのか調べてみます。」
- 「まず高知の白地図を配りますので見てください。馬路村はどこにあるかわかりますね。」
- 「それで統計年数が、5年間では少なすぎるので、1995年と2005年の間の10年間の人口変化を調べました。プリント4を見てください。」
- 「この表は図にしてみるとよくわかります。白地図に増減率を書き込むとよくわかります。ただ、数字をよく見るといくつかの固まりがあります。そこで、1％ごとの数を町村別に集計してみました。プリント3にのせてあります。この図を元にして、増減率を分けてみました。その結果もプリント3にのせてあります。ここで1から5まで分けましたが、これを色分けするとよくわかりますが、時間がかかります。それで、数字を書き込みましょう。それでも分布はわかります。やってみてください。」

※この説明は丁寧にする必要がある。地域統計の多くはこのようにいくつかの集団に分類できる。この作業を手作業で体験、または疑似体験する中で分布図の意味がより良く理解できる。地図ソフトを使うと、きれいな分布図は作れるが、瞬時にできた図は、読み取りにくい。手作業は時間がかかるが、読み取りは早い。あるいはスムーズにできる。私は長年分布図を作成し読み取ってきた。地図ソフトで地図をつくり、それを見て感動もした。しかし、読み取りは難しい。データを書き込みながら手作業で作成すると、分布を読みながら作業をするので、それなりに楽しいし、素早く読み取れる。たぶん、慣れていない子どもたちは分布図を作ることで満足したり、作ることが目的となってしまう。分布図は読めないと作る意味がない。時間がないので、ここでは、下にある完成した分布図を見せるか、1時間多くとることになるが、次時までの宿題とするのも一案である。次の時間に予定している老年人口率と若年人口率も含めて宿題とするのもよい。

- 「人口増減率を見てみましょう。1を書き込んだ場所と5を書き込んだ場所を比べてみましょう。1と書き込んだところはどんなところにありますか。」
- 「そうですね。高知市の周辺の海岸よりにあります。」
- 「反対に5と書き込んだところは、どんなところにありますか。」
- 「高知市と離れた、県境のところが多いですね。中心部は人口が増え、周辺は減るという形になっています。」
- 「その中で馬路村はどうなっていますか。」
- 「そうですね。県境で、高知市から離れた村なのに、人口があまり減っていません。ここからも、馬路村は成功した村だといえます。」

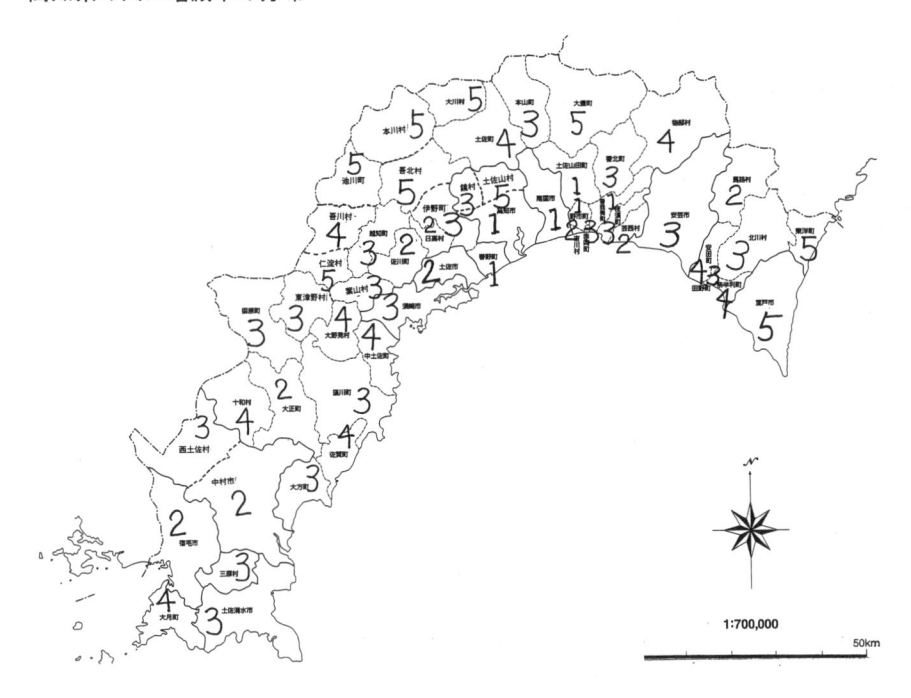

高知県の人口増減率の分布

●参考文献
馬路村『ふんわーりふわふわ馬路村（馬路村村勢要覧）』1996年

馬路村のくらし（No.1）　　　　年　　組　名前

資料1　子どもたちにたくすもの
　アユの友掛けの秘密のポイント、山でキノコが生えている場所、川での泳ぎ方、甘い柿と渋い柿の見分け方、ウナギの寝床、風のニオイ、食べられる野草、生活の道具、家の修繕、村の料理、祭りの手順、自分たちが馬路村ので暮らしてきた中で覚えてきた生活の知恵と自然からのメッセージ。（「馬路村村勢要覧」より）

資料2　村のおんちゃんが語る馬路村のくらし（「馬路村村勢要覧」より）

山里のよさは自分が満足したらえい

りっぱな施設や遊び場がないき、そりゃあ街の人から見たら馬路村は不便かもしれん。けんど、ここにゃあアユやアメゴが泳ぎゆうきれいな川があるし、カモシカの居る山もある。空は晴れたときにゃあいつつもキレイなもんよ。こん

そらぁ人間は汗水流して働かんとメシは食えんわよ。けんど、毎日しんどい、しんどい思うて働くばっかりじゃあ面白うないろうがよ。せっかく馬路村におるがじゃき山や川といっぱい遊んじゃらんといかんろう。

馬路村のくらし (No.2)

年　　組　　名前

資料1　馬路村の最近の年齢別人口の動向

年齢＼年	2000	2005	05-00の差※
0－4	67	32	…
5－9	62	60	－7
10－14	61	65	3
15－19	32	46	－15
20－24	23	41	9
25－29	56	40	17
30－34	65	53	－3
35－39	71	60	－5
40－44	71	67	－4
45－49	75	72	1
50－54	86	73	－2
55－59	95	86	0
60－64	89	90	－5
65－69	107	88	－1
70－74	91	105	－2
75－79	61	85	－6
80－84	45	53	－8
85－89	24	30	－15
90－		14	20	…
総人口	1,195	1,170	－25

※5年前の五歳下の年齢層との比較
（「国勢調査報告」より作成）

資料2　森を守る（馬路村パンフ「木のあるくらし」より）

生産工程と品質管理

馬路村では、村内の林業事業者をネットワークで結んで、循環型林業を実践しています。まず、馬路村森林組合とエコアス馬路村が育林と生産を行い、伐採した木を村営貯木場に集材します。加工部分では、馬路林材加工協同組合が建築用材を、エコアス馬路村がエコ応援製品を、うまじ工芸センターが木工芸品を、馬路村森林組合小径木加工場と馬路ミロクが土木用材をつくり、各々で出荷しています。

[千年の森基金]

馬路村は未来に続く永遠の森づくりの実現に向けて、「千年の森基金」を設立しました。これは木材製品の収益の一部を森林に還元して、間伐などの森林保全活動を進めることを目的としたものです。エコアス馬路村は、間伐材で製品化したエコ商品を対象に、売上額の1%をこの基金に積み立てています。

[森の風番人協会]

「年会費で2,000円で、あなたの1年分の空気を馬路村の森が保証します」そんな考えが設立のきっかけでした。町で暮らす人と共同で取り組む、馬路村流の環境保全活動です。会員の皆さんには森の風新聞や木にまつわるお知らせが届きます。間伐やクラフト体験などを楽しみに、馬路村にもお越しください。できたての空気は格別です。

資料3　特別村民

特別住民票　　高知県・馬路村

氏名：春名　政弘
住所：〒781-6201 高知県安芸郡馬路村馬路 馬路村役場内
生年月日：1951年　月　日　性別：男・女
住民票コード：2213
平成18年10月25日、　　　　より馬路村へ転入。

馬路村のくらし (No.3)

年　組　名前

作業1　高知県の人口増減率の分布図を作ろう

階級区分表に基づいて作成した、高知県の旧町村別の階級区分に従って、高知県の旧町村の人口増減率の分布図を作成しなさい。

人口増減率の階級区分
1 →0.0以上
2 →－0.1～－6.9
3 →－7.0～－13.9
4 →－14.0～－18.9
5 →－19.0以下

下の地図にある町村に、プリント4の数値を見て1～5の数字を書き込みなさい。

階級区分表

増減率	数	
～4	1	
3		
2		
1	2	1
＋0		
－0		
1		
2	1	
3	1	
4	2	2
5	1	
6	1	
7	2	
8	3	
9	3	
10	2	
11	3	3
12	2	
13	1	
14	1	
15	5	
16	2	4
17	2	
18		
19	1	
20		
21	1	
22	1	5
23	2	
24		
25		
26	2	
27	1	
28～	1	

馬路村のくらし (No.4)

年　組　名前 _____

高知県の人口統計資料

	2005年人口	1995年人口	増減数 05-95	増減率 05/95	05年幼年人口率	05年老年人口率
高知市	330,788	321,999	8,789	2.7	13.8	17.1
室戸市	17,490	21,430	▼3,940	▼22.5	10.1	32.9
安芸市	20,348	22,377	▼2,029	▼10.0	12.0	29.1
南国市	50,758	48,245	2,515	5.0	13.8	23.2
土佐市	30,011	30,723	▼717	▼2.3	12.0	27.1
須崎市	26,039	28,742	▼2,689	▼10.3	12.4	27.8
中村市	34,346	34,930	▼284	▼0.8	13.5	26.0
宿毛市	24,397	25,919	▼1,522	▼6.2	13.7	26.7
土佐清市	17,281	19,582	▼2,301	▼13.3	11.1	38.8
東洋町	3,386	4,068	▼905	▼26.7	11.0	35.7
奈半利町	3,727	4,291	▼564	▼15.1	10.5	36.0
田野町	3,236	3,575	▼339	▼10.4	12.4	32.4
安田町	3,297	3,826	▼529	▼16.0	11.1	35.2
北川村	1,478	1,650	▼172	▼11.6	11.2	38.2
馬路村	1,170	1,242	▼72	▼6.2	13.4	32.9
芸西村	4,208	4,383	▼175	▼4.2	12.1	30.6
赤岡町	3,324	3,599	▼275	▼8.2	11.8	30.8
香我美町	6,288	6,227	61	1.0	13.8	27.4
土佐山田町	22,182	21,888	294	1.3	11.1	26.6
野市町	17,759	15,102	2,657	15.0	15.7	21.4
夜須町	4,132	4,458	▼326	▼7.8	11.5	30.7
香北町	5,341	5,733	▼392	▼7.3	10.1	39.5
吉川村	2,038	2,095	▼57	▼2.8	10.9	28.1
物部村	2,734	3,192	▼458	▼16.8	7.5	48.0
本山町	4,374	4,901	▼527	▼12.0	9.5	37.9
大豊町	5,492	6,979	▼1,487	▼27.1	6.7	50.8
鏡村	1,566	1,712	▼146	▼9.3	12.4	28.5
土佐山村	1,130	1,374	▼244	▼21.6	10.4	34.7
土佐町	4,632	5,292	▼660	▼14.2	10.2	40.6
大川村	538	680	▼142	▼26.4	8.6	43.7
本川村	689	930	▼241	▼35.0	12.6	43.7
伊野町	23,377	25,444	▼2,067	▼8.8	13.2	24.4
池川町	2,142	2,641	▼499	▼23.3	8.1	51.0
春野町	15,506	14,806	700	4.5	13.3	26.0
吾川村	2,827	3,371	▼544	▼19.2	8.2	46.4
吾北村	3,002	3,705	▼703	▼23.4	9.8	44.6
中土佐町	6,784	7,516	▼1,029	▼15.2	11.7	33.8
佐川町	14,447	15,148	▼701	▼4.9	12.5	30.3
越智町	6,952	7,803	▼851	▼12.1	10.1	38.2
窪川町	14,052	15,606	▼1,554	▼11.1	11.9	34.8
檮原町	4,625	4,998	▼373	▼8.1	10.9	36.0
大野見村	1,536	1,805	▼269	▼17.5	10.2	40.8
東津野村	2,630	2,924	▼294	▼11.2	12.7	38.1
葉山村	4,232	4,630	▼398	▼9.4	11.9	34.5
仁淀村	2,378	2,907	▼529	▼22.2	12.1	41.7
日高村	5,895	6,105	▼210	▼3.6	11.7	29.4
佐賀町	3,947	4,629	▼682	▼17.3	11.8	29.4
大正町	3,429	3,613	▼184	▼5.4	14.5	33.8
大方町	9,490	10,395	▼905	▼9.5	11.3	33.3
大月町	6,437	7,422	▼985	▼15.3	11.2	35.7
十和村	3,332	3,862	▼530	▼15.9	9.8	31.1
西土佐村	3,571	4,061	▼490	▼13.7	12.4	20.1
三原村	1,808	1,989	▼181	▼10.0	10.8	38.3
県計	796,292	816,704	▼20,412	▼2.6		

※増減率(%)
　増減数÷2005年人口×100

幼年人口率(%)
　15歳以下人口÷全人口×100

老年人口率(%)
　15歳以下人口÷全人口×100

3　過疎の村のくらし

高知県を探る／第3時

●この授業のねらい
①高知県の市町村別の人口構成の特徴がわかる。
②過疎化した村の特徴がわかる。

●本時で用いる教材
・高知県の白地図の拡大図
・高知県の人口増減率、若年人口率、老年人口率の拡大図、
・高知県の過疎地域の拡大図

●本時の展開

|展開1|　高知県の年齢構成の分布を調べる

・「前の時間に、高知県の人口増減率を調べました。人口が増えているのはどのあたりですか。」（高知市とその周辺）
・「人口が減っているのはどのあたりですか。」（中心から離れた、県境のあたり）
・「人口が増えたり、減ったりすると、若い人や老人が増えたり減ったりすると思います。そのことを調べてみます。」
・「国勢調査では、15才以下の人を幼年人口、65才以上の人を老年人口と呼んで、その数を集計しています。そこで、各市町村の幼年人口と老年人口の割合を計算して、人口増減率と同じように数をパーセント単位で集計してそれぞれ、分けてみました。その結果をプリント1に示していますので、見てください。」
・「では、高知県の幼年人口率と老年人口率の分布図を作成してください。」
※相当時間がかかると予想されるので、一つだけ時間限定でやり、下に示した作業結果の図を拡大コピーしてみせるというのも一つの方法である。

高知県の幼年人口率の分布

高知県の老年人口率の分布

・「幼年人口率の分布図を見てみましょう。幼年人口率の高い地域、つまり分布図で1となっているところは、どんなところですか。」（高知市とその周辺の地域、中村市とその周辺の地域）
・「反対に、3と書いてある子どもの割合が少ないところは。」（県境の所）
・「一番高いところと低いところは。前のプリント4で調べてください。」（一番高いのは大正町で、一番低いのは大豊町）
・「老年人口率はどうなっていますか。」（低いのは高知市から中村、宿毛市にかけての海岸部、高いのは県境の所。）
・「一番高いところと低いところは。前のプリント4で調べてください。」（一番高いのは池川町で、一番低いのは高知市）
・「前の時間に調べた人口増減率と幼年人口率と老年人口率の関係は、どう読み取れますか。図と読み取りの結果を合わせて考えてください。」（人口が激しく減っているところは、子どもの割合が少なく、老人の割合が多い。人口が増えているところは、子どもの割合が多く、老人が少ない。）
・「そうですね。ところで、馬路村は高知県全体でみるとどうなっていますか。」（老人の割合はあまり多くない。普通くらい。子どもの割合は高い。）
・「幼年人口率は高知県で何番目。」（7番目）
・「町と村だけで見ると」（3番目）
※ここでは、高知県の白地図、または幼年人口率の分布図を黒板に貼り、該当の市町村にマグネットをおくと分かりやすい。
・「馬路村より多い地域はどんな所にある。」（大都市のまわりで海岸線。）
・「馬路村のように県境の所はある。」（ない。）
・「こうしてみると、馬路村は、県境の山の中にあっても、人口減少は少なく、子どもの割合は多く、中心地の大都市とあまり変わらない人口の特徴を持っています。これは、馬路村の農協を中心とした皆さんが一生懸命ゆずで村を立て直した成果ですね。このような取り組みを『村おこし、町おこし』といいます。」

|展開2| 人口が激しく減った町をみる

・「人口減少率第1位の所はどこですか。前のプリント4で調べてください。」（本川村）
・「人口減少率第1位は本川村で、老年人口率一位は池川町、幼年人口率最小は大豊町でした。ところで、この分布図で、手書きの境界線が入っている所があるのに気がついた人がいると思います。これは、合併が行われて、今は境界線がなくなった所を示しています。」
・「この3つの町や村で、今もあるところはありますか。」（大豊町）
・「プリント4をみるとわかりますが、大豊町は老年人口率と人口減少率は第2位です。ということは、大豊町は今は高知県で最大の人口減少率を示し、老人の割合が一番多く、子どもの割合が一番少ない所なんですね。」
・「この大豊町では、今どんな問題がおきていると思いますか。予想してみてください。」
※ここは、様々な正確な答えが出てくることが予想されるので、それぞれの意見を評価する。あるいは、大豊町の学習の入り口として、「週刊にっぽん川紀行26、吉野川」に大豊町に住む一家の40年前と20年前と現在の写真が掲載されており、その変化から過疎化の様子がよくわかるので、用いてみるのも一案である。
・「では、大豊町の減少を伝える新聞記事を配りますので、資料1読んでください。プリント2を配ります。」
※下野新聞は栃木県の地方紙であるが、栃木県の過疎のシリーズの中で、比較のために大豊町を取材している。
・「この資料で限界集落ということがいわれています。どういう意味ですか。」（老齢人口が半分以上いる。）
・「ところが大豊町は全人口の半分以上が老齢人口ということで、限界集落ではなくて、限界自治体ですね。」

- 「資料1で『スパイラル』ということばが使われていますが、何が『スパイラル』かまとめてください。」(仕事がない→人口減少→若い人が帰ってこない→出る若者を引き留められない→何もできない→更に人が減る)
- 「仕事がなくなり、産業がなくなり、生活するための最低の条件が少なくなります。このようにに人口減少によって地域の社会生活を営むことができないことを過疎といいます。」
- 「馬路村と比べてどうですか。」(働く場があり、人が帰ってくるので、人口が減らない。ということでまるで反対。)
- 「地域でどう仕事場を作るのかが分かれ目ですね。大豊町も林業の町だったのですが、林業が衰えた時、他の作物を植えたりするのではなく、更に木を植えて林業の再生をはかりました。そこがゆずを植えた馬路村との違いですね。」
- 「でも、大豊町の町長さんは次のように訴えています。資料2をみてください。」
- 「この文を読んで、皆さんはどう思いますか。」
- 「山間地の役割を考えながら私たちにも考えて欲しいと訴えていますね。他にも、森は海の恋人で勉強したように過疎地域が都市で暮らす人の水源地になっていることを考えると、山村が私たちの暮らしを支えているんですね。」

展開3　過疎を調べる

- 「過疎の考え方は、前に話したように『人口減少によって地域の社会生活を営むことができないこと』ですが、法律上はプリント3のようになっています。」
- 「ちょっと考えてください。高知県では全面積のどのくらいが過疎地域だと思いますか。予想しいてみてください。ちなみに、前の時間のプリント4の資料からは予想が困難です。」
- 「いろんな予想が出ましたが、自分がそうだと思うところに手を挙げてください。」
- 「プリント3を配りますので、確認してください。」
- 「高知県の4分の3が過疎地域です。馬路村も、長い間の人口減少率でみると過疎地域になります。」
- 「過疎地域は中心の高知市から離れた地域にあります。」
- 「高知県では、過疎地域をどのように立て直すのか大きな課題となっています。その意味で、馬路村の取り組みは注目されています。」
- 「全国的にみて、高知県のように4分の3が過疎地域という都道府県はどれくらいありますか。」(北海道、秋田県、島根県、高知県、大分県、鹿児島県)
- 「高知県でも過疎地域は中心から離れたところにありましたが、全国的にも、大都市から離れた地域に過疎地域が多くあって、その役割も大きく、町の暮らしを支えていることを考えると、これらの地域をどうするかは、日本の大きな課題ですね。」

● 参考文献

グループルパン編『週刊にっぽん川紀行26、吉野川』学習研究社　2004年

過疎の村のくらし（No.1）

年　組　名前

作業1　右の階級区分表によって作成した、高知県の旧町村別の
幼年人口率と、老年人口率の分布図を作りなさい。

幼年人口率（％）
1 →13.0以上
2 →10.0～12.9
3 →9.9以下

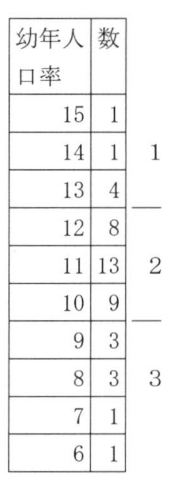

老年人口率（％）
1 →27.9以下
2 →28.0～31.9
3 →32.0～36.9
4 →37.0～41.9
5 →42.0以上

幼年人口率	数	
15	1	
14	1	1
13	4	
12	8	
11	13	2
10	9	
9	3	
8	3	3
7	1	
6	1	

老年人口率	数	
50～	2	
49		
48	1	
47		
46	1	
45		5
44	1	
43	2	
42		
41	1	
40	2	
39	1	4
38	4	
37	1	
36	2	
35	3	
34	3	3
33	3	
32	2	
31	1	
30	4	
29	2	2
28	2	
27	1	
26	2	
25		
24	1	1
23		
22	1	
21	1	
20		

過疎の村のくらし（No.2）　　年　組　名前

資料1　町出る若者留められない

　限界集落という言葉は、高知県の山間から生まれた。長野大学の大野晃教授が高知大学の教授時代、四国山地の集落を丹念に歩いたフィールドワークから導き出された。（大野教授は、限界集落は集落内の全人口に占める65歳以上の人口が半数を超えている集落、55歳以上が半数を超える集落を準限界集落、それ以外の集落を存続集落とした。）

　高知県大豊町。65歳以上の高齢者が町民の半数を超える「限界自治体」だ。だが、住民あげて地域おこしに励む集落もある。南大王は20年ほど前、「福寿草の里」として売り出した。春先の1ヶ月で約6千人が訪れる観光名所になった。活気と裏腹に悩みがある。「最近は皆年をとってだけではまかないきれんので、近くから人を頼むんです。」かつては養蚕がさかんで30世帯以上あったが、今は10世帯21人に減った。「若いもんに帰ってこいというのが無理ですわ。道はできたが、仕事がない。」集落は平均年齢67歳、64歳以下は8人しかいない。

　「年金が産業の町ですから。」町総務課長補佐の三谷さんは苦笑した。町を出る若者を引き留められない。多い時は2万人を超えていた人口は、4分の1近くまで激減した。米屋を営む岡本さんは嘆く。「こうなるともう、何をするにも人材がいない。人材がいないから、新しいアイデアも出ない。スパイラル（悪循環）や。あれよあれよ、ちゅう間やったなあ。」（「下野新聞」2007.6.6）

資料2　町長さんは訴える（大豊町町長　岩崎憲郎）

　我が大豊町を見ると、標高200メートルから800メートル近くの急峻な地形に85の集落が存在し、そのうち55の集落が限界集落、27の集落が準限界集落であり、存続集落はわずかに3集落である。現状は、過疎、高齢者の問題はもちろんのこと、年間に生まれる子どもの数が十人を切る状況になるなど、多くの困難な問題にあえいでいる。しかし、環境の世紀といわれる21世紀を迎え、人が生きていく上で、もっとも大切な水や空気を守り、海の幸を育む森林に代表される山村の機能が評価される時代となった。このことは、我々にとって重要なことであるが、それ以上に都市に暮らす人にとっても重要なことである。

資料3　過疎とは（全国過疎地域自立促進連盟HPより）

　過疎というのは、地域の人口が減ってしまうことで、その地域で暮らす人の生活水準や生産機能の維持が困難になってしまう状態をいいます。過疎地域市町村とは、過疎法第2条の要件に該当する市町村です。（合併があって過疎地域の要件にあたらなくなっても、旧市町村が過疎地域なら旧市町村は過疎地域になる。）

　過疎地域の要件とは、次の人口要件、財政力要件ともに該当する市町村です。
・人口要件（次のABCDのいずれかに該当）
　35年間の人口減少率：A（30％以上）、B（25％以上で老年人口率24％以上）、C（25％以上で若年人口率15％以下）、D（25年間の人口減少率19％以上）
・財政力要件
　市町村の運営に必要な経費に対する税金などの自己資金の割合が3年平均で42％以下。

過疎の村のくらし (No.3)   年 組 名前

資料1 高知県の過疎地域（全国過疎地域自立促進連盟HPより）

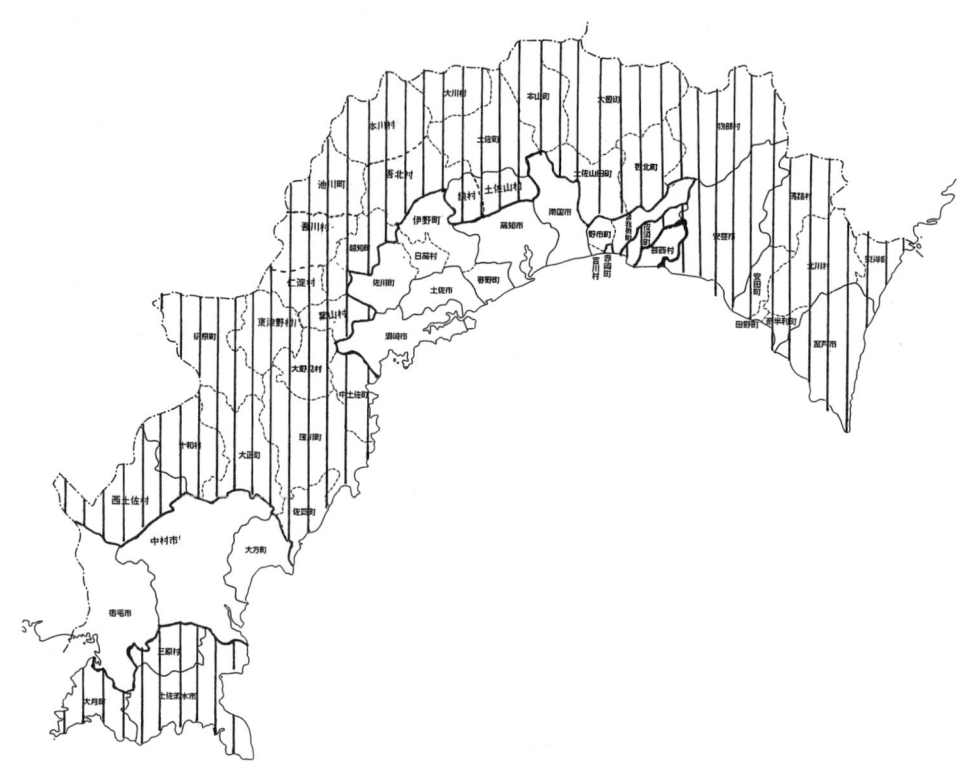

資料2 過疎地域面積（データで見る県勢より）
各県の総面積に占める割合（％）

都道府県	％	都道府県	％
北海道	77.1	三重	34.5
青森	56.3	滋賀	8.3
岩手	55.6	京都	37.3
宮城	42.3	大阪	—
秋田	77.8	兵庫	26.1
山形	64.3	奈良	69.7
福島	40.4	和歌山	67.2
茨城	15.0	鳥取	37.4
栃木	15.3	島根	83.1
群馬	30.4	岡山	64.0
埼玉	17.7	広島	62.0
千葉	6.2	山口	63.4
東京	19.2	徳島	72.5
神奈川	—	香川	24.1
新潟	57.0	愛媛	61.0
富山	17.7	高知	76.1
石川	50.5	福岡	24.7
福井	28.7	佐賀	25.6
山梨	48.2	長崎	64.6
長野	42.3	熊本	69.2
岐阜	55.0	大分	85.1
静岡	22.7	宮崎	59.9
愛知	29.1	鹿児島	76.5
		沖縄	52.7
		全国	54.8

4　高知県を探る

高知県を探る／第4時

●この授業のねらい
①高知県の地域的特徴がわかる。
②周辺地域の課題を考える。

　高知県は、製造業がふるわず、反対に建設業の割合が高い。要するに、公共事業に頼る地域である。失業率も高く、若年層の失業率は全国ベスト3にはいる。公共事業抑制の影響により、高知県を支えていた建設業もふるわず、更に格差を拡大しているという構図がある。ここでは、地域格差の問題を考えてみたい。

●本時で用いる教材
　・掛図　・あれば四万十川のＶＴＲまたは写真　・プリント1の作業の結果の拡大図

●本時の展開

|展開1|　高知県の自然をさぐる

・「今日は高知県全体の特徴を考えてみます。まずは、高知県の地形をみてみましょう。黒板の地図と地図帳を見比べてください。」
・「全体としてどんなところといえますか。」（山が多い）
・「山が多いですね。平野はありますか。」（高知平野）
・「面している海は」（太平洋）
・「川を見て気づくことはありませんか。」（入り組んでいる。ゴチャゴチャしている。）
・「まあ自然に合わせて県境ができたわけではありませんから、吉野川の一部が高知県にあるのはしかたがありませんが、高知より東の川はまっすぐに海に注いでいますが、東の川はまわりくねっていますね。」
・「これは、下流部の方が土地が高くなったため入り組んだと考えられています。」
・「高知県の西部を流れる四万十川は最後の自然の川といわれていますが、ほとんどが山の中を流れ、大きな都市もなく、堤防が作られず、ダムを造る必要もなかったため自然が残っています。雨も多く、水の量は多いです。」
※時間があれば、四万十川のＶＴＲを見せる。あるいは、四万十川のＶＴＲから入るのも一案である。
・「高知県の自然は山がちで平野が少なく、自然がたくさん残っているのが特徴ですね。」

|展開2|　高知県の全体像をみる

・「次に、いつものように高知県の統計上の特徴を調べます。プリントの作業1と資料12にはいる数字を調べて記入しなさい。」

作業1　高知県の人口の変化を調べてみよう

年	1965年	1975年	1985年	1995年	2005年
人口数（千人）	813	808	825	817	796

作業2　人口・面積を比べる。

人口密度（人）

高知県	112
全　国	343

可住地割合（％）

高知県	14.6
全　国	31.1

作業3　昔と今を比べよう

	1985年	2004年
人口の対全国比	0.69	0.62
県民所得の対全国比	0.53	0.46
農業産出額の対全国比	1.23	1.10
工場出荷額対全国比	0.20	0.19

※全国比　高知県÷全国×100　単位は％

- 「高知県の学習では、主として人口変化に注目してみましたので、まずは高知県全体の人口変化を調べてみました。作業1の結果を見てどう思いますか。」（あるところ以外は減っている。）
- 「1985年は全体として地方の人口が増加した時期です。更にもう少し前の人口を調べてみると1950年が85万人、1955年が88万人となっていて、ここまでは人口が増えています。馬路村もそうでしたがやはり1955年から1960年ごろに人口減少が始まっていますね。」
- 「人口密度と可住地割合はどうなっていますか。」（可住地割合は低く、人口密度は低い）
- 「前にみたように高知県は山地が多く、人が住めないところが多いのと、大都市が生まれなかったため人口密度は低くなっています。」
- 「次に、作業3で行った変化に関する調査から何か言えることはありませんか。」
- 「いきなりそう言ってもできないかもしれないので、人口、県民所得、農業産出額、工場出荷額の値を、1985年と2004年で比べて変化をみたり、2004年の値でそれぞれの項目を比べてみる、などをしましょう。そして、班で話し合ってみましょう。」
- 「皆さんからでた意見をまとめてみます。高知県はどの項目も下がっていますが、人口減少に見合った減り方をしています。各項目を比べると農業の割合が高く、工場出荷額が低いのが特徴です。」

展開3 高知県の産業をみる

- 「次にいつものように産業別の働く人の割合を調べますが、高知県で働く人が一番多い産業はなんだと思いますか。」
- 「自分がそうだと思う産業に手を挙げてください。」
- 「では実際に調べてみましょう。」

※本書巻末の表か、資料集があればその表を利用。

作業1 産業の特徴を調べてみよう。産業別就業者数の割合を全国合計と比べる。

計算方法　各産業就業者数÷総数×100（％）

産業	農業	建設業	製造業	情報通信	運輸業	卸売小売業
高知	11.5	9.4	8.0	0.8	3.8	19.3
宮城	5.7	10.3	14.1	2.2	5.7	19.9
岩手	12.8	10.5	15.3	1.0	4.1	16.1
愛知	2.7	8.0	26.1	1.8	5.4	18.0
滋賀	3.7	7.4	26.6	1.3	4.4	15.3
埼玉	2.2	8.6	18.0	4.1	6.3	18.4
東京	0.6	6.9	11.1	6.8	5.0	18.7
全国	4.6	10.1	19.0	2.5	5.0	18.6

産業	金融保険業	不動産業	飲食宿泊業	医療福祉業	教育学習業	サービス業
高知	2.1	0.8	5.4	12.3	4.6	11.5
宮城	2.4	1.4	5.0	8.2	4.7	13.0
岩手	1.9	0.4	5.5	9.7	4.3	11.2
愛知	2.0	1.2	5.2	7.1	3.8	13.5
滋賀	2.1	0.7	5.2	7.1	5.3	13.8
埼玉	3.1	1.8	4.7	6.8	4.2	15.0
東京	3.5	3.2	6.4	7.6	4.6	18.3
全国	2.8	1.3	5.5	6.8	4.2	12.8

- 「調べた結果はどうでしたか。」（卸小売業）
- 「結構当たり前の答えでしたね。では、この表を今までの都府県と比べてみてください。どんなことがわかりますか。班で話し合って、まとめたものを書いてはってください。いま紙を配ります。」

・「皆さんの意見をまとめると、①製造業が少ない。②農業と医療福祉業が多い。③情報通信、運輸業、金融保険業、不動産業など東京で多かったものが少ない。ということですね。」
・「医療福祉業が高いのはなぜですか。」（老人が多い）
・「工業や第三次産業の一部も少ない。農業が主要な産業になっているのでしょうか。でも、農業も全国の割合を下げています。高知県の産業の中心は何なんでしょうか。」
・「この問題を考える前に、四国の各県の統計を比べてみます。」
・「資料1は人口の対全国比をみてどうですか。」（どの県も下げている。下がり方はどの県も同じくらい。）
・「次に仕事の場はあるのかということで、失業率の推移を見てみます。少しずつ上がっていますが、2000年までは、ほぼ同じような変化をしています。2000年と2005年を比べてみてください。」（高知県が大きく上がっている。）
・「高知県の失業率だけは上がり方が大きいです。」

展開3 高知県の産業を考える

・「他の県と比べて、大きな違いは製造業が少ないことです。そこで、まず高知県の製造業つまり工業をみてみます。」
・「実は1966年の高知県の工業生産額の部門別割合の資料が見つかりましたので、そこから考えていきます。この年の5位までの工業はどんなものが多いでしょうか。予想してみてください。」
・「皆さんがこれだと思うところに1回手を挙げてください。」
※ここは何が出るかわからないので、具体的に生産物をあげさせ、考えさせるのも良い。
・「では、プリント3を配りますので、確認してください。」
・「資料1で、あたっていると思われるところをさがしてください。」
・「高知県の工業はあまり目にしないものが多いですね。土石製品というのはセメントが中心です。」
・「土石のセメントの原料は何ですか。」（石灰岩）
・「石灰岩はどんなところにありますか。」（山にある、山ごと石灰岩）
・「紙の原料は何ですか。」（木）
・「高知県は和紙の山地でコウゾやミツマタという木が原料です。木製品を含めて、高知県の工業の原料は山にありますね。これが昔の高知県の工業の大きな特徴です。」
・「今はどうなっていますか。」（電子部品が一番、土石や紙も残っている。）
・「約40年前の工業が5個中4個残っているということは、高知県の工業はあまり変わっていないということになりますね。これは、高知県が大消費地に遠く、輸送にお金がかかるため、工場が来なかったのと、国が高知県に工場をつくる政策をとらなかったということです。ここが、同じ四国でも、瀬戸内海に面した他の三県との違いです。」
・「高知県の産業で目立つのは何だったのでしょうか。最近の産業の変化を今度は、産業別の生産額でみてみます。資料2で変化をみてみましょう。この統計は、資料が古いので、サービス業に飲食宿泊業、医療福祉業、教育学習業も含まれています。では、この資料から、大きく変化している産業は何でしょうか。」（減っているのが建設業、増えているのがサービス業）
・「建設業って何を作るんでしょうか。」（家）
・「建物だけではありません。道路や橋などを作るのも建設業です。」
・「高知県では、山がちの地域なので、道路や橋やトンネルを作るのが建設業の大きな仕事です。このお金は、どこから出るのでしょうか。」（国や県）
・「そうですね。このようなことを公共事業といいます。資料3は一人あたりの行政投資額ですが、この中で大きな割合を占めているのが公共事業費です。高知県は全国4番目ですね。」
・「行政投資は、国の予算を地方に配って全国平等に使う為に行っていますので、農工業があまり盛んでない地方に多く配分されます。配分を受けた地方では、道路などを造ります。それで、建設業の割合が高くなります。」
・「最近『税金のむだ遣い』って聞きませんか。」
・「こうした地方の道路を作る意味があるのかといわれて、今公共事業の削減が進んでいます。そのた

め、高知県の建設業の生産額が落ち込んでいます。それで、資料3をもう一回みると産業合計金額は減り続けています。最初に調べた、県民所得の対全国比も下がり、四国の中で高知県だけが完全失業率が大きく上がっています。」

・「高知県のような公共工事が産業の大きな割合を占める県は他にもあります。他の産業を考えないで、公共工事だけを減らしていくと、高知県と他の県との格差がますます大きくなってきます。こうした地域をどうしていくのかは、大きな課題です。その中で、馬路村の取り組みは一つの方向を示したといえます。」

● 参考文献
青野壽郎他編『日本地誌18』二宮書店　1969年

高知県を探る（No.1）

年　組　名前

作業1　高知県の人口の変化を調べてみよう

年	1965年	1975年	1985年	1995年	2005年
人口数（千人）					

作業2　人口・面積を比べる。

人口密度（人）

高知県	
全国	343

可住地割合（％）

高知県	
全国	31.1

作業3　昔と今を比べよう

	1985年	2004年
人口の対全国比		
県民所得の対全国比		
農業産出額の対全国比		
工場出荷額対全国比		

※全国比　高知県÷全国×100　単位は％

資料1　高知県の地形（青野寿郎他『日本地誌18』二宮書店）

（町田貞原図）

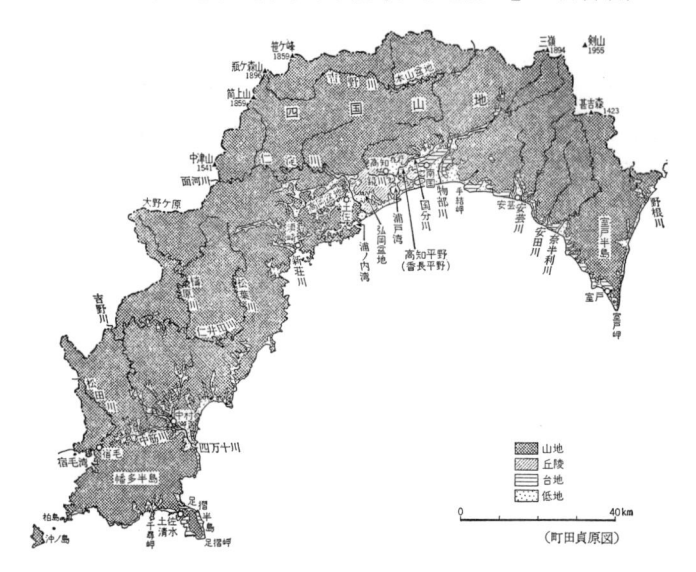

高知県を探る (No.2)

年　組　名前

作業1　産業の特徴を調べてみよう。産業別就業者数の割合を全国合計と比べる。

計算方法　各産業就業者数÷総数×100（%）

産業	農業	建設業	製造業	情報通信	運輸業	卸売小売業
高知						
宮城	5.7	10.3	14.1	2.2	5.7	19.9
岩手	12.8	10.5	15.3	1.0	4.1	16.1
愛知	2.7	8.0	26.1	1.8	5.4	18.0
滋賀	3.7	7.4	26.6	1.3	4.4	15.3
埼玉	2.2	8.6	18.0	4.1	6.3	18.4
東京	0.6	6.9	11.1	6.8	5.0	18.7
全国	4.6	10.1	19.0	2.5	5.0	18.6
産業	金融保険業	不動産業	飲食宿泊業	医療福祉業	教育学習業	サービス業
高知						
宮城	2.4	1.4	5.0	8.2	4.7	13.0
岩手	1.9	0.4	5.5	9.7	4.3	11.2
愛知	2.0	1.2	5.2	7.1	3.8	13.5
滋賀	2.1	0.7	5.2	7.1	5.3	13.8
埼玉	3.1	1.8	4.7	6.8	4.2	15.0
東京	3.5	3.2	6.4	7.6	4.6	18.3
全国	2.8	1.3	5.5	6.8	4.2	12.8

資料1　四国地域の人口の対全国比(%)の変化

地域／年	1990	1995	2000	2005
徳島県	0.67	0.66	0.65	0.63
香川県	0.83	0.82	0.81	0.80
愛媛県	1.23	1.20	1.18	1.15
高知県	0.67	0.65	0.64	0.62
四国総計	3.40	3.33	3.28	3.20

（「データで見る県勢」「国勢調査報告」より作成）

資料2　四国地域の完全失業率(%)の変化

地域／年	1990	1995	2000	2005
徳島県	2.6	3.5	4.9	6.0
香川県	2.2	3.2	4.7	4.8
愛媛県	2.7	3.5	5.0	4.7
高知県	3.4	4.1	5.3	7.0
全国平均	2.5	3.8	4.7	4.9

（「データで見る県勢」より作成）

高知県を探る (No.3)

年　組　名前

資料1　工業の変化

1966年の工業の部門別生産額割合（％）（青野寿郎他『日本地誌18』二宮書店）
①食料品（15.8）　②木材・木製品（15.5）　③土石製品（14.5）
④機械（12.7）　⑤紙・紙加工品（12.5）

2004年の工業の部門別生産額割合（％）（『データで見る県勢2007』より）
①電子部品（23.2）　②食料品（12.2）　③機械（10.7）
④土石製品（10.2）　⑤紙・紙加工品（9.8）

資料2　高知県の経済活動別県内総生産の産業部門の内訳の推移（％）

	農林水産業	製造業	建設業	電気ガス水道業	卸売・小売業
1995年	6.97	15.65	14.19	3.86	15.46
2000年	5.16	13.55	13.46	3.10	15.06
2005年	4.92	11.65	6.16	2.87	12.57
2005全国	1.26	22.48	5.99	2.85	15.85

	金融・保険業	不動産業	運輸・通信業	サービス業	産業合計金額（億円）
1995年	5.16	12.37	6.03	19.82	23,828
2000年	6.75	12.46	7.34	25.38	22,014
2005年	7.74	14.91	8.78	30.08	19,686
2005全国	7.67	13.77	7.39	22.39	…

資料3　1人あたりの行政投資額（「データで見る県勢」より）

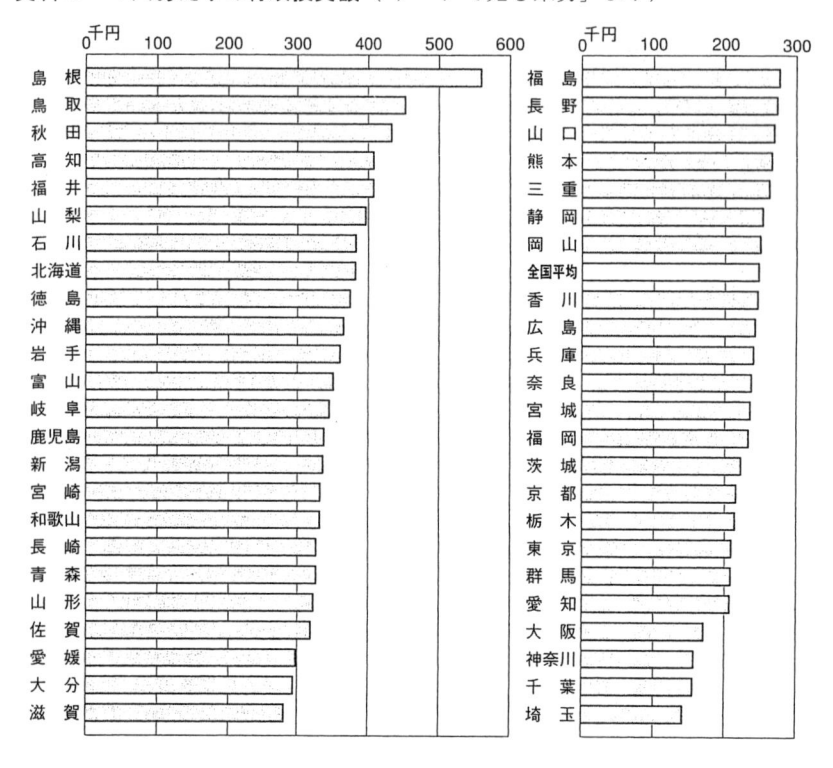

島根、鳥取、秋田、高知、福井、山梨、石川、北海道、徳島、沖縄、岩手、富山、岐阜、鹿児島、新潟、宮崎、和歌山、長崎、青森、山形、佐賀、愛媛、大分、滋賀

福島、長野、山口、熊本、三重、静岡、岡山、全国平均、香川、広島、兵庫、奈良、宮城、福岡、茨城、京都、栃木、東京、群馬、愛知、大阪、神奈川、千葉、埼玉

沖縄県を探る

社会科地理で沖縄をどう取り上げるか

　沖縄の地域的特徴を論じるため、何を手がかりにすべきかと考えた時、私は大田昌秀元沖縄県知事と高島伸欣氏の沖縄論を基軸とする。お二人とも沖縄の問題を専門的に研究実践してこられた方である。ここでは『代理署名裁判沖縄県知事証言』（ニライ社　1996年）と高島氏の最近の論文「沖縄と『本土』の"温度差"の背後にあるもの」（歴史地理教育727号　2008年3月増刊）を用いていく。

　沖縄県は、歴史上あるいは現在でも本土の犠牲になってきた。江戸時代の薩摩藩による侵略、明治政府による琉球処分、本土決戦の時間稼ぎとしての沖縄戦、戦後のアメリカ軍による占領、基地を残したままの本土復帰、在日アメリカ軍基地の4分の3が沖縄に集中する現実等である。最も問題としなければならないのは、政治家をはじめとして本土に暮らす多くの人たちが、自らの生活がこうした犠牲の上に成り立っていると認識できていないことである。こうした犠牲は、沖縄県の地域的特徴に大きく関わっている。①多くの可住地が基地として利用されており、②そのために都市が狭隘になり、③農地や工業用地が不足し、④主要産業が第三次産業となり、基地相手の産業と、リゾート開発に偏った産業構造を持ち、⑤復帰後リゾート開発と本土工法による大規模農地開発が進行し、⑥その結果、サンゴの死滅をはじめとした自然破壊が進行した。というようにまとめることがでる。それに加えて、⑦現在沖縄県は日本の中で少子化の現れが少なく、人口増加も著しい。また、⑧たくさんの芸能人を輩出し新しい日本文化の創造の拠点でもある。それは、沖縄の伝統芸能などの文化を背景としている。

　沖縄県の地域的特徴の全体像の理解は、歴史的に捉える必要があるとともに、日米安保体制の構造的理解も必要である。そのことを社会科地理の中で行うことは不可能である。社会科地理では、特徴の④⑤⑥を中心に構成し、背景としての基地の問題に触れるようにするのが妥当な構成である。ここでは、自然破壊の問題として、サンゴの問題を取り上げ、恩納村のサンゴ再生プロジェクトを取りあげる。沖縄屈指のリゾート地として知られる恩納村は、リゾート開発に伴い漁業者とのトラブルが続発した。しかし、漁協青年部が提起したサンゴ再生活動に、行政、リゾートホテルが一体となって取り組むようになり、海を中心にした地域づくりがはじまっている。ここに収斂する形で、授業を組み立てていきたい。

　また、本単元では、背景としての基地問題や産業構造を問題とするので、他の単元と異なり、先の沖縄県の全体像を明らかにしたうえで、議論を進めることにした。

　授業は次のように構成した。
　　第1時　沖縄県を探る
　　第2時　サンゴの海は泣いている
　　第3時　誰がサンゴを殺したのか
　　第4時　サンゴを育てる

1　沖縄県を探る

沖縄県を探る／第1時

● **この授業のねらい**
①沖縄県の地域的特徴がわかる。
②沖縄県の新しい動きがわかる。

　ここでは、沖縄県の全体像の把握を先に行う。ここでの主要課題をサンゴの死滅と再生を中心に設定するので、どうしても沖縄県の全体像を先にとらえておきたい。沖縄県の全体図も、地形分類図を用いないで、島の位置が見える地図を用いた。それはあまり必要を感じないからである。そして、他の都道府県と異なり、島から成り立つ県であることの特徴も把握しておきたい。多くの子どもたちの沖縄のイメージは、リゾートとタレント、基地ではないかと思われるが、沖縄の息吹は、人口増加と若年人口の増加、ＩＴ産業の伸びで感じとれる。ここではこの点を強調したい。

● **本時で用いる教材**
・掛け図　　・沖縄県の地図の拡大図　　・沖縄県出身のタレントの写真

● **本時の展開**

展開1　沖縄県をとらえる

・「これから何人かのタレントさんの写真を見せます。このタレントさんの出身県を言ってください。」
※3名くらい選んで提示する。中学生の間のトレンドは変化が激しいので、授業時に最もトレンディーなタレントを選ぶ。1995年頃、安室奈美恵、喜納昌吉、南さおりの写真を並べ、「一番国際的アーティストは」と発問したが、安室奈美恵以外は無反応だった。タレントの選択には細心の注意が必要である。この時は、喜納昌吉の歌を聴かせるための入り口だったので、事なきを得たが。ここでは沖縄を意識するためなので、深入りしないで簡単に終わらせる。
・「みんな沖縄出身ですね。今日はこの人たちの生まれた沖縄県を勉強します。」
・「ではプリントを配りますので、資料1の沖縄県全体の地図を見てください。」
・「主な島が書いてあります。知っている島はありますか。」
※島名が出てきたら地図で位置を確認する。宮古島、石垣島、沖縄島は押さえたい。そのほか、集団自決のあった座間味島や渡嘉敷島、伊江島なども歴史学習のために押さえておきたい。尖閣列島が出てきたら、国際的には領土未確定だが、現在は韓国軍が駐留していると説明するにとどめたい。
・「地図を見てください。沖縄県は主に四つの島々から成り立っています。八重山群島と宮古群島、慶良間諸島、沖縄諸島です。八重山群島と宮古群島を合わせて先島諸島とも言います。」
・「プリント1の作業1をやってみてください。気温の資料は、教科書や地図帳の後ろの資料のページにあります。まず、那覇の1月の気温を記入して、つぎに、宮崎、福島、旭川で、それと同じくらいの気温になる月をさがしてください。」

那覇市の1月の気温	宮崎	福島	旭川
16.0	4月	5月	6月

・「沖縄の冬は、本州では春、北海道では初夏ですね。これくらい気温が違います。石垣島では、春分の日が海開きですが、何となくわかりますね。」

展開2　沖縄の今

・「それでは、沖縄県の○×クイズです。いつものようにカンで答えてください。」
※先に○×クイズをやってから地図に入るという展開も考えられる。
・「答えを言います。1－○、2－×、3－○、4－○」
・「証拠を見せますので、プリント2を配ります。」

- 「1番、2番の答えは資料1で確認してください。人口増加率は全国で何番目になりますか。」（3番目）
- 「若い人が多いので、人口も増えますね。また、沖縄の人たちは家族のつながりを大切にするので、子どもを産んで育てやすい環境にあるといわれています。」
- 「資料2は沖縄の雪の記録がありますが、降ったのは江戸時代のことでここ百年間は降っていません。」
- 「資料3を見ると、IT産業が伸びていることが分かります。どんな仕事をしているのかは資料4を見てください。」（通信販売の窓口、ネット販売の注文受付など）
- 「通信販売の会社はなぜ沖縄に支社を置いたのでしょうか。」（若い人がいる。県が東京都との通信回線を増やした。）
- 「情報産業は、通信がしっかりできれば、どこにいても仕事ができます。仕事をする人はパソコン操作などに通じていないとなりませんから、若い人がたくさんいるというのは、会社にとっては支社を置きやすいところでした。それで、情報産業が伸びているんです。」

|展開3| 沖縄の産業構造を見る

- 「では、沖縄の産業全体を見てみましょう。プリント3を配りますので、いつものように作業1を行い、表を完成してください。」
- 「完成したら、今まで勉強してきた都県と比べて、沖縄県の特徴を班で話し合ってください。まとまったら、紙に書いて黒板に貼ってください。」
- 「皆さんの考えをまとめると、①工業の割合が極端に少ない。②建設業や飲食宿泊業が今までのどの都県よりも高い。③農業やサービス業も高い。ということで、高知県と似ていますが、飲食宿泊業やサービス業が高いところが違っています。ここから考えられる沖縄県の産業の中心は何と思いますか。」
（公共工事と観光業）
- 「統計上からはこのように読み取れますが、具体的にどうなっているかは、これから勉強していきましょう。」

作業1　産業の特徴を調べてみよう。産業別就業者数の割合を全国合計と比べる。
　計算方法　各産業就業者数÷総数×100（％）

産業	農業	建設業	製造業	情報通信	運輸業	卸売小売業
沖縄	6.2	11.8	5.8	1.8	4.7	18.1
全国	4.6	10.1	19.0	2.5	5.0	18.6
産業	金融保険業	不動産業	飲食宿泊業	医療福祉業	教育学習業	サービス業
沖縄	1.8	1.1	8.1	10.5	5.4	15.5
全国	2.8	1.3	5.5	6.8	4.2	12.8

作業2　人口・面積を比べる。

人口密度（人）

沖縄県	598
全国	343

可住地割合（％）

沖縄県	50.2
全国	31.1

作業3　昔と今を比べよう

	1985年	2004年
人口の対全国比	0.97	1.07
県民所得の対全国比	0.71	0.71
農業産出額の対全国比	1.00	1.01
工場出荷額対全国比	0.22	0.18

沖縄県÷全国×100　単位は％

- 「情報通信業はどうなっていますか。」（低いけど高知や岩手より高く、愛知県くらい。）
- 「ということは、都市型の産業である情報通信業が、地方であっても高いということになりますね。」
- 「引き続いて、作業2、3を行ってください。終わった人は、気づいたことを言ってください。」
- 「作業3の方から見ていきます。気がついたことはありますか。」（人口は増えている。工業は減って

いて、あとは変わらない。）
・「工業の割合は少ないので、あまり影響はないのです。高知県と違い、現状を維持していますね。この理由もあとで勉強していきましょう。」
・「作業2から言えることを発表してください。」（住めるところが広く、人口密度も高い。）
・「そうですね。ここでもう一回前の掛図か地図帳の沖縄県を見てください。」
・「全体として高い山が少ないし、平野も少ないです。沖縄県で一番高い山は石垣島の於茂登岳ですが525メートルです。全体として200メートルから300メートルの台地が多いです。だから可住地が半分あるんですね。」
・「人口が増えていて、サービス業や飲食宿泊業が盛んになっています。全体として勢いを感じます。産業の特徴のでき方などをこのあとの学習で見ていきましょう。」

●参考文献
前泊博盛『もっと知りたい本当の沖縄』岩波ブックレット　2008年

沖縄県を探る（No.1）

〇×クイズ

1、沖縄県の年少人口率（15才以下の人口の割合）は全国で一番高い。	（　）
2、沖縄県の人口増加率は2000年と2005年間で全国1位である。	（　）
3、沖縄県では、ここ百年間雪は降っていない。	（　）
4、沖縄県のICT産業は、全国からみて伸びている。	（　）

資料1　沖縄県の地図

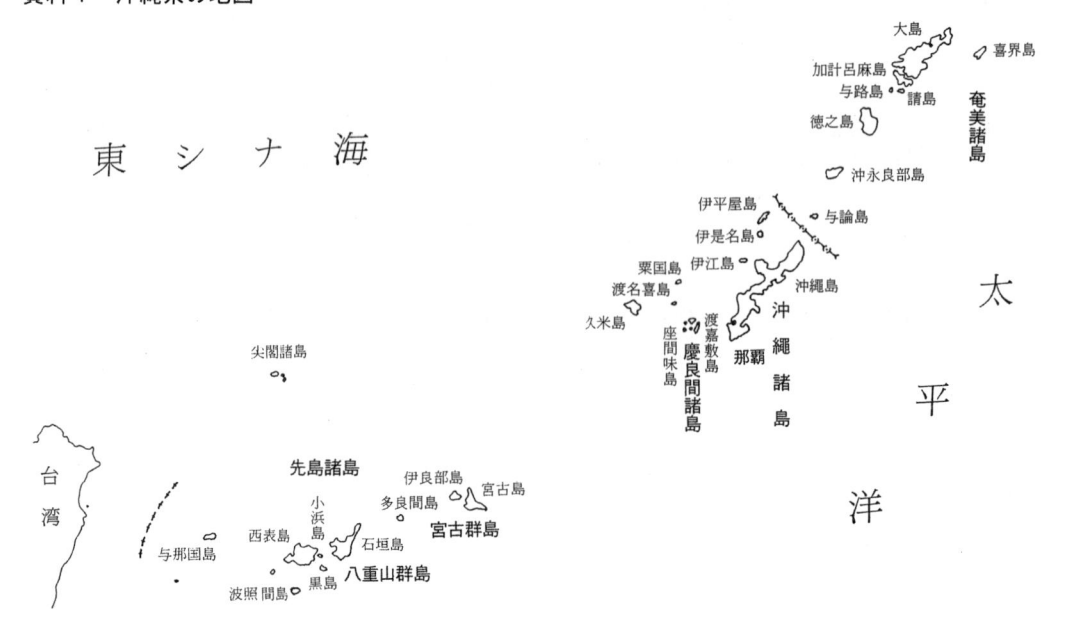

作業1　沖縄県の気候
　那覇市の1月の月平均気温は他の都市では何月か

那覇市の1月の気温	宮崎	福島	旭川

沖縄県を探る (No.2)

年　組　名前

資料1　都道府県の人口増加率（2000〜2005年）と年少人口率（15才以下の人口の割合）

（『データでみる県勢』）

	5年間の人口増加数・率 (2000〜05)		2005 年齢別人口の割合		
	人口増加数 (千人)	人口増加率 (%)	0〜14歳	15〜64歳	65歳以上
北海道	-56	-1.0	12.5	65.1	22.4
青森	-39	-2.6	13.9	63.0	23.1
岩手	-31	-2.2	14.1	60.1	25.6
宮城	-5.3	-0.2	13.8	65.1	21.0
秋田	-44	-3.7	11.7	60.2	28.1
山形	-28	-2.3	13.2	60.3	26.4
福島	-36	-1.7	14.3	61.9	23.8
茨城	-11	-0.4	14.0	66.1	19.9
栃木	12	0.6	14.2	65.2	20.6
群馬	-0.8	-0.0	14.3	64.7	21.0
埼玉	116	1.7	14.0	69.0	16.9
千葉	130	2.2	13.4	68.3	18.2
東京	507	4.2	11.7	68.7	19.3
神奈川	301	3.5	13.8	68.6	17.3
新潟	-44	-1.8	13.4	61.5	24.9
富山	-9.2	-0.8	12.9	62.3	24.7
石川	-7.0	-0.6	13.6	64.6	21.7
福井	-7.4	-0.9	14.9	61.5	23.4
山梨	-3.6	-0.4	13.9	63.1	22.9
長野	-17	-0.8	14.0	60.7	25.3
岐阜	-2.4	-0.1	14.0	63.4	22.6
静岡	25	0.7	14.0	64.2	21.7
愛知	211	3.0	14.7	67.3	17.8
三重	9.8	0.5	13.6	63.7	22.7
滋賀	38	2.8	15.2	65.7	19.0
京都	3.1	0.1	13.1	65.7	21.1
大阪	12	0.1	14.0	66.7	19.1
兵庫	40	0.7	14.2	64.6	21.1
奈良	-21	-1.5	13.0	65.3	21.6
和歌山	-34	-3.2	14.0	61.1	24.8
鳥取	-6.3	-1.0	13.1	61.4	25.6
島根	-19	-2.5	12.7	59.1	28.0
岡山	6.2	0.3	13.6	62.6	23.7
広島	-2.2	-0.1	13.9	64.8	21.3
山口	-35	-2.3	12.6	60.6	26.7
徳島	-14	-1.7	12.5	62.3	25.2
香川	-11	-1.0	13.3	62.4	24.3
愛媛	-25	-1.7	13.4	60.9	25.7
高知	-18	-2.2	12.5	60.3	27.1
福岡	33	0.7	13.9	65.5	20.5
佐賀	-10	-1.2	15.1	62.0	22.9
長崎	-38	-2.5	14.2	61.1	24.7
熊本	-17	-0.9	14.5	61.3	24.1
大分	-12	-0.9	12.4	62.4	25.0
宮崎	-17	-1.5	14.0	61.9	23.9
鹿児島	-33	-1.9	13.3	59.9	26.8
沖縄	43	3.2	18.9	63.7	17.4
全国	831	0.7	13.6	65.3	21.0

資料2　沖縄の雪

沖縄に無いものは「電車」と「雪」といわれています。でも琉球王朝の歴史書には降雪の記録があります。1774年に久米島で、1815年に2回、1843年と1844年にも降雪の記録があります。
（前泊博盛『もっと知りたい本当の沖縄』岩波ブックレット）

資料3　沖縄の情報サービス産業従事者の全国割合の変化

年	割合（%）
1999年	0.40
2006年	0.68

（『データでみる県勢』）

資料4　ITアイランド・沖縄

沖縄では、最近10年間でIT（情報技術）産業が急成長しています。沖縄には、那覇市をはじめとしてコールセンターが集中的に立地しています。沖縄県は情報通信産業の誘致のために沖縄と東京を結ぶ通信回線を提供し、従来の10分の1程度まで通信コストを低減しています。当初は、商品説明や通販受付でしたが、最近では、銀行や証券会社のトレーディング業務、ネット売買など高度化しています。（前泊博盛『もっと知りたい本当の沖縄』岩波ブックレット）

沖縄県を探る (No.3)　　　年　組　名前

作業1　産業の特徴を調べてみよう。産業別就業者数の割合を全国合計と比べる。
計算方法　各産業就業者数÷総数×100（％）

産業	農業	建設業	製造業	情報通信	運輸業	卸売小売業
沖縄						
高知	11.5	9.4	8.0	0.8	3.8	19.3
宮城	5.7	10.3	14.1	2.2	5.7	19.9
岩手	12.8	10.5	15.3	1.0	4.1	16.1
愛知	2.7	8.0	26.1	1.8	5.4	18.0
滋賀	3.7	7.4	26.6	1.3	4.4	15.3
埼玉	2.2	8.6	18.0	4.1	6.3	18.4
東京	0.6	6.9	11.1	6.8	5.0	18.7
全国	4.6	10.1	19.0	2.5	5.0	18.6

産業	金融保険業	不動産業	飲食宿泊業	医療福祉業	教育学習業	サービス業
沖縄						
高知	2.1	0.8	5.4	12.3	4.6	11.5
宮城	2.4	1.4	5.0	8.2	4.7	13.0
岩手	1.9	0.4	5.5	9.7	4.3	11.2
愛知	2.0	1.2	5.2	7.1	3.8	13.5
滋賀	2.1	0.7	5.2	7.1	5.3	13.8
埼玉	3.1	1.8	4.7	6.8	4.2	15.0
東京	3.5	3.2	6.4	7.6	4.6	18.3
全国	2.8	1.3	5.5	6.8	4.2	12.8

作業2　人口・面積を比べる。
人口密度（人）

沖縄県	
全国	343

可住地割合（％）

沖縄県	
全国	31.1

作業3　昔と今を比べよう

	1985年	2004年
人口の対全国比		
県民所得の対全国比		
農業産出額の対全国比		
工場出荷額対全国比		

※全国比　沖縄県÷全国×100　単位は％

2　サンゴの海は泣いている

沖縄県を探る／第2時

●この授業のねらい
①サンゴとサンゴ礁について知る。
②沖縄のサンゴの現状を知る。
③サンゴが死滅した要因を考える。

　本時は、沖縄のサンゴの現状を、オニヒトデの食害を中心に展開する。サンゴの死滅の要因は、オニヒトデとともに、サンゴの白化現象であるが、後者は水温上昇に伴う現象であり、地域との関わりはうすい。そのため、オニヒトデ問題を中心に展開する。ここでは、サンゴ礁とサンゴの関係、サンゴが二酸化炭素を吸収することなどの事実を踏まえて、復帰後の沖縄の開発と関わりながら授業を展開する。展開上気をつけることは、サンゴやオニヒトデの生物学的な理解に深入りしないことである。

●本時で用いる教材
・サンゴの写真、サンゴ礁の写真、オニヒトデの写真（可能なら）
・沖縄のサンゴの現状の拡大図（プリント1の資料1）
・沖縄本島のリゾート開発計画の拡大図（プリント3の資料2）
・大宜味村喜如嘉の地形と土地利用の変化の拡大図（プリント4の資料2）

●本時の展開

展開1　サンゴとは

・「この写真を見てください。何の写真かわかりますか。」（サンゴ）
・「そうですね。サンゴの写真です。サンゴについて知っていることを言ってください。」
・「色々知っていますね。ではサンゴに関する○×クイズをします。プリントを配ります。」
・「自分のカンで答えてください。」
・「答えを言います。1－×、2－○、3－○、4－×」
・「証拠は次のプリントを見てください。プリント2を配ります。資料1を読んで確認してください。」
・「つまりサンゴは動物で、海中の二酸化炭素を取り込んで石灰質の殻を作ります。そしてまとまってひとつにまとまっています。
・「だから浅い海でないと生きられません。理科で習ったと思いますが、植物の光合成は太陽の光が必要ですから、光が届かない深い海や濁った海ではサンゴは生きられません。」
・「次にこの写真を見てください。何と言うか知っていますか。」（サンゴ礁）
・「そうです。よく知っていましたね。このサンゴ礁とサンゴの関係は資料3を見てください。」（サンゴが死んでその体が島になる。）
・「沖縄にはたくさんのサンゴ礁があります。」
・「世界で見るとサンゴの多いところはどこでしょうか。プリント1の資料2を見てください。南の方に多いですね。」

展開2　沖縄のサンゴの現状をみる

・「さて、プリント1の資料1を見てください。この地図は、沖縄のサンゴを調べているキャサリン・ミュージックさんが調べたものです。白丸が生きているサンゴです。この図を見て、どう思いますか。」（ほとんど死んでいる）
・「何でこんなにサンゴは死んでしまったのでしょうか。」
・「ちょっと思いつきませんね。では三択をやります。①人が採ってしまった。②海が汚れた。③天敵に襲われた。ちょっと班で話し合ってください。では自分で考えて手を挙げてください。」

- 「答えは、次のプリントに出ています。配りますので、資料1を見てください。」
- 「サンゴの最大の敵は何でしょうか。」（オニヒトデ、正解は③番。）
- 「他にも工事で死んだり、赤土が流れ出て死んでいますね。」
- 「オニヒトデとはこの写真のように生き物ですが、どんな生き物なのか資料2を見てください。」
- 「大きいですね。資料2の（　）の中には何が入ると思いますか。」
- 「これも三択にします。①歯、②胃袋、③べろ、さて何でしょうか。自分でこれだと思うものに手を挙げてください。」
- 「オニヒトデが沖縄で発生した時のようすを資料3から見てください。あとオニヒトデが増えた理由も考えてください。」（小さい時に食われなかった。）
- 「なぜ小さい時に食われなかったのでしょうか。考えてみてください。」
- 「色々な理由があります。次のプリントを配りますので、まとめてください。」（天敵が減った。餌が増えた。）
- 「その理由はですが、原因は人にあり、人が土地を開発して農薬や化学物質を流したことで、天敵が減り、餌が増えました。」
- 「調べてみると、オニヒトデは沖縄本島の恩納村で大量発生がはじまったといわれています。プリント3の地図から恩納村をさがしてください。」
- 「ここはどんなところでしょうか。」（リゾート施設がたくさんある。ゴルフ場もある。）
- 「恩納村は沖縄のリゾート開発の出発点です。色々な開発があり、それがオニヒトデの発生につながりました。」

展開3　農地開発と赤土流出

- 「最後に、農地の変化を見ていきたいと思います。資料2の図を見てください。」
- 「この場所は沖縄本島の大宜見村の村の記録です。図の見方を説明します。黒板の図を見てください。海から陸に向かって土地の高さが線で示してあります。海の方から低い平野があって、急な崖があって、高い土地が続きます。下にある帯グラフのような図は、土地が何に使われていたのかを示しています。1949年と1979年のようすが書いてありますから、その間の変化がわかります。」
- 「では、1949年と1979年で、どのような違いがあるか調べてみてください。」
- 「平野にあった水田は畑になりました。急な崖にあった畑はなくなりました。高い土地に畑ができました。20年間で畑が高い土地に移りました。」
- 「新しい畑に何が植えてあるのでしょうか。資料3の作物の栽培割合の変化から考えてください。」（さとうきび、パイン）
- 「そうですね。サトウキビは昔から作っていましたが、サツマイモや豆、麦は大きく減って、サトウキビとパインという売れる作物がたくさん作るようになりました。食べる農業から売る農業に変わってきました。」
- 「それでどんなことになったのかというと、資料4を見てください。」（赤土が海に流れた。）
- 「赤土が海に流れると、何がおきましたか。」（サンゴが死ぬ。）
- 「前にサンゴが死んだ原因が赤土の流出があると資料に書いてありましたが、それは、こうした無理な農地の開発にありました。」
- 「沖縄のサンゴの死は、リゾート開発によるオニヒトデの大量発生と、農地開発による赤土流出です。なぜ、そんなことがわかっていても、開発をしたのでしょうか。このことを次に調べていきます。」

●参考文献

目崎茂和『サンゴの海』高文研　1988年
本川達雄『サンゴとサンゴ礁のはなし』中公新書　2008年
サンゴ礁地域研究グループ編『熱い自然』古今書院　1990年
サンゴ礁地域研究グループ編『熱い心の島』古今書院　1992年
平岡昭利『サンゴ礁地域における甘藷農業の展開とユイ』地理　第25巻8号　1980年

サンゴの海は泣いている (No.1)   年 組 名前

○×クイズ

1、サンゴは植物である。   （   ）
2、「星の砂」はサンゴの死骸である。   （   ）
3、サンゴの死骸で島ができる。   （   ）
4、サンゴから宝石のサンゴができる。   （   ）

資料1　1980年頃の沖縄県のサンゴ（目崎茂和『サンゴの海』高文研）

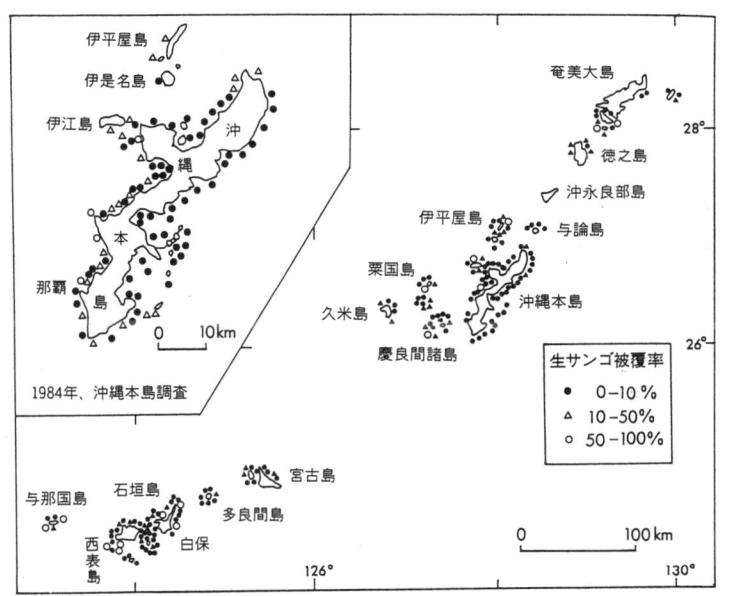

キャサリン・ミュージックの調査による琉球列島の生サンゴ被度

資料2　世界のサンゴ礁の分布（本川達雄『サンゴとサンゴ礁のはなし』中公新書）

世界のサンゴの分布域．数字は域内でみられるサンゴの種数

サンゴの海は泣いている (No.2)

資料1　サンゴに関するQ＆A

Q1、サンゴは動かないし、石のかたまりみたいに見えて、さっぱり動物らしくないのですが、動物ですか？
A　れっきとした動物です。おおざっぱに言えば、クラゲやイソギンチャクの仲間で、これらはみんな　刺胞動物門に属します。

Q2、宝石のサンゴ（ネックレスやタイピンに使われているもの）とサンゴ礁のサンゴは同じですか。
A　違います。宝石のサンゴは花虫綱の八方サンゴ亜綱、サンゴ礁のサンゴは同じ花虫綱ですがこちらは六方サンゴ亜綱に属しています。

Q7、サンゴの身体の構造はどうなっているのですか。
A　サンゴの個体をポリプと呼びます。サンゴのポリプは、石灰の殻を分泌しますが、殻を除いた柔らかい部分がポリプです。

Q9、テレビで見るサンゴは結構大きいですよね。これらはサンゴの個体なのでしょうか？
A　違います。サンゴの個体（ポリプ）がたくさん集まってできている群体です。（本川達雄『サンゴとサンゴ礁のはなし』中公新書）

資料2　褐虫藻とは
　サンゴの体内には褐虫藻が共生し、サンゴはこの藻から食べ物をもらっています。もらう量も中途半端ではありません。褐虫藻は葉緑体を持っており、サンゴの体内で光合成をします。光合成でつくり出したものの9割を藻はサンゴに手渡しています。海が深くなるほど光は弱くなり、光合成量が少なくなります。サンゴが成長できるには浅くないとだめです。水が濁っていればそれだけ光量が減り、サンゴが成長できなくなります。（本川達雄『サンゴとサンゴ礁のはなし』中公新書）

資料3　サンゴ礁とは
　サンゴ礁の定義をあげておきましょう。「サンゴ礁とは、熱帯の浅い海域でサンゴをはじめとする造礁生物が成長し、それが死亡することによって残された石灰質の骨格が固められて波に耐えられるようにできた浅瀬」。こうしてできた岩礁の上に、多くの生物が生活しています。（本川達雄『サンゴとサンゴ礁のはなし』中公新書）

サンゴの海は泣いている（No.3）　　年　組　名前

資料1　危機の諸相
　沖縄・奄美のサンゴ礁は激烈ともいえる変貌をとげた。1972年の本土復帰が一つの契機であることは明白である。サンゴ礁危機は「大和世」（ヤマトユー）とともに到来し、「開発の波」とともに押し寄せたといって過言でない。沖縄では、この本土復帰を前後して、サンゴを食害するオニヒトデの異常発生が各地で頻発した。最大のサンゴ礁危機はオニヒトデ食害といって過言でない。次に、大規模な埋め立て事業、港、道路建設など人為的な改変によるサンゴ礁の消滅や環境破壊である。3番目に、農地やゴルフ場など開発による河川よりの「赤土流出」によってサンゴ礁の汚濁が恒常化している。（サンゴ礁地域研究グループ『熱い自然』古今書院）

資料2　オニヒトデとは
　生きたサンゴを食いつくし、サンゴ礁を破壊することで悪名高いのがオニヒトデである。大きいものでさしわたし60センチにもなる。サンゴの上にのり、普段は体内にしまい込まれている（　　　　）を口からはき出して、サンゴの上に広げる。消化酵素を分泌してサンゴを溶かし、とけた液を吸収する。オニヒトデが去ったあとには、真っ白いサンゴの骨格が残る。（本川達雄『サンゴとサンゴ礁のはなし』中公新書）

資料3　オニヒトデの異常発生
　1960年以前、オニヒトデはめったに見ることのできない動物だった。沖縄本島では1969年からオニヒトデの大発生が始まった。10年かけて沖縄のサンゴを食いつくした。オニヒトデは一万本のトゲで体を守っており、大型の魚などに対する防衛は心配ない。成長したオニヒトデはほとんど食われないが、幼生や若いオニヒトデのほとんどは食われたりして死んでいく。（本川達雄『サンゴとサンゴ礁のはなし』中公新書）

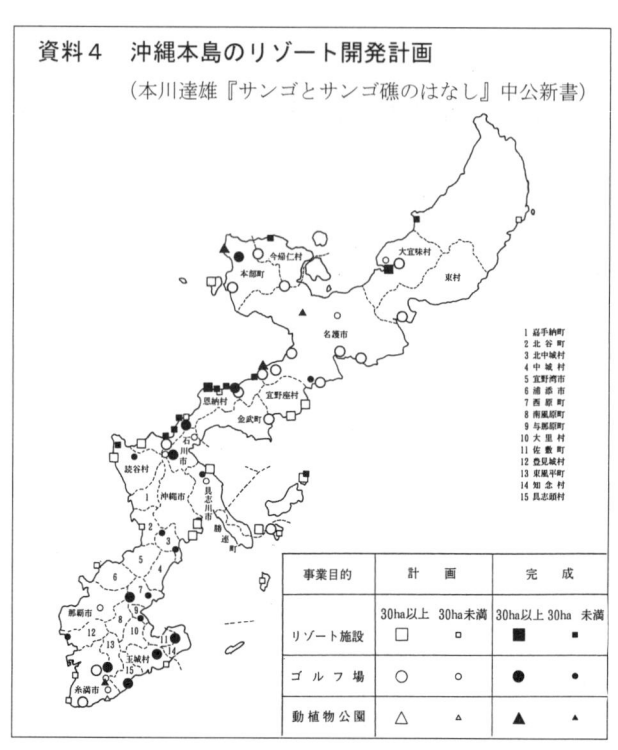

資料4　沖縄本島のリゾート開発計画
（本川達雄『サンゴとサンゴ礁のはなし』中公新書）

1　嘉手納町
2　北谷町
3　北中城村
4　中城村
5　宜野湾市
6　浦添市
7　西原町
8　南風原町
9　与那原町
10　大里村
11　佐敷町
12　知念村
13　玉城村
14　知念村
15　具志頭村

事業目的	計画		完成	
	30ha以上	30ha未満	30ha以上	30ha未満
リゾート施設	□	▫	■	▪
ゴルフ場	○	○	●	•
動植物公園	△	▵	▲	▴

サンゴの海は泣いている (No.4)　　年　組　名前

資料1　なぜオニヒトデは大発生するのか

大発生は人間の多く住んでいる地域でおこる傾向があり、①天敵のホラ貝を捕りすぎた。②農薬や化学物質が海に流れ込んだためオニヒトデの幼生を食う動物たちが少なくなった。③埋め立て工事でオニヒトデの幼生を食う動物が減った。また、川からリンや窒素に富む水が流れ込んでくる海域では、オニヒトデの幼生の餌となる大型プランクトンが増える。植物プランクトンの量が倍になると幼生の生存率は10倍になる。(本川達雄『サンゴとサンゴ礁のはなし』中公新書)

資料2　大宜味村の喜如嘉の地形と土地利用の変化 (サンゴ礁地域研究グループ『熱い自然』古今書院)

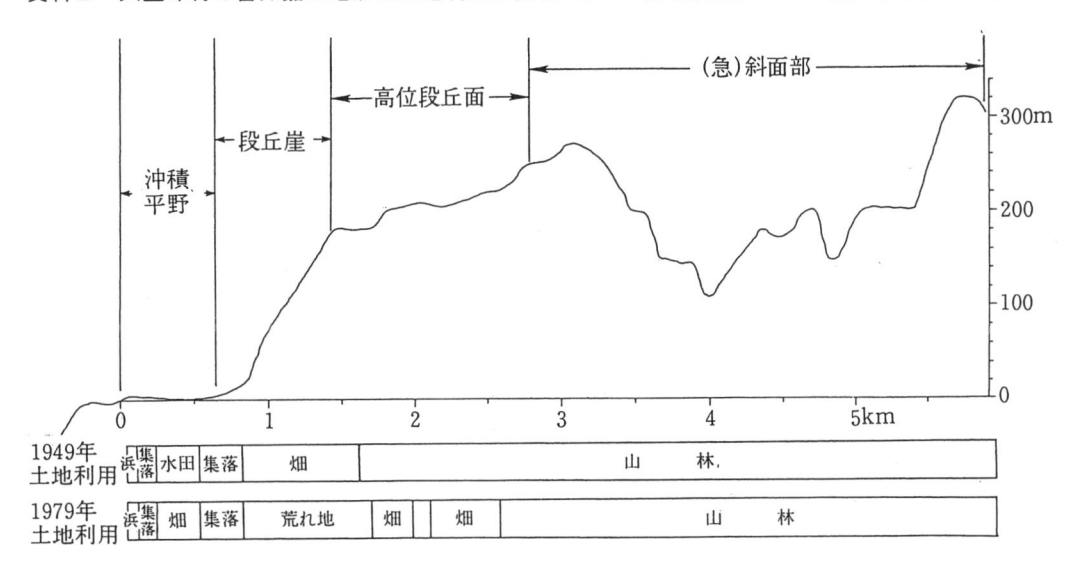

資料3　沖縄の主な作物の栽培面積の割合
(「地理」第25巻8号)

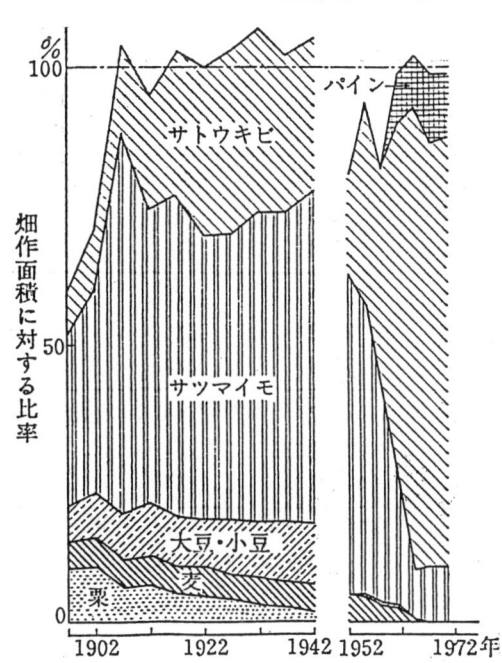

資料4　山原の変化

開発が進められたのが、今まで山林として利用されてきた段丘面である。ブルドーザー等を導入し、林をなぎ倒し、畑を造成していった。開発により裸地化した土地は亜熱帯の強い雨により、簡単に流されてしまう。場所によっては耕作が不可能な畑も出ている。また、流れ出た土砂が問題を引き起こしている。亜熱帯の赤い土砂の流入により、本来青いはずのサンゴ礁の海が赤く濁ってしまい、現在生きたサンゴを見ることはほとんどできない。以来、魚介類の捕れる量が激減している。
(サンゴ礁地域研究グループ『熱い自然』古今書院)

3　誰がサンゴを殺したのか

沖縄県を探る／第3時

●この授業のねらい
①沖縄の軍事基地の現状を知る。
②軍事基地が地域にあたえた影響を知る。
③サンゴを死滅させた要因との関わりを考える。

　ここで初めて沖縄の基地問題を取り上げる。社会科地理の実践としても、沖縄の基地問題をストレートに取り上げる実践が見られる。そのことを否定するつもりはないが、地域に注目する社会科地理の学習としては、土地や地域がどのように変化したのかを明らかにして、基地問題に切り込み、地域の問題として理解し、歴史や公民の学習につないでいきたい。戦後沖縄の地域形成は、基地の存在を抜きにして考えられない。沖縄本島の中南部の豊かな平坦地が基地として接収されており、そのために多くの地域の変化があった。このことを具体的な資料を用いて迫っていきたい。

●本時で用いる教材
・アメリカ軍基地の写真（できれば住宅に隣接したところの写真）
・沖縄本島のアメリカ軍基地の拡大図
・沖縄市の商業地区の拡大図

●本時の展開

展開1　アメリカ軍の基地を見る

・「この写真を見てください。何かわかりますか。」
・「この写真は沖縄にあるアメリカ軍の基地です。基地と、基地の外の様子を見て、どう思いますか。」
・「基地は広くて、家は建て込んでいますね。これが沖縄の現実で、サンゴが死んだ原因とも深く関係しています。」
・「では聞きます。アメリカ軍の基地の面積は、沖縄本島の面積の何％くらいでしょうか。予想してください。」
・「自分が正しいと思うところに手を挙げてください。」
※教師の側から選択肢を提示しても良い。その時は、5，20，50程度の数値をだす。子どもに予測させた場合は、その中からいくつかの選択肢を選ぶか、全部書いてその中から挙手をさせる。
・「ではプリントを配りますので、資料1を見て確かめてください。」
・「答えはプリントにあるとおりで、19％でした。資料2で確かめてください。」
・「資料1には（　）があります。この（　）の中に入る数字を予測してください。」
・「自分が正しいと思うところに手を挙げてください。」
・「正しくは約75％です。すごい集中ですね。」
・「なぜ沖縄にたくさんの基地があるのか説明できる人はいますか。」
・「小学校の歴史で勉強したと思いますが、第二次世界大戦で日本でただ一つ地上戦が行われたのが沖縄です。そして、1972年までアメリカ軍が占領していました。その時、基地ができました。」
・「でもアメリカ軍が基地を手放さない理由は他にもあります。資料3を見てください。この地図から何か気がつくことはありませんか。」
・「沖縄が2000キロ内に朝鮮半島、中国の北京、ベトナムのハノイ、フィリピンのマニラ等が入ります。ここに基地があると、東アジアの主要都市は押さえられます。だから沖縄は太平洋の要石といわれています。軍事上大切なところなので、アメリカ軍は残ったのです。」

展開2 基地の形成。

・「こんなに広い基地がありますが、基地になる前には、ここはどんなところだったのでしょうか。班で話し合ってください。」
・「皆さんの意見をもとにして、三択をします。①普通の村、②国有林、③日本軍の基地。」
・「自分がこれだと思うところに手を挙げてください。」
・「では今から、嘉手納基地のあったところの昔の地図を配りますので、見て答えを確かめてください。」
・「正しくは①でした。普通に人々が生活していたのですね。村があり、畑があり、豊かな土地だったんです。その土地が基地になるとき、何がおきたのか、資料2をみて下さい。」
・「小学校で習ったと思いますが、アメリカ軍は地上戦で日本軍が降伏したあと沖縄を占領し続けました。だから、こんなことができたのです。もう一回沖縄の基地の図を見るとこの中南部の基地は、平坦な土地で、沖縄の農業の中心地だったといえますね。」
・「では、土地を追われた人々はどこへ行ったのでしょうか。班で話し合ってください。自分たちの考えたことを、黒板にはってください。それから、その理由を班ごとに説明してください。」
※ここでは、いくつかの考えにしぼり、討論させる。理由に対して、文句を言わせる形で展開する。
・「では、事実はどうだったか、次のプリントを配りますので、資料1を読んで確認してください。」
・「まわりのあいている土地に移住したんですね。だから、最初の写真にあったように、基地のまわりに、住宅が密集するようになりました。」

展開3 基地経済とその影響

・「地図にある越来村は、何市になりましたか。」（沖縄市）
・「沖縄市は、現在那覇市に次ぐ沖縄第2の都市ですが、その人口の変化を資料2で見てください。1970年までは合併もなく市域は越来村のままです。」
・「人口が大きく増え始めたのは。」（1950年から）
・「そうですね。1955年頃までに、急増していますね。このころ、土地をとられた人たちが移り住んで来たことになります。」
・「その沖縄市、当時はゴザ市ですか、1965年頃の中心地のようすが資料3にありますが、どんな店が多いですか。」（Cの記号が多い。）
・「クラブやバーというアメリカ兵相手のお酒を飲むところがたくさんありますね。」
・「他にも、アメリカ軍の基地で、働く人もいます。」
・「このようすを資料4を読んでみてください。」
・「いい土地を奪われ、農業や工業が発達する条件がなくなり、基地に頼る第三次産業が産業が発達するという沖縄独特の産業の特徴がみえます。」
・「沖縄に広い基地が作られ、土地が奪われた結果、沖縄では基地に頼るようになり、日本に帰ったあと、観光産業に活路を求めてリゾート開発を進めました。また、新たに農地を開拓し、沖縄独自のパイナップルやサトウキビを大量に栽培しました。その結果、サンゴの死をはじめとする自然破壊が進みました。」

●参考文献
前泊博盛『もっと知りたい本当の沖縄』岩波ブックレット　2008年
歴史地理教育 727号（「沖縄から見える日本」の口絵より）2008年
サンゴ礁地域研究グループ編『熱い心の島』古今書院　1992年
新崎盛輝他『観光コースでない沖縄』高文研　1983年

誰がサンゴを殺したのか（No. 1）　年　組　名前

資料１　沖縄の米軍基地

沖縄には米海軍、空軍、陸軍、海兵隊の四軍が駐留しています。その数は約42,000人。うち、約22,000人が軍人、約1,500人が軍属、そして約19,000人がその家族らです。施設総面積は、238平方キロメートル、沖縄本島では面積の19%を基地が占めています。米軍基地は、沖縄のサトウキビ畑とほぼ同じ広さです。国土面積の0,6%にすぎない沖縄県に米軍の施設の約（　　　）%が集中しています。（前泊博盛『もっと知りたい本当の沖縄』）

資料２　沖縄本島の米軍基地（「歴史地理教育」No.727）

北部訓練場
伊江島射爆場
キャンプ・ハンセン
嘉手納弾薬庫
チビチリガマ
「象のオリ」跡
嘉手納飛行場
キャンプ桑江
那覇港湾施設
摩文仁の丘
白梅の塔
轟壕
名護市
辺野古弾薬庫
キャンプ・シュワーブ
ギンバル訓練場
ブルービーチ訓練場
沖縄市
ホワイト・ビーチ
キャンプ瑞慶覧
浦添市
普天間飛行場
那覇市
糸数壕
糸満市
新城壕
平和祈念資料館
ひめゆりの塔

資料３　沖縄の位置＝太平洋の要石（前泊博盛『もっと知りたい本当の沖縄』岩波ブックレット）

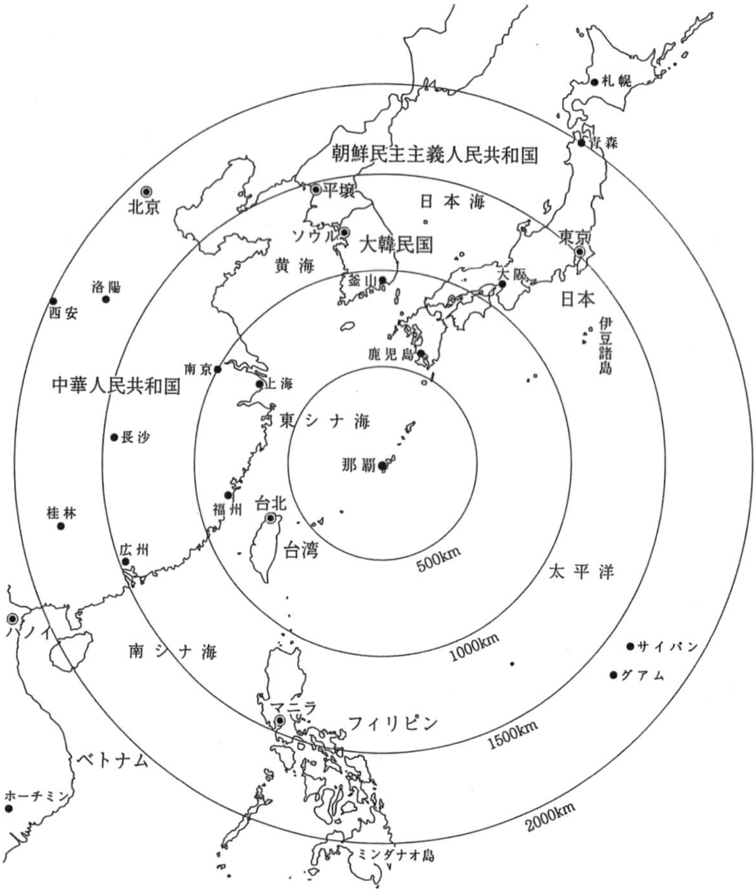

札幌
青森
朝鮮民主主義人民共和国
平壌
北京
日本海
ソウル
大韓民国
東京
黄海
大阪
釜山
日本
洛陽
西安
伊豆諸島
鹿児島
南京
上海
中華人民共和国
東シナ海
長沙
那覇
福州
台北
桂林
台湾
広州
500km
太平洋
ハノイ
南シナ海
1000km
サイパン
グアム
マニラ
フィリピン
1500km
ベトナム
ホーチミン
2000km
ミンダナオ島

誰がサンゴを殺したのか (No.2)　　年　組　名前

資料1　1919年の集落分布と軍用地（サンゴ礁地域研究グループ『熱い自然』古今書院）

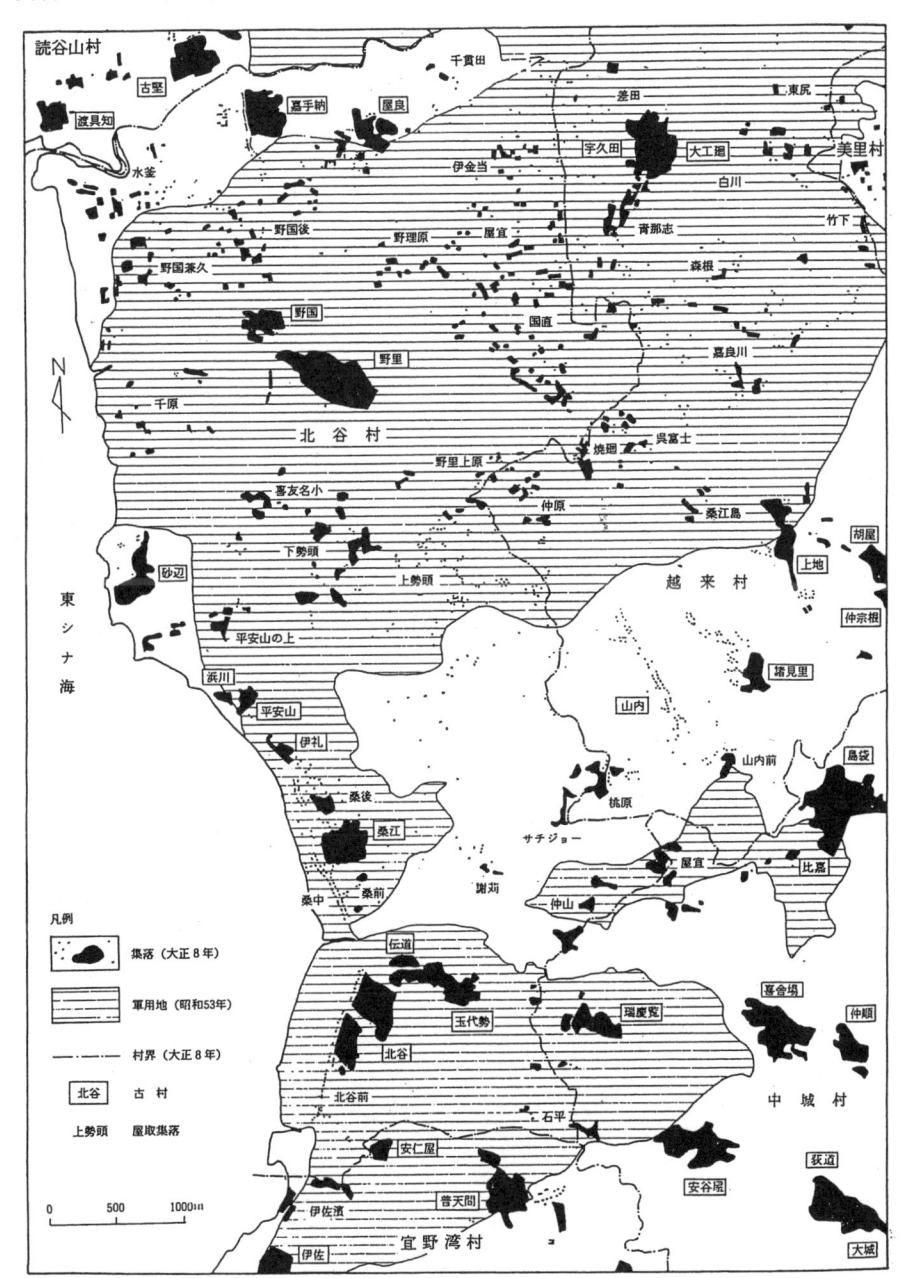

資料2　銃剣とブルドーザー

　アメリカ軍は、地主らに「使用契約の締結」を求めました。しかし、コーラ1本が10円の時代に坪当たり平均1円の安さに加えて、20年の長期契約に地主らは反発し、大半が契約を拒否しました。アメリカ軍は1953年には契約拒否地主の土地の強制収容に踏み切ります。那覇市内の土地は次々と強制収容されていきました。そして、小禄村に武装米兵を派遣し、銃剣による威嚇・暴行で住民を抑え、ブルドーザーで収穫目前のイモ畑やキャベツ畑を一気に収奪し、基地建設をはじめました。沖縄住民は猛反発し、各地で数十万人規模の土地闘争が頻発しました。土地闘争はその後全域に広がり、「島ぐるみ闘争」へと発展していきました。（前泊博盛『もっと知りたい本当の沖縄』岩波ブックレット）

誰がサンゴを殺したのか (No.3)　　年　組　名前

資料1　新しい町や村

　読谷村、北谷町、嘉手納町、沖縄市といったアメリカの重要な軍事拠点「嘉手納空軍基地」を抱える沖縄本島中部において、多くの集落が移動している。図中（プリント2の資料1）の町村名は、戦前のものであり、北谷村からは嘉手納村が分離し、中条村からは北中城村が分離している。さらに越来村はゴザ村をへてゴザ市になり、美里村と合併して沖縄市になった。（サンゴ礁地域研究グループ『熱い自然』古今書院）

資料2　ゴザ市（越来村）の人口変化

年	人口（人）
1920	8,912
1930	8,459
1940	8,093
1950	18,431
1955	35,283
1960	46,695
1965	55,923
1970	58,658

1956年市制施行
1974年美里町と合併
（沖縄市HPより作成）

資料4　基地経済

　1960年代を通して基地経済が定着し、失業率は1％以下、超完全雇用であった。しかし、第一次、二次産業は発達せず、基地に依存する第三次産業のみが肥大化する。所得は基地に依存する。自前の産業が育つはずもなかった。（新崎盛輝他『観光コースでない沖縄』高文研）

資料3　1965年の沖縄市の商業地区のようす
（サンゴ礁地域研究グループ『熱い自然』古今書院）

凡例：
- C　クラブ・バー
- 雑　雑貨店
- 服　洋服・呉服店
- R　レストラン
- T　テーラー
- W　時計屋
- D　ドレスメーカー
- 靴　靴・履物店
- S　ギフトショップ
- E　電気製品店
- ⓢ　手芸・刺繍店
- 薬　薬屋
- 化　化粧品店
- 本　書籍・文具店
- ⓒ　カメラ店
- 食　食料品店
- 菓　お菓子屋
- 酒　洋酒店
- 楽　楽器店
- O　メガネ屋
- A　娯楽業
- 理　理容・美容
- H　ホテル
- 写　写真屋
- ク　クリーニング
- 病　病院
- P　質屋
- 銀　銀行
- 玩　玩具店
- 百　百貨店
- 旅　旅行社
- 畳　畳屋

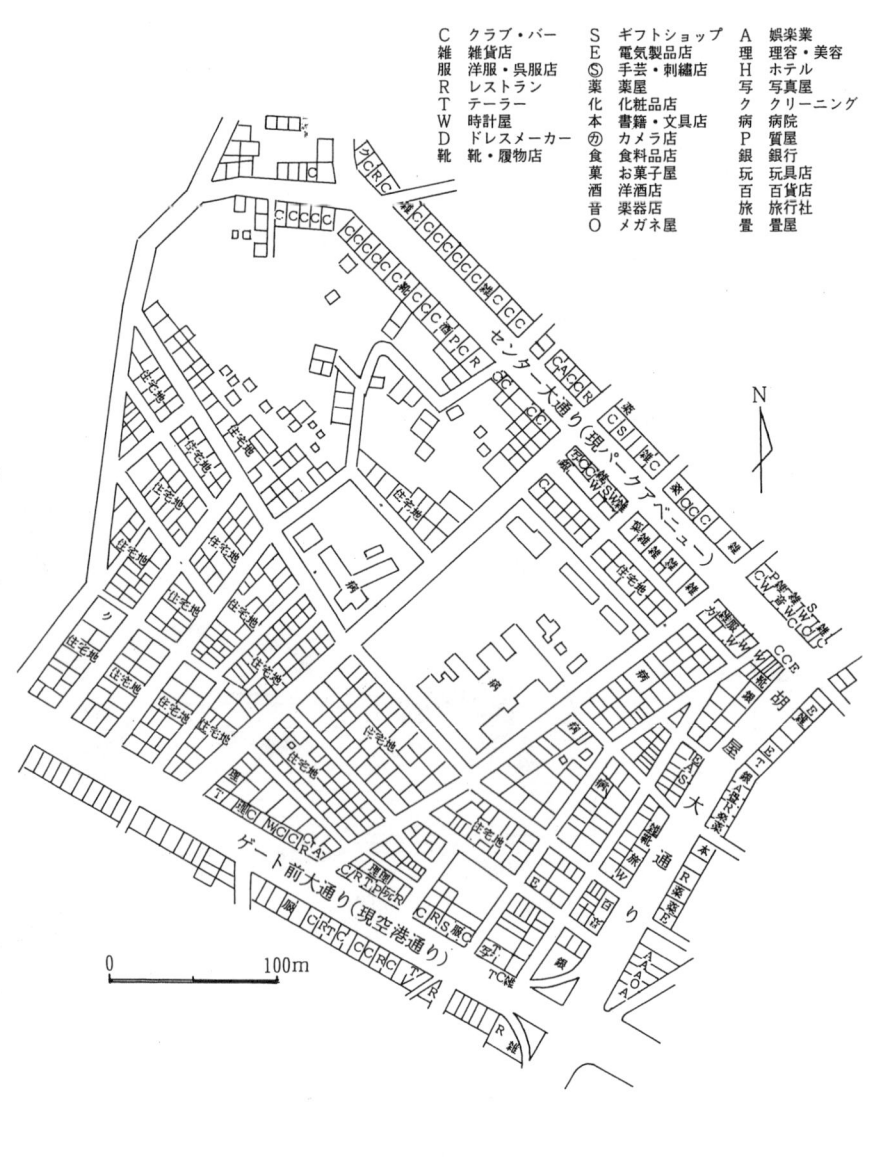

4　サンゴを育てる

沖縄県を探る／第4時

●この授業のねらい
①恩納村のリゾート開発の状況を知る。
②リゾート開発の海と漁業への影響を知る。
③漁協が提案したサンゴ再生プロジェクトの意味を考える。

　リゾート開発による、海洋汚染がサンゴを食べるオニヒトデの天敵を減らし、汚染による海水の富栄養化がオニヒトデに餌を提供し、オニヒトデを増殖させた。その中で、リゾート開発の中心地である恩納村の人たちはどのように対応したのかを見ていく。授業の展開として、もう一回恩納村をクローズアップさせるために、大規模開発の図と土地買い占めの図を示した。ここは、本時の主題のきっかけなので軽く扱い、恩納村の学習に入るようにする。

●本時で用いる教材
・恩納村の写真（観光パンフも利用できる、リゾートホテルがわかる景観写真がいい。）
・恩納村沿岸の拡大図（プリント3の資料2）

●本時の展開

展開1　恩納村のリゾート開発

・「もう一回サンゴが死んだ原因を考えてみます。プリントを配ります。資料1は沖縄本島の大規模開発の場所を示しています。黒く塗ってあるのが赤土流出の原因になった農地開発の場所です。那覇市から沖縄市を除く地域であちこちで行われています。だから、沖縄全体で赤土流出が問題になりました。」
・「次にオニヒトデを増やした原因となったリゾート開発に関わると思われる土地の買い占め状況を示した資料2を見て下さい。一番集中しているのはどのあたりでしょうか。」
（恩納村）
・「やはり恩納村に集中していますね。ホテルが続々建った恩納村のようすを資料3で見てください。」
（魚が捕れない。漁のじゃま。海に自由に入れない。）
・「海で働く漁師さんは困っていますね。困った漁師さんは何をしたでしょうか。考えてください。」
・「やはり、ホテルにお金を要求しますが、要求の仕方が少し違っていました。プリント2を配ります。資料1を見てください。」
・「ホテルに何を求めましたか。」（漁業を続けるためのお金）
・「単にお金で解決しようとしたのではありません。漁業をしたいというのが基本なんですね。これはうまくいきましたか。」（おおもめする。）
・「漁師さんとホテルは対立しますね。ここでは村が間に入って解決しますが、この対立の根は深いものがありました。どうしても利害が対立しますね。」
・「ここでちょっと恩納村の変化を調べてみます。資料2に、産業別の働く人の割合を表にしました。大きな変化はどこで起きていますか。」（1970年と1975年の間）
・「そうですね。この間の1972年に沖縄は日本に戻ります。それまでは、沖縄から東京に来るのにパスポートが必要だったんです。」
・「日本に復帰する頃からリゾート開発が本格化しますから、第一次産業で働く人が減り、第三次産業で働く人が増えています。」
・「資料3には最新の産業別の働く人数が出ていますが、漁業の116人という数字はかなり多い方です。」

| 展開2 |　恩納村の取り組み

- 「ところで、恩納村は最近資料4のような宣言をしました。これを読んでどう思いますか。」（漁民とホテルは仲良くする。）
- 「そうですね。お互いに協力し合うことが書いてあります。いったいこの宣言に誰が参加したと思いますか。班で相談して、紙に書いてください。」
- 「では、プリント3を配りますので、資料1を見て確認してください。」
- 「ホテルも漁民もみんな参加していますね。資料2の図は、恩納村の海のホテルと漁業をする海域の関係を示していますが、ホテルの前の海で、漁民が養殖業をしていますね。」
- 「恩納村では対立がなくなっています。なぜでしょうか。資料から考えてみます。」
- 「資料3は恩納村漁業組合の現状を説明したものです。読んでください。どうなっていますか。」
- 「漁師さんは6月15日から11月15日まではどうしていますか。」（観光漁業）
- 「11月15日から6月15日までは何をしていますか。」（モズクやウミブドウの養殖）
- 「リゾートとしての海と漁場としての海を使い分けるようにしています。そして海を中心として村づくりを考えています。」
- 「オニヒトデについても取り組んでいます。資料4を読んでください。」
- 「オニヒトデの密度をコントロールするといっていますが、具体的にはどうしていると思いますか。」
- 「実は海にもぐりオニヒトデを捕まえることです。誰が捕まえると思いますか。」
- 「漁業組合ですが、村とホテルが一体となって取り組んでいます。」

| 展開3 |　サンゴを育てる

- 「サンゴについても取り組んでいます。資料5を読んでください。」
- 「サンゴの再生のために何をしていますか。」（サンゴの植え付け）
- 「このサンゴの植え付けは誰が考えたものでしょうか。三択です。①村長さん、②ホテルの社長さん、③漁業組合の若者。」
- 「自分でこれと思うところに手を挙げてください。」
- 「では、プリント4を配りますので、資料1を見て確かめて下さい。」
- 「漁業組合の青年部の人たちでした。サンゴの育て方は、資料2を見てください。」
- 「サンゴの植え付け活動については、資料3を見てください。」
- 「サンゴを植え付ける人は。」（一般のダイバー）
- 「サンゴを育てるのは。」（漁業組合）
- 「お金を出すのは。」（会社）
- 「みんなが力を合わせてサンゴを復活させようとしています。」
- 「参加した人の感想が資料4にのせてあります。」
- 「かつて対立していた漁業組合とホテルですが、美しいサンゴを育てるという点で一致してサンゴを守る活動をするようになりました。話し合って、分かり合って、共同で活動することの大切さを教えていますね。最後に沖縄の豊かさについて述べた文がありますので、資料5を読んでください。」

●参考文献

サンゴ礁地域研究グループ編『熱い自然』古今書院　1990年
三木健『リゾート開発』三一書房　1990年
上田不二夫『宮古島ダイビング事件と水産振興』沖縄大学経済論集第19巻1号　1996年
恩納村沿岸域圏総合管理協議会『恩納村沿岸海域の利用・保全のルール』恩納村
「チーム・美らサンゴ発足！」月刊ダイバー　2004年5月号
「チーム・美らサンゴ2005」月刊ダイバー　2005年7月号

サンゴを育てる (No.1)

年　組　名前

資料1　大規模開発の分布（1973〜1986年）
（サンゴ礁地域研究グループ『熱い自然』古今書院）

資料2　土地買い占め図（1986年）
（サンゴ礁地域研究グループ『熱い自然』古今書院）

資料3　1990年頃の恩納村のようす

　恩納村は人口8,600人あまりの農村である。村の西海岸は沖縄海岸国定公園に指定されている。また、村の29％にあたる広大な軍事基地がある。美しい海岸線の近くには白亜のホテルが建ちビーチは囲い込みによって占有されている。
　恩納漁協には組合員415人いるが、大型レジャー船やダイバーによる乱獲もあって引き網や定置網漁が急速に減っている。最近は潜り漁をしている漁民の頭上をモーターボートが走り回ったり、定置網漁の障害となるなどトラブルも増えている。集落の前の海は、「村海」として入漁する慣行が強い。リゾート開発で海浜を囲むプライベートビーチ化が進んでいる。自由に遊泳できる海は遠くまで行かなければならず、そうでなければ高い"入場料"を払わなければならない。（三木健『リゾート開発』三一書房）

(No.2)

資料1　恩納村の海人たちは

　1984年の漁業組合総会で「漁業育成賛助金」の支払いを求める決議を行った。その際、漁場を失う見返りであるが、一時的な補償金ではなく、漁業を将来にわたって発展させる「漁業育成金」といった性格の金額を毎年支払うことをリゾートホテル側に求めたため、交渉は紛糾する。「ホテル側の誠意ない態度」に腹を立て、1986年海上デモをおこなった。抗議デモは、漁船9隻・漁業者41名という、漁協あげての闘いであった。（「沖縄大学経済論集」第19巻1号）

資料2　産業別就業者割合の推移(%)

項目＼年	1970	1975	1980	1985	1990	1995	2000	2005
第一次産業割合	40.5	21.9	24.3	24.0	20.3	18.0	17.6	17.6
第二次産業割合	17.1	19.2	21.2	20.2	16.4	15.8	15.9	12.3
第三次産業割合	42.4	58.9	54.5	55.8	63.3	66.2	66.2	70.0
就業者総数	2,913	3,514	3,496	3,897	4,143	4,330	4,384	4,564

(恩納村 HP、国勢調査報告より作成)

資料3　恩納村の主な産業の産業別従事者数(2005)

農業	魚業	飲食宿泊業	医療福祉業	教育学習業	サービス業	卸売小売業
689	116	925	320	127	734	585

(国勢調査報告より作成)

資料4　恩納村沿岸海域の利用・保全のルール（恩納村HP）

○共同宣言
1、私たちは、恩納村沿岸の豊かな自然環境を、次世代に良好な形で継承していきます。
2、私たちは、漁業と海域レジャーさらに地域住民とのよりよい共生関係を築いていきます。
3、私たちは、これら2つの目標を、恩納村に関係する様々な立場の人たちと協働しながら、達成していきます。

○漁業者と海域レジャー業者との共存について
　恩納村では、海域レジャー業者は漁業者が行う漁業を尊重するとともに、漁業者も海域レジャー業者が行うマリンレジャー事業を尊重し、かつ両者は双方の共生を図るため誠意を持って対処する。

(No. 3)

資料1　恩納村沿岸域圏総合管理協議会（恩納村HPより）
（恩納村沿岸海域の利用・保全のルール）
　恩納村沿岸域の適正な利用と保全に向け、漁業者、ホテル業者、海域レジャー業者、商工会、有識者、行政などの関係者が参画し設置された。

資料2　恩納村沿岸の漁業権域（恩納村HPより）
（恩納村沿岸海域の利用・保全のルール）
　特定区域漁業権→養殖業（モズク、シャコガイ）を行うことができる区域
　地図中の海は全部共同漁業権（イセエビ漁、刺し網漁など）が設定されている。

資料3　漁船漁業から養殖業への転換（「全国漁協訪問」ヤマハ発動機HPより）
　恩納村は、県内ではモズク、アーサ、ウミブドウといったも類の産地として有名です。恩納村では、モズクがシーズンオフになる6月15日から11月15日までは、観光漁業がメインとなります。漁協の組合長は「観光漁業は地域社会への貢献と漁場を休ませるために行っています。ダイビング案内や遊漁船などリゾート施設の受注を組合でまとめて、振り分けているのですが、こうした『リゾートしての海』と『漁場としての海』がうまく両立でき、海を中心とした村づくりができればと思っております。」と語る。

資料4　恩納村オニヒトデ対策ネットワーク（恩納村HPより）
　私たちは、1969年にオニヒトデが多く見られるようになってから、継続して駆除に取り組みました。その結果、サンゴ礁全体を保全するためには、重要な場所のサンゴを守るとともに、海域全体のオニヒ

トデ密度をコントロールし、次の大発生を止めることが重要であるとの考えに至りました。私たちは、恩納村、リゾートホテル、漁協が連携し、効果的なオニヒトデ対策に取り組みます。

資料5　チーム・美らサンゴ発足
　沖縄のサンゴ礁は1998年夏以降、異常な高水温に伴って、「サンゴの白化現象」が進み、恩納村万座ビーチ前のサンゴ礁もすっかり白化し殺風景な海になってしまった。沖縄のサンゴ礁の危機を救い、復活させることを目的に、「チーム・美らサンゴ」が発足した。今年から、恩納村海域にサンゴを植え付ける。多くのレジャーダイバーに参加を呼びかけていく。（「月刊ダイバー」2004年5月号）

（No.4）

資料1　リゾートホテルと漁協の協議
　沖縄観光ブームの中で、リゾートホテルと地元漁協とは、海域利用や排水の問題で、競合関係にあった。しかし、漁協青年部の議論の中で出ていた、サンゴ移植による観光振興の考え方と、美しいサンゴの海が売り物のリゾートホテル側の考え方が合致したことで、本格的な実施に向けての議論が始まった。（都市漁村交流HP）

資料2　サンゴの植え付け
　恩納村漁協では、なんとかサンゴを復活させようと、3年ほど前からサンゴの増殖をはじめていた。台風などで折れてしまった同じ海域のサンゴのかけらを拾ってきて、水そうに入れておくと、サンゴは驚くほど成長した。適当な量の光がある。サンゴを食べる魚や生き物がいないなどの条件が整えばサンゴはどんどん育つ。しかし、具体的な植え付け方法がわからないため、放置されてきた。今回のプロジェクトでは専門家が参加して、植え付け方法を漁協に技術指導していく。（「月刊ダイバー」2004年5月号）

資料3　チーム・美らサンゴを後援する企業
　サンゴの植え付け活動を通じて、サンゴ群集を植え付け＆保護しサンゴ礁生態系の再生を応援するプロジェクト。一般ダイバーによる植え付けの活動を恩納漁協の海人による養殖、専門家による調査などが支える。県内外の企業13社が経済的にバックアップし、環境省や沖縄県などの行政組織が後援する官民一体型の自然再生活動。参加企業は、全日空、月刊ダイバー、PADIジャパン、ハチオウ、パナソニックテレコム、よしもとおもしろ水族館、沖縄電力、沖縄セルラー電話、沖縄タイムス社、オリオンビール、沖縄海邦銀行、國場組、琉球放送など。（「月刊ダイバー」2005年7月号）

資料4　参加したダイバー（東京都在住、ダイビング歴2年）の感想
　昨年参加した時は、経験本数がまだ50本に満たないダイバーでしたが、植え付け後、海の中を見る目が変わり、今はインストラクターになるために講習中、ダイバーの私たちも海の現状を伝えて行かなくてはと思います。（「月刊ダイバー」2005年7月号）

資料5　南の島の豊かさ
　ある晩、浜辺を散歩していたら、漁師が一人泡盛を飲んでいた。彼がポツンとこういった。「借金していい船を買えば、もうかるのはわかっている。でもそんなことをすれば、こうして飲む泡盛の味はまずくなる。」持っているものが少々少なくても、「なんくるないさー」（なんとかなるさ）と、明日の暮らし向きにおびえを持たないおおらかさが南の身上である。東京から沖縄に移った時、非常に印象に残ったのが、くるくるとよく動き回る子どもたち、そしてその笑顔だった。じつにのびのび育っていた。こんなふうに育つからこそ、沖縄出身の歌手も俳優も運動選手も、みな元気がいいのだと思う。（本川達雄『サンゴとサンゴ礁のはなし』中公新書。この資料の著者は1978年に沖縄に移り住み、瀬底島という小さな島にある琉球大学の研究所で研究生活を1991年までおくった。）

【資料】
人口数（千人）と都道府県の対全国比（％）

	1985	1995	2005	1985	1995	2005	1985	1995	2004
北海道	5679	5692	5627	4.69	4.53	4.40			
青森	1524	1482	1437	1.26	1.18	1.12			
岩手	1434	1420	1385	1.18	1.13	1.08			
宮城	2176	2329	2360	1.80	1.85	1.85			
秋田	1254	1214	1145	1.04	0.97	0.90			
山形	1262	1257	1216	1.04	1.00	0.95			
福島	2080	2134	2091	1.72	1.70	1.64			
茨城	2725	2956	2975	2.25	2.35	2.33			
栃木	1866	1984	2016	1.54	1.60	1.58			
群馬	1921	2004	2024	1.59	1.60	1.58			
埼玉	5864	6759	7054	4.84	5.38	5.5			
千葉	5148	5798	6056	4.25	4.62	4.74			
東京	11829	11774	12571	9.77	9.38	9.84			
神奈川	7432	8246	8791	6.14	6.57	6.88			
新潟	2478	2488	2431	2.05	1.98	1.90			
富山	1118	1123	1112	0.92	0.89	0.87			
石川	1152	1180	1174	0.95	0.94	0.92			
福井	818	827	822	0.68	0.66	0.64			
山梨	833	882	885	0.69	0.70	0.69			
長野	2137	2194	2196	1.77	1.75	1.72			
岐阜	2029	2100	2107	1.68	1.67	1.65			
静岡	3575	3738	3792	2.95	2.98	2.97			
愛知	6455	6868	7254	5.33	5.47	5.68			
三重	1747	1841	1867	1.44	1.47	1.46			
滋賀	1156	1287	1380	0.95	1.02	1.08			
京都	2587	2630	2648	2.14	2.09	2.07			
大阪	8668	8797	8817	7.16	7.01	6.90			
兵庫	5278	5402	5590	4.36	4.30	4.38			
奈良	1305	1431	1421	1.08	1.14	1.11			
和歌山	1087	1080	1036	0.90	0.86	0.81			
鳥取	616	615	607	0.51	0.49	0.48			
島根	795	771	742	0.66	0.61	0.58			
岡山	1917	1951	1957	1.58	1.55	1.53			
広島	2819	2882	2877	2.33	2.30	2.25			
山口	1602	1556	1493	1.32	1.24	1.17			
徳島	835	832	810	0.69	0.66	0.63			
香川	1023	1027	1012	0.85	0.82	0.79			
愛媛	1530	1507	1468	1.26	1.20	1.15			
高知	840	817	796	0.69	0.65	0.62			
福岡	4719	4993	5049	3.90	3.98	3.95			
佐賀	880	884	866	0.73	0.70	0.68			
長崎	1594	1545	1479	1.32	1.23	1.16			
熊本	1838	1860	1842	1.52	1.48	1.44			
大分	1250	1231	1210	1.03	0.98	0.95			
宮崎	1176	1176	1153	0.97	0.94	0.90			
鹿児島	1819	1794	1753	1.50	1.43	1.37			
沖縄	1179	1273	1361	0.97	1.01	1.07			
全国	121049	125570	127757						

県民所得（10億円）と対全国比（％）

	1985	1995	2004	1985	1995	2004	1985	1995	2004
北海道	10937	15676	14308	4.11	4.02	3.76			
青森	2449	3585	3125	0.92	0.92	0.82			
岩手	2444	3652	3296	0.92	0.94	0.87			
宮城	4254	6343	6000	1.60	1.63	1.58			
秋田	2166	2879	2662	0.87	0.74	0.70			
山形	2307	3190	2950	0.87	0.82	0.78			
福島	3947	5823	5711	1.48	1.50	1.50			
茨城	6077	9220	8756	2.28	2.37	2.30			
栃木	4161	6354	6162	1.56	1.63	1.62			
群馬	4042	6109	5749	1.52	1.57	1.51			
埼玉	13305	22056	20833	5.00	5.66	5.48			
千葉	11036	19220	17972	4.14	4.93	4.73			
東京	37889	48854	56433	14.23	12.54	14.84			
神奈川	17592	28116	27720	6.61	7.22	7.29			
新潟	4874	6911	6589	1.83	1.77	1.73			
富山	2450	3603	3379	0.92	0.93	0.89			
石川	2348	3419	3288	0.88	0.88	0.86			
福井	1655	2373	2336	0.62	0.61	0.61			
山梨	1845	2555	2256	0.69	0.66	0.59			
長野	4562	6357	6043	1.71	1.63	1.59			
岐阜	4231	6178	5698	1.59	1.59	1.50			
静岡	8249	12131	12320	3.10	3.11	3.24			
愛知	16711	24145	24741	6.28	6.20	6.51			
三重	3602	5473	5569	1.35	1.41	1.46			
滋賀	2689	4251	4437	1.01	1.09	1.17			
京都	5680	7855	7517	2.13	2.02	1.98			
大阪	20719	29980	26789	7.78	7.70	7.04			
兵庫	11125	16782	14811	4.18	4.31	3.89			
奈良	2468	4114	3718	0.93	1.06	0.98			
和歌山	1987	2681	2651	0.75	0.69	0.70			
鳥取	1071	1615	1444	0.40	0.41	0.38			
島根	1329	1883	1815	0.50	0.48	0.48			
岡山	3981	5814	5032	1.49	1.49	1.32			
広島	5978	8696	8470	2.24	2.23	2.23			
山口	3054	4394	4237	1.15	1.13	1.11			
徳島	1523	2263	2284	0.57	0.58	0.60			
香川	1974	2865	2677	0.74	0.74	0.70			
愛媛	2697	3845	3412	1.01	0.99	0.90			
高知	1423	1986	1744	0.53	0.51	0.46			
福岡	9095	13324	12988	3.42	3.42	3.42			
佐賀	1538	2239	2133	0.58	0.57	0.56			
長崎	2643	3574	3274	1.00	0.92	0.86			
熊本	3371	4495	4381	1.27	1.15	1.15			
大分	2177	3280	3224	0.82	0.84	0.85			
宮崎	1785	2740	2717	0.67	0.62	0.71			
鹿児島	2966	4002	3905	1.11	1.03	1.03			
沖縄	1888	2589	2700	0.71	0.66	0.71			
全国	266299	389488	380269						

農業粗生産額（億円）とその対全国比（％）

	1985	1995	2004	1985	1995	2004	1985	1995	2004
北海道	10911	11143	10942	9.44	10.53	12.27			
青森	3408	3193	2953	2.95	3.02	3.31			
岩手	3595	3218	2619	3.11	3.04	2.94			
宮城	3499	2699	2101	3.03	2.55	2.36			
秋田	3175	2569	1788	2.75	2.43	2.01			
山形	3358	2690	2140	2.91	2.54	2.40			
福島	4002	3140	2568	3.46	2.97	2.88			
茨城	5172	4701	4203	4.48	4.44	4.71			
栃木	3409	2951	2769	2.95	2.79	3.11			
群馬	3191	2551	2281	2.76	2.41	2.56			
埼玉	2759	2507	1968	2.39	2.37	2.21			
千葉	4680	4850	4224	4.05	4.58	4.74			
東京	410	347	300	0.35	0.33	0.34			
神奈川	1092	903	761	0.95	0.85	0.85			
新潟	4097	3580	2920	3.55	3.38	3.28			
富山	1346	1035	752	1.16	0.98	0.84			
石川	1088	845	616	0.94	0.80	0.69			
福井	838	701	538	0.73	0.66	0.60			
山梨	1101	1065	867	0.95	1.01	0.97			
長野	3517	3047	2405	3.04	2.88	2.70			
岐阜	1736	1499	1257	1.50	1.42	1.41			
静岡	3424	3070	2605	2.96	2.90	2.92			
愛知	3552	3660	3266	3.07	3.46	3.66			
三重	1649	1574	1236	1.43	1.49	1.39			
滋賀	1067	952	692	0.92	0.90	0.78			
京都	851	801	739	0.74	0.76	0.83			
大阪	622	503	367	0.54	0.48	0.41			
兵庫	2327	2030	1515	2.01	1.92	1.70			
奈良	677	607	546	0.59	0.57	0.61			
和歌山	1318	1460	1127	1.14	1.38	1.26			
鳥取	1100	1010	721	0.95	0.95	0.81			
島根	924	826	645	0.80	0.78	0.72			
岡山	1978	1706	1262	1.71	1.61	1.42			
広島	1613	1383	1044	1.40	1.31	1.17			
山口	1222	1066	700	1.06	1.01	0.79			
徳島	1585	1461	1082	1.37	1.38	1.21			
香川	1348	1033	819	1.17	0.98	0.92			
愛媛	1980	1765	1336	1.71	1.67	1.50			
高知	1417	1312	978	1.23	1.24	1.10			
福岡	2798	2689	2206	2.42	2.54	2.47			
佐賀	1630	1708	1306	1.41	1.61	1.47			
長崎	1671	1575	1356	1.45	1.49	1.52			
熊本	3818	3856	3084	3.30	3.64	3.46			
大分	1818	1746	1345	1.57	1.65	1.51			
宮崎	3265	3466	3153	2.83	3.27	3.54			
鹿児島	4342	4335	4142	3.76	4.10	4.65			
沖縄	1160	1022	900	1.00	0.97	1.01			
全国	115544	105846	89143						

製造品出荷額（10億円）と対全国比

	1985	1995	2004	1985	1995	2004	1985	1995	2004
北海道	5327	6027	5312	1.98	1.95	1.85			
青森	1044	1358	1274	0.39	0.44	0.44			
岩手	1439	2329	2425	0.54	0.75	0.85			
宮城	2952	3692	3533	1.10	1.19	1.23			
秋田	1174	1690	1412	0.44	0.55	0.49			
山形	1885	2650	2961	0.70	0.86	1.03			
福島	3615	5223	5515	1.35	1.69	1.92			
茨城	8424	11034	10475	3.14	3.57	3.65			
栃木	6245	7992	8083	2.33	2.58	2.82			
群馬	6366	7927	7656	2.37	2.56	2.67			
埼玉	13003	15410	13713	4.84	4.98	4.78			
千葉	11161	11666	11301	4.16	3.77	3.94			
東京	19493	20140	11494	7.26	6.51	4.01			
神奈川	25118	24276	18667	9.36	7.85	6.51			
新潟	3885	4954	4630	1.45	1.60	1.61			
富山	2980	3630	3531	1.11	1.17	1.23			
石川	1742	2498	2422	0.65	0.81	0.84			
福井	1632	1967	1839	0.61	0.64	0.64			
山梨	1796	2453	2423	0.67	0.79	0.84			
長野	5243	6640	6093	1.95	2.15	2.12			
岐阜	4411	5274	5012	1.64	1.70	1.75			
静岡	12667	16343	16830	4.27	5.28	5.87			
愛知	28271	33852	37016	10.53	10.94	12.91			
三重	5787	7271	8811	2.16	2.35	3.07			
滋賀	4357	6129	6191	1.62	1.98	2.16			
京都	5239	6120	4879	1.95	1.98	1.70			
大阪	22427	21295	16221	8.35	6.88	5.66			
兵庫	13081	14527	13030	4.87	4.69	4.54			
奈良	1950	2575	2184	0.73	0.83	0.76			
和歌山	2660	2282	2382	0.99	0.74	0.83			
鳥取	778	1165	1118	0.29	0.38	0.39			
島根	780	1060	1050	0.29	0.34	0.37			
岡山	6638	6931	6716	2.47	2.24	2.34			
広島	7012	7777	7461	2.61	2.51	2.60			
山口	4806	4915	5546	1.79	1.59	1.93			
徳島	1184	1482	1656	0.44	0.48	0.58			
香川	2090	2416	2155	0.78	0.78	0.75			
愛媛	3176	3610	3318	1.18	1.17	1.16			
高知	537	719	557	0.20	0.23	0.19			
福岡	6564	7875	7376	2.44	2.54	2.57			
佐賀	1119	1551	1526	0.42	0.50	0.53			
長崎	1241	1601	1283	0.46	0.52	0.45			
熊本	1890	2581	2597	0.70	0.83	0.91			
大分	2136	2751	3375	0.80	0.89	1.18			
宮崎	1067	1359	1338	0.40	0.44	0.47			
鹿児島	1500	1782	1877	0.56	0.58	0.65			
沖縄	581	536	519	0.22	0.17	0.18			
全国	268476	309437	286778						

2005年の産業別就業人口の構成比　（％）　*省略した産業があるため合計は100にならない。

	農業	建設業	製造業	情報通信業	運輸業	卸売・小売業	金融・保険業	不動産業	飲食店宿泊業	医療福祉	教育学習支援	サービス業
北海道	6.1	10.7	8.3	1.7	5.7	18.8	2.2	1.1	5.7	9.5	4.6	14.8
青森	13.1	10.5	10.4	1.0	4.5	18.1	2.3	0.6	4.6	9.4	3.7	11.5
岩手	12.8	10.1	15.3	1.0	4.1	16.1	1.9	0.4	5.5	9.7	4.3	11.2
宮城	5.7	10.3	14.1	2.2	5.7	19.9	2.4	1.4	5.0	8.2	4.7	13.0
秋田	10.9	12.0	16.0	0.9	3.7	16.9	1.9	0.4	5.3	9.8	3.9	11.1
山形	11.4	9.8	20.2	1.0	3.4	16.9	2.1	0.3	4.9	7.8	4.2	11.4
福島	9.7	9.9	19.4	1.1	4.3	16.5	1.8	0.6	5.3	8.5	3.8	12.2
茨城	8.1	9.2	21.1	2.0	4.6	16.3	2.0	1.0	3.9	7.2	4.2	14.2
栃木	6.6	7.9	24.3	1.5	4.3	16.5	1.6	0.8	5.2	7.4	4.6	13.4
群馬	6.6	7.8	24.3	1.3	4.5	16.3	2.4	0.9	4.8	8.9	3.7	13.2
埼玉	2.2	8.6	18.0	4.1	6.3	18.4	3.1	1.8	4.7	6.8	4.2	15.0
千葉	3.8	8.5	12.6	4.4	6.5	18.8	3.4	1.8	4.9	7.2	4.3	15.8
東京	0.6	6.9	11.1	6.8	5.0	18.7	3.5	3.2	6.4	7.6	4.6	18.3
神奈川	1.1	8.1	15.5	5.9	5.6	17.4	2.6	2.2	5.4	7.7	4.7	16.9
新潟	8.0	11.7	19.4	1.2	4.2	17.5	1.7	0.7	4.7	8.3	3.7	11.9
富山	4.5	10.2	24.8	1.2	3.8	17.2	2.6	0.7	4.3	9.3	3.6	12.6
石川	3.8	9.7	20.2	2.0	4.7	16.7	1.8	0.8	5.8	10.2	4.2	12.9
福井	4.9	9.9	22.3	1.2	3.8	17.4	1.9	0.5	4.2	9.2	4.2	13.4
山梨	7.8	9.2	19.8	1.6	3.2	16.8	2.1	0.9	6.7	8.5	4.8	11.3
長野	12.4	8.6	21.9	1.6	3.5	15.2	2.1	0.6	5.9	8.2	3.4	10.9
岐阜	3.7	9.0	23.9	1.4	4.0	17.1	2.3	0.7	5.5	8.1	4.1	13.4
静岡	4.9	8.5	25.3	1.3	5.2	16.7	1.9	1.2	5.3	6.9	4.4	13.2
愛知	2.7	8.0	26.1	1.8	5.4	18.0	2.0	1.2	5.2	7.1	3.8	13.5
三重	4.0	8.6	24.1	1.1	5.2	16.4	2.3	0.7	4.6	8.1	4.6	12.7
滋賀	3.7	7.4	26.6	1.3	4.4	15.3	2.1	0.7	4.6	8.4	5.3	13.8
京都	2.6	6.9	17.1	1.9	4.6	19.7	2.4	1.8	6.6	9.2	5.8	13.9
大阪	0.5	8.4	17.6	2.5	5.9	20.1	2.5	2.2	6.1	8.9	4.3	14.9
兵庫	2.5	7.9	18.7	2.3	5.3	18.6	2.5	1.7	5.3	8.9	4.7	14.6
奈良	3.1	6.9	18.2	2.4	4.1	19.7	2.8	1.6	5.2	9.1	5.5	14.2
和歌山	9.9	7.8	14.3	1.3	4.2	17.7	1.7	0.8	5.0	10.5	4.4	13.3
鳥取	11.3	10.3	16.5	1.0	3.3	14.8	1.9	0.7	5.2	10.7	4.5	11.3
島根	9.6	11.2	13.8	1.1	3.5	17.0	1.9	0.5	4.3	11.2	5.1	12.0
岡山	6.6	9.3	19.1	1.6	5.3	17.9	2.4	1.0	4.1	9.8	4.4	12.4
広島	4.3	9.1	18.1	1.8	5.1	18.4	2.0	0.7	4.7	9.6	4.4	13.3
山口	6.6	10.3	15.3	1.0	5.3	18.3	2.0	0.7	4.7	10.7	4.2	12.3
徳島	9.8	10.1	16.4	1.1	3.4	16.7	2.1	1.3	3.4	11.6	5.8	11.4
香川	7.1	9.4	18.4	1.4	4.7	18.6	2.5	1.0	4.1	8.8	4.5	11.8
愛媛	7.7	9.7	15.3	1.0	4.6	17.7	1.8	0.9	4.6	11.6	4.9	12.3
高知	11.5	9.4	8.0	0.8	3.8	19.3	2.1	0.8	5.4	12.3	4.6	11.5
福岡	3.4	9.6	12.2	2.4	5.5	20.6	2.3	1.4	5.8	10.8	4.4	14.8
佐賀	9.6	9.8	15.8	1.0	4.8	16.7	1.7	0.5	5.0	11.5	4.8	11.5
長崎	7.5	10.7	10.8	1.0	4.1	17.6	2.6	0.7	5.2	12.7	4.6	12.1
熊本	11.3	9.2	12.2	1.4	4.1	17.5	2.3	1.0	5.3	11.3	3.9	12.2
大分	7.9	10.7	14.0	1.2	4.2	17.6	2.3	0.7	5.7	11.2	4.3	12.3
宮崎	11.2	10.6	12.8	0.9	3.6	17.1	1.8	0.5	5.2	11.4	4.3	12.6
鹿児島	11.5	10.6	11.2	0.9	4.2	18.7	1.9	0.8	5.0	12.0	4.4	11.8
沖縄	6.2	11.8	5.8	1.8	4.7	18.1	1.8	1.1	8.0	10.5	5.4	15.5
全国	4.7	8.8	17.0	2.7	5.1	18.1	2.4	1.5	5.3	8.7	4.4	14.2

2004年の農業産出額の割合（％）

	米	野菜	果実	花き	工芸農作物	乳用牛	肉用牛	豚	鶏
北海道	10.0	16.3			7.5	31.4	5.4		
青森	20.6	23.5	26.5					7.5	10.4
岩手	28.1	10.9	5.1			9.3	7.5	7.9	23.5
宮城	48.9	13.6				7.6	8.6	5.5	8.7
秋田	58.6	15.1						6.4	10.2
山形	41.2	16.2	21.6						
福島	40.2	20.7	10.7				5.8		5.4
茨城	23.1	37.5						9.0	8.3
栃木	30.9	30.0				11.5	8.6	6.8	
群馬	9.4	36.4				12.3	5.5	13.6	7.8
埼玉	24.3	42.7		8.8		5.1			
千葉	11.3	41.7				6.9		8.3	6.8
東京		58.0	9.3	17.3					
神奈川	5.8	48.8	10.8	6.3		11.3		6.6	5.3
新潟	61.2	11.7						5.0	8.1
富山	75.7	5.7							5.1
石川	56.2	16.4							6.0
福井	68.4	11.9							7.4
山梨	8.3	13.2	64.5						
長野	22.7	30.1	20.7	7.9		5.7			
岐阜	23.7	28.8		6.5		8.8	5.3	7.1	11.1
静岡	9.1	24.0	11.8	7.8	19.6				5.3
愛知	10.9	33.3	6.1	22.0		6.6		6.1	6.9
三重	29.6	14.4	7.9	5.1	6.7			5.2	11.2
滋賀	66.1	12.2					8.1		
京都	28.8	35.6			6.5	5.3			6.3
大阪	21.5	44.1	8.4	7.1		5.2			
兵庫	33.0	25.8				9.8	7.4		13.4
奈良	22.7	28.4	15.3	9.5		6.4			
和歌山	8.3	14.7	59.8	6.4					
鳥取	23.4	24.4	11.7			9.4		7.2	10.4
島根	40.0	30.9	15.3	7.0			10.2		5.1
岡山	28.3	15.8	13.2			10.5	5.5		16.8
広島	28.9	16.4	12.1			6.5	5.1		19.6
山口	37.0	19.0	6.1				7.1		16.4
徳島	13.8	35.5	9.6				6.1		13.4
香川	18.6	30.0	7.3	6.2		5.3			20.3
愛媛	13.0	17.3	34.6					8.9	7.0
高知	13.5	56.2	9.9	6.9					
福岡	19.7	28.9	10.1	10.2		5.8			6.3
佐賀	22.8	24.2	11.9	4.2	2.8	2.3	9.5	3.6	7.4
長崎	12.1	26.8	9.6				13.2	7.8	
熊本	12.5	32.1	10.9		6.1	8.9	9.0	5.7	
大分	20.4	22.1	8.3	8.3	10.7	8.1	9.8	5.6	8.0
宮崎	7.7	20.2		5.7	13.9		17.1	16.1	18.9
鹿児島	6.0	10.8			10.6		17.5	18.0	17.9
沖縄		12.9	6.0	14.7	20.6		16.7	14.5	6.2
全国	22.6	23.9	8.6	4.6	3.8	8.2	5.8	6.1	8.0

2004年の主な産業別の製造品出荷額の都道府県別割合（％） ＊4％以上のみ表示

	食料品	飲料・飼料	化学	石油製品	プラスチック	鉄鋼	金属製品	一般機械器具	電気機械器具	情報通信機械	電子部品	輸送用機械
北海道	33.5	7.4		8.7		6.5	5.4					
青森	21.9					6.5		6.4			10.4	
岩手	13.0	8.1						9.9		9.6	13.1	16.5
宮城	17.2			9.3				6.4	9.6		11.4	
秋田	7.5					4.0		7.8			35.5	
山形	9.2		5.1					9.6	6.9	22.8	15.8	
福島		8.6	10.3						6.7	16.2	10.4	7.4
茨城	10.6	17.9	11.6		7.4	6.8		8.0				
栃木		8.1	6.6		6.6			7.3	8.4	12.2		16.0
群馬	7.3	5.8						10.9	6.8		8.5	30.9
埼玉	9.6		10.0					10.7		6.7		17.1
千葉	9.9		19.1	17.1		11.7	5.4	5.9				
東京	6.9							7.8	7.4	10.2	8.3	12.4
神奈川	6.8		11.7	9.7				14.7		4.9		22.4
新潟	12.5		8.0				10.4	11.4	5.8		13.8	
富山			14.1		5.3		13.2	11.5			13.9	
石川	6.3	8.7						23.5		10.2	9.7	
福井			13.1		6.4			7.4				16.1
山梨	6.1							21.7	12.8	6.5	16.7	4.8
長野	7.9							14.0	12.6	15.4	16.8	6.5
岐阜					7.5		7.8	13.9	12.9			11.4
静岡	6.3	6.3	8.8					7.6	9.7			28.7
愛知					4.0	5.3		8.7	6.0			48.9
三重	4.9		9.7					8.6	5.6		14.2	27.9
滋賀			10.8		8.4			15.4	10.3		6.5	13.1
京都	8.5	13.6						10.2	9.8		6.7	8.9
大阪	6.3		13.7	5.5		7.2	9.4	13.1	7.9			
兵庫	9.7		9.6			10.2		14.9	9.3			8.3
奈良	10.1				6.6		8.9	21.0			16.5	4.5
和歌山	6.0		14.9	22.1		22.2		10.1				
鳥取	10.5	12.1								11.9	28.1	
島根	7.0					13.8		10.4		22.3	11.5	
岡山			14.2	15.4		11.4		5.8			6.4	14.8
広島	6.5					14.2		12.1		5.6	7.3	23.9
山口			27.0	15.9		10.5		4.5				18.5
徳島	8.5	7.4	26.0						10.1		10.8	
香川	12.6			15.1			8.2					7.9
愛媛	8.6		11.8	9.6				9.2				6.0
高知	12.2							10.7			23.2	
福岡	10.9	7.8				9.0		6.5			5.8	24.1
佐賀	18.1		6.9				6.0	12.2	11.3			9.4
長崎	16.7							22.0			12.0	21.7
熊本	11.0	6.2	12.0			5.7		9.9			15.2	19.9
大分				10.6		10.7				13.0	13.2	
宮崎	16.5	13.1	11.0						5.6		17.5	
鹿児島	29.1	21.9									19.4	
沖縄	26.9	14.9		22.7								
全国	8.0	3.7	8.4	3.6	3.7	4.9	4.8	10.2	6.4	4.5	6.5	17.7

全国総計で3.0%以上の産業を表に掲載

北海道(パルプ・紙 7.8) 青森(パルプ・紙8.7、非鉄金属7.9) 宮城(パルプ・紙5.7) 秋田(木材・木製品6.4、精密機器4.5) 埼玉(印刷6.6) 東京(印刷15.7) 新潟(非鉄金属10.4) 富山(非鉄金属7.3) 石川(繊維7.3) 福井(繊維10.8、非鉄金属 5.9) 岐阜(土石・窯業7.6) 京都(精密機器5.8) 徳島(パルプ・紙9.1) 愛媛(パルプ・紙16.1、非鉄金属8.7) 高知（土石・窯業10.2パルプ・紙9.8) 鹿児島(土石・窯業7.9) 沖縄(土石・窯業11.1)

あとがき
── 「調べる力」「書こうとする意欲」が生まれでる授業を ──

　調べて、まとめて、表現する活動は、学んだことを自分で文章に書くという、きわめて理知的行為を伴っているが故に、学習の本質に関わる活動である。文に構成するということは、得た情報を整理して順次整理するという行為を経なければならず、本質的理解の程度が問われる。本書は、私の実践を振り返り、調べて、まとめて、書いて、発表するという活動が、どのような取り組みによって実現するのか、その筋道を提案したものである。

　結論的に述べるならば、社会科地理においては、「人の活動が見えるさまざまな地域を対象にして、子どもたちとともに資料を読み解きながら、地域の現実を把握していくという、地域発見の旅を繰り返していくことで、地域の魅力を感じとった子どもたちは、調べてみようという意欲が育ち、自分で調べたことをみんなに伝えようという気持ちが生まれる。」ということである。

　子どもが調べるとき、調べ方は大きな問題ではない。重要なのは、子どもが調べたいという気持ちを導くこと、調べる対象を準備すること、そして調べる条件を保障することである。調べる条件とは、時間と場の確保と調べる過程のサポートである。調べたいという気持ちは、魅力ある地域を一緒に謎解きする授業によって育ってくる。調べ方は、対象によって異なってくるので、調べる中で考えればいいことである。強いてあげれば、資料の探し方であるが、それとて丁寧に教えるものではない。

　調べ学習成立の要件は、授業観の転換である。中学校の現場では、受験の準備もあり、知識の教え込みが授業の中心課題という考え方が支配的である。しかし、このような授業では、調べたいという気持ちは育たない。なぜなら、授業の中心課題は知識を覚えることであって、地域を理解することではない（中学生はこれを分けて整理することは難しい。公立中学校においては、この二つの目標を割り切って考えて取り組むことなど不可能である）。私はこの課題を、「授業の中心課題は地域を理解することであり、知識はそれに付随して身についてくるものである」と整理して授業にのぞんでいる。そう考えるならば、「教え込みの授業」から「一緒に謎解きする授業」へ、「知識を教え込む授業」から「地域を学ぶ授業」への授業観の転換が必要である。公立中学校の現実からして、かなり困難な課題であるが、だからこそ子どもたちの成長のためには必要なのではないだろうか。

　このように「調べる力」「書こうとする意欲」は、日常の授業の中から生まれて来るのである。それゆえ、本書では2005年の私の授業実践をベースに、調べて、まとめて、書いて、発表するという活動が実現する道筋を提案した。年間プランにかんしては序章に述べたが、私の授業は、「地域を一緒に謎解きする授業」と「地域を調べる活動」の二つに分けることができる。上巻には、主として中学1年生で学習する「地域を一緒に謎解きする授業」のシナリオとプリントを収め。下巻には「地域を調べる活動」と授業づくりに関する私の経験を収める予定である。本書（上巻）の授業のシナリオに欠けている部分があるのはそのためである。

　言うまでもないことであるが、まったくこのシナリオ通りに授業することは難しいと思う。授業は一人ひとりの教師の人格と知識と子どもたちに向かう姿勢と、毎年の各クラスによって違う学級集団との関わりの中から生まれる。厳密に言うならば、同じ授業は存在し得ないし、全国的に共通する授業シナリオやプリントは存在しない。ここに収めたシナリオやプリントは、本書を手に取られた方が授業をつくる際の参考として利用されたい。そして、多少なりとも授業づくりに役立てば幸いである。

2010年2月6日
著　者

春名 政弘（はるな まさひろ）
 1951年、岡山県生まれ
 1975年より草加市内の公立中学校に勤務
 現在、埼玉県草加市川柳中学校教諭
   地理教育研究会、歴史教育者協議会会員

〈主な著書〉
『わかってたのしい中学校社会科地理の授業』歴教協編（分担執筆）、大月書店（2002年）
『中学校の地理30テーマ＋地域学習の新展開』共著、地歴社（2004年）
『授業のための世界地理（第4版）』地教研編（分担執筆）、古今書院（2006年）
『中等社会科の理論と実践』二谷貞夫・和井田清司編（分担執筆）、学文社（2007年）

地理授業シナリオ（上）──謎解きプリント付き
2010年3月20日初版第1刷発行

著者　春名政弘

発行所　地歴社　東京都文京区湯島2-32-6(〒113-0034)
　　　　　　　　Tel03(5688)6866／Fax03(5688)6867

ISBN978-4-88527-195-3 C0037　　　　　　　　坂田製本

●地歴社の本　　　　　　　　　　　　　　　　　　　　　　（本体価格）

歴史授業シナリオ〔上下〕"愛情たっプリント"付き	白鳥晃司	各2500円
中学校の地理30テーマ＋地域学習の新展開	大谷猛夫＋春名政弘	2000円
新・世界地理授業プリント	加藤好一	2000円
新・モノでまなぶ世界地理　モノから人へ	小田忠市郎	2000円
学びあう社会科授業〔上〕入門・地理編	加藤好一	2000円
学びあう社会科授業〔中〕歴史・公民編	加藤好一	2000円
学びあう社会科授業〔下〕テスト・応用編	加藤好一	2000円
〔授業中継〕最新世界の地理　国際感覚を育てる楽しい授業	川島孝郎	700円
日本の産業と地域再発見〔上〕工業と環境はどう変わったか	豊田薫	2500円
日本の産業と地域再発見〔中〕第三次産業と暮らしはどう変わったか		2500円
日本の産業と地域再発見〔下〕農林水産業と食生活はどう変わったか		2500円
東京の地理再発見〔上／下〕	豊田薫	2136／2330円
モノでまなぶ日本地理	小田忠市郎	2000円
環境問題再入門　解決をめざす人類の歩みに学ぶ	岩渕孝	2000円
私たちの政治経済読本	全国民主主義教育研究会	2000円
子どもとまなぶ日本のコメづくり　がんばれ！安全こだわり農法	外山不可止	2000円
教師授業から生徒授業へ　社会科授業技術をどう活かすか	加藤好一	1900円
日本地理授業プリント　学びあいの発展へ	加藤好一	2000円
歴史授業プリント〔上下〕	加藤好一	各2000円
公民授業プリント　生徒のやる気をひきだす	加藤好一	2500円
新・日本史授業プリント　付・ビデオ学習と話し合い授業	松村啓一	2600円
世界史授業プリント　「世界史新聞」を生かす	関根秋雄	2500円
歴史の授業と板書　付・選択社会科の手引き	大野一夫	2000円
新・中学校公民の板書　付・調べ学習の手引き	大野一夫	2000円
歴史の授業108時間〔上下〕	安井俊夫	各2330円
人間を育てる社会科　中学生と「もうひとつの世界」を知る	滝口正樹	1400円
中学生の心と戦争　校庭に咲く平和のバラ	滝口正樹	1600円
子どもの目でまなぶ近現代史	安井俊夫	2000円
広告・ビラ・風刺マンガでまなぶ日本近現代史	渡辺賢二	2000円
学校史でまなぶ日本近現代史	歴史教育者協議会	2000円
エピソードで語る日本文化史〔上下〕	松井秀明	各2000円
〔授業中継〕エピソードでまなぶ日本の歴史①古代への旅	松井秀明	2200円
新・映画でまなぶ世界史①②	家長知史	各2200円